WALTER
BENJAMIN

Estética e sociologia da arte

FILŌBENJAMIN   **autêntica**

WALTER
BENJAMIN

Estética e sociologia da arte

3ª reimpressão

EDIÇÃO E TRADUÇÃO João Barrento

Edição original:
Gesammelte Schriften. Unter Mitwirkung von Theodor W. Adorno und Gershom Scholem hg. von Rolf Tiedemann und Hermann Schweppenhäuser. Volumes I, II e III.
Werke und Nachlaß. Kritische Gesamtausgabe, vol. 16, hg. von Burkhardt Lindner.

Copyright da tradução © 2017 João Barrento

Título original: *Das Kunstwerk im Zeitalter seiner technischen Reproduzierbarkeit [e outros ensaios de estética]*

Todos os direitos reservados pela Autêntica Editora Ltda. Nenhuma parte desta publicação poderá ser reproduzida, seja por meios mecânicos, eletrônicos ou em cópia reprográfica, sem a autorização prévia da Editora.

COORDENADOR DA COLEÇÃO FILÔ
Gilson Iannini

CONSELHO EDITORIAL
Gilson Iannini (UFMG); Barbara Cassin (Paris); Carla Rodrigues (UFRJ); Cláudio Oliveira (UFF); Danilo Marcondes (PUC-Rio); Ernani Chaves (UFPA); Guilherme Castelo Branco (UFRJ); João Carlos Salles (UFBA); Monique David-Ménard (Paris); Olímpio Pimenta (UFOP); Pedro Süssekind (UFF); Rogério Lopes (UFMG); Rodrigo Duarte (UFMG); Romero Alves Freitas (UFOP); Slavoj Žižek (Liubliana); Vladimir Safatle (USP)

EDITORA RESPONSÁVEL
Rejane Dias

EDITORA ASSISTENTE
Cecília Martins

REVISÃO
Ana Carolina Lins
Beatriz de Almeida Magalhães

PROJETO GRÁFICO
Diogo Droschi

CAPA
Alberto Bittencourt

DIAGRAMAÇÃO
Larissa Carvalho Mazzoni

Dados Internacionais de Catalogação na Publicação (CIP)
(Câmara Brasileira do Livro, SP, Brasil)

Benjamin, Walter, 1892-1940.
  Estética e sociologia da arte / Walter Benjamin ; edição e tradução João Barrento. -- 1. ed.; 3. reimp. -- Belo Horizonte : Autêntica, 2024. -- (Filô/Benjamin)

  Título original: Das Kunstwerk im Zeitalter seiner technischen Reproduzierbarkeit [e outros ensaios de estética]
  Bibliografia.
  ISBN 978-85-8217-860-7

  1. Arte - Filosofia 2. Arte e sociedade 3. Benjamin, Walter, 1892-1940 - Estética I. Barrento, João. II. Título. III. Série.

16-02091   CDD-306.47

Índices para catálogo sistemático:
1. Sociologia da arte   306.47

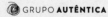

Belo Horizonte
Rua Carlos Turner, 420
Silveira . 31140-520
Belo Horizonte . MG
Tel.: (55 31) 3465 4500

São Paulo
Av. Paulista, 2.073, Conjunto Nacional
Horsa I . Sala 309 . Bela Vista
01311-940 . São Paulo . SP
Tel.: (55 11) 3034 4468

www.grupoautentica.com.br
SAC: atendimentoleitor@grupoautentica.com.br

7.	A obra de arte na época da possibilidade de sua reprodução técnica (5ª versão)
49.	Pequena história da fotografia
79.	O autor como produtor
107.	Fragmentos de estética
109.	Pintura e gravura
111.	Sobre a pintura, ou sinal e mancha
117.	Carta de Paris (2)
131.	Sobre a situação da arte cinematográfica russa
137.	Réplica a Oscar A. H. Schmitz
145.	Teatro e rádio
151.	O lugar social do escritor francês na atualidade
181.	Comentário

A obra de arte na época da possibilidade de sua reprodução técnica

(5ª versão)[1]

---

[1] Na minha edição portuguesa (Lisboa, Assírio & Alvim, 2006), aparece ainda a indicação "3ª versão", tal como na edição alemã dos *Gesammelte Schriften*. Foi entretanto publicado o vol. 16 da nova edição crítica das Obras e do espólio de W. Benjamin (*Werke und Nachlaß. Kritische Gesamtausgabe*), que esclarece definitivamente a complexa história das versões deste ensaio. O texto da versão que aí é designada de quinta corresponde, no essencial, àquela que na edição anterior era considerada a terceira, e que aqui se traduz. As referências às várias versões do ensaio orientam-se, no comentário a este texto (onde incluí novos paralipômenos), pela nova edição crítica alemã. (N.T.) [Sobre o sistema de notação neste volume: as notas sem qualquer indicação são do autor; as assinaladas com N.T. são do tradutor.]

As Belas-Artes foram instituídas, e os seus diferentes tipos fixados numa época que se distingue profundamente da nossa, e por homens cujo poder sobre as coisas e as situações era insignificante, quando comparado com o nosso. Mas o espantoso desenvolvimento dos meios ao nosso dispor, no que se refere à sua capacidade de adaptação e precisão, coloca-nos num futuro próximo perante transformações profundas da antiga indústria do belo. Em todas as artes existe uma parte física que não pode hoje ser vista nem tratada como antigamente, que não pode subtrair-se às influências da ciência e da práxis modernas. Nem a matéria, nem o espaço, nem o tempo são, desde há vinte anos, aquilo que sempre haviam sido. É preciso estarmos preparados para aceitar a ideia de que inovações dessa dimensão transformam toda a técnica das artes, influenciando assim o próprio nível da invenção e chegando finalmente, talvez, a modificar como que por artes mágicas o próprio conceito de arte.

Paul Valéry, *Pièces sur l'art*, Paris [s.d.], p. 103-104. ("La conquête de l'ubiquité")

Prefácio

Quando Marx empreendeu a análise do modo de produção capitalista, este estava ainda nos seus começos. Marx organizou de tal modo as suas análises que elas adquiriram valor de prognóstico. Partiu das relações básicas da produção capitalista e apresentou-as de tal modo que foi possível extrair delas aquilo que de futuro se podia esperar do capitalismo. E o que se podia esperar dele era não apenas o agravamento da exploração do proletariado, mas também, por fim, a criação de condições que tornam possível a sua própria extinção.

As grandes transformações da superestrutura, que decorrem muito mais lentamente que as da base, necessitaram de mais de meio século para impor em todos os domínios culturais a mudança das condições de produção. Só hoje é possível aferir a forma como isso aconteceu. Essa aferição coloca determinadas exigências de prognóstico. Mas a essas exigências correspondem menos teses sobre a arte do proletariado depois da tomada do poder (para não falar da arte da sociedade sem classes) do que teses sobre as tendências da evolução da arte nas atuais condições de produção. A dialética de tais teses não se reflete menos na superestrutura do que na economia. Por isso, seria errado subestimar o seu valor combativo. Elas põem de lado certo número de conceitos tradicionais – como criação e genialidade, valor de eternidade e mistério –, conceitos cuja aplicação não controlada (e de momento dificilmente controlável) conduz ao tratamento do material factual num sentido fascista. Os conceitos adiante introduzidos pela primeira vez na teoria da arte distinguem-se dos mais comuns pelo fato de serem de todo inapropriados para os fins prosseguidos pelo fascismo. Servem, isso sim, para a formulação de exigências revolucionárias na política artística.

I

Por princípio, sempre foi possível reproduzir a obra de arte. Sempre os homens puderam copiar o que outros tinham feito. Essa imitação foi também praticada por alunos que queriam exercitar-se nas artes, pelos mestres para divulgação das suas obras, enfim, por terceiros movidos pela ganância do lucro. Já a reprodução da obra de arte por meios técnicos é algo novo, que se tem imposto na história de forma intermitente, por impulsos descontínuos, mas com crescente intensidade. Os gregos conheciam apenas dois processos de reprodução técnica da obra de arte: a moldagem e a cunhagem. Bronzes, terracotas e moedas eram as únicas obras de arte que então podiam ser produzidas em massa. Com a xilogravura, foi possível reproduzir pela primeira vez obras de gravura; e assim foi durante muito tempo, antes que o mesmo acontecesse com a escrita por meio da imprensa. São conhecidas as enormes transformações que a tipografia, a possibilidade de reprodução técnica da escrita, provocou na literatura. Elas são, no entanto, apenas *um* caso isolado – particularmente importante, é certo – *do* fenômeno que aqui estamos considerando na escala universal. À xilogravura vieram juntar-se, durante a Idade Média, a gravura em cobre e a água-forte, e, no início do século XIX, a litografia.

Com a litografia, a técnica da reprodução registra um avanço decisivo. O processo, muito mais expedito, que distingue a transposição do desenho para uma pedra do seu entalhe num bloco de madeira ou da gravação numa placa de cobre, deu pela primeira vez à gravura a possibilidade de colocar os seus produtos no mercado, não só em massa (como antes), mas também em versões diariamente diferentes. Através da litografia, as artes gráficas ficaram aptas a ilustrar permanentemente o cotidiano. Passaram a acompanhar a imprensa. Mas a fotografia ultrapassaria as artes gráficas logo nos seus começos, poucas décadas depois da invenção da litografia. Com a fotografia, a mão liberta-se pela primeira vez, no processo de reprodução de imagens, de importantes tarefas artísticas que a partir de então passaram a caber exclusivamente aos olhos que veem através da objetiva. Como o olho apreende mais depressa do que a mão desenha, o processo de reprodução de imagens foi tão extraordinariamente acelerado que passou a poder acompanhar a fala. Ao "rodar" o filme no estúdio, o operador cinematográfico fixa as imagens com a mesma rapidez com que o ator fala. Se a litografia continha virtualmente o jornal ilustrado, a fotografia veio possibilitar o cinema sonoro. A reprodução técnica do som foi iniciada no fim do século passado. Esses esforços convergentes tornaram possível uma situação que Paul Valéry caracteriza nos seguintes termos: "Tal como a água, o gás e a eletricidade, vindos de longe, chegam a nossas casas, com um gesto quase imperceptível da mão, para nos servirem, assim receberemos também, através de um pequeno gesto, quase um sinal, imagens ou sequências sonoras que, do mesmo modo, depois nos deixarão".[2] *Por volta de 1900 a reprodução técnica tinha alcançado um nível em que não só começou a transformar em seu objeto a totalidade das obras de arte do passado e a submeter a sua repercussão às mais profundas transformações, como também conquistou um lugar próprio entre os modos de produção artística.* Nada mais elucidativo para o estudo desse nível que o modo como as suas duas diferentes manifestações – a reprodução da obra de arte e a arte cinematográfica – se repercutem sobre a arte na sua forma tradicional.

II

Por mais perfeita que seja a reprodução, uma coisa lhe falta: o aqui e agora da obra de arte – a sua existência única no lugar onde se encontra. Sobre essa existência única, e sobre ela apenas, se fez a história a que a obra esteve sujeita no decurso da sua existência. Para isso contam tanto as transformações que a sua estrutura física sofreu ao longo do tempo, como também as várias mudanças de proprietário por que possa ter passado.[3] Só é possível descobrir vestígios das primeiras através de análises químicas ou físicas, que não podem ser feitas sobre reproduções; os vestígios das segundas são objeto de uma tradição cuja reconstituição se tem de fazer a partir do lugar onde se encontra o original.

---

[2] Paul Valéry, *Pièces sur l'art*, Paris [s.d.], p. 105 ("La conquête de l'ubiquité").

[3] A história da obra de arte abrange, naturalmente, mais aspectos: a história da *Mona Lisa*, por exemplo, o tipo e o número de cópias que dela foram feitas nos séculos XVII, XVIII e XIX.

O aqui e agora do original encerra a sua autenticidade. Certas análises químicas da pátina de um bronze podem contribuir para verificar a sua autenticidade; do mesmo modo a demonstração de que determinado manuscrito da Idade Média procede de um arquivo do século XV o poderá fazer quanto a este. Tudo o que se relaciona com *a autenticidade escapa à possibilidade de reprodução técnica, e naturalmente não só técnica*.[4] Mas enquanto o autêntico conserva a sua total autoridade perante uma reprodução manual, geralmente apodada por ele de falsificação, o mesmo já não acontece no caso de uma reprodução técnica. E isto por duas razões. Em primeiro lugar, a reprodução técnica é mais independente do original do que a manual. Pode, por exemplo, por meio da fotografia, fazer ressaltar certos aspectos do original só acessíveis à objetiva, que é regulável e escolhe livremente o seu ponto de vista, mas não à vista humana; ou, com a ajuda de determinados processos, como a ampliação ou o retardador, fixar certas imagens que pura e simplesmente escapam à óptica natural. Essa é a primeira razão. Por outro lado, a reprodução técnica pode pôr a cópia do original em situações que não estão ao alcance do próprio original. Possibilita-lhe sobretudo ir ao encontro do receptor, seja na forma de fotografia ou em disco. A catedral deixa o seu lugar para entrar no estúdio de um apreciador de arte; uma obra coral, executada numa sala ou ao ar livre, pode ser ouvida num quarto.

As circunstâncias que poderão afetar o produto da reprodução técnica da obra de arte podem deixar intacta a obra em si – mas desvalorizam sempre o seu aqui e agora. Se é certo que isto não é válido apenas para a obra de arte, mas também, por exemplo, para

---

[4] Precisamente porque a autenticidade não é reproduzível, a penetração em força de certos processos de reprodução – técnica – foi o pretexto para a diferenciação e classificação da autenticidade. A complexificação de tais diferenciações foi uma função importante do comércio da arte. Este tinha interesse evidente em estabelecer diferenças entre diversas cópias de uma matriz de madeira (antes e depois da escrita) e uma placa de cobre ou coisa parecida. Com a descoberta da gravura em madeira pode se dizer que a qualidade da autenticidade foi atacada nas suas raízes antes de ter podido desenvolver-se plenamente. Um quadro de *madonna* da Idade Média não era ainda "autêntico" no tempo em que foi feito; passou a sê-lo no decorrer dos séculos seguintes e talvez da maneira mais exuberante no século passado.

uma paisagem que o espectador vê num filme, também é verdade que através deste processo se toca num ponto extremamente sensível do objeto da arte, mais vulnerável que em qualquer objeto da natureza. Nisto reside a sua autenticidade. A autenticidade de uma coisa é a essência de tudo o que ela comporta de transmissível desde a sua origem, da duração material à sua qualidade de testemunho histórico. Como esta se baseia naquela, também o testemunho histórico é posto em causa na reprodução, em que a duração material escapou ao homem. Sem dúvida que é apenas este testemunho que é afetado, mas o que desse modo fica abalado é a autoridade da coisa.[5]

Tudo o que aqui se disse se pode resumir no conceito de aura, e pode dizer-se então que o que é enfraquecido na época da possibilidade de reprodução técnica da obra de arte é a sua aura. O caso é sintomático: o seu significado aponta para além do próprio domínio da arte. *Pode dizer-se, de um modo geral, que a técnica da reprodução liberta o objeto reproduzido do domínio da tradição. Na medida em que multiplica a reprodução, substitui a sua existência única pela sua existência em massa. E, na medida em que permite à reprodução vir em qualquer situação ao encontro do receptor, atualiza o objeto reproduzido.* Estes dois processos vão abalar violentamente os conteúdos da tradição – e esse abalo da tradição é o reverso da atual crise e renovação da humanidade. Relacionam-se intimamente com os movimentos de massas dos nossos dias. O seu agente mais poderoso é o cinema. O seu significado social, mesmo na sua forma mais positiva, e justamente nela, não pode conceber-se sem o seu lado destrutivo, catártico: a liquidação do valor de tradição da herança cultural. É nos grandes filmes históricos que esse fenômeno melhor se observa. Integra no seu domínio regiões cada vez mais vastas. E quando, em 1927, Abel Gance exclamava entusiasmado "Shakespeare, Rembrandt, Beethoven farão filmes... Todas as lendas, mitologias e mitos, todos os fundadores de religiões, todas as religiões... esperam a sua ressurreição na película, e os heróis

---

[5] A mais pobre representação provinciana do *Fausto* tem sempre sobre um filme do *Fausto* a vantagem de estar na situação de concorrência ideal com a estreia da peça em Weimar. E tudo aquilo que, à boca do palco, possamos recordar do conteúdo tradicional, perdeu o valor diante da tela – a saber, que Mefistófeles representa o amigo de juventude de Goethe, Johann Heinrich Merck, e coisas semelhantes.

acotovelam-se junto aos portões para entrarem",[6] estava, sem querer, apelando para uma liquidação em grande escala.

III

Ao longo de grandes períodos históricos transforma-se todo o modo de existência das sociedades humanas, e com ele o seu modo de percepção. O modo como se organiza a percepção humana – o meio por que se realiza – não é apenas condicionado pela natureza, mas também pela história. A época das invasões bárbaras, durante a qual nasceu a indústria artística do Baixo Império Romano e o "Gênesis de Viena",[7] teve não só uma arte diferente da dos Antigos, como também uma outra percepção. Os eruditos da Escola de Viena, Riegl e Wickhoff,[8] que se ergueram contra o peso da tradição clássica, sob o qual aquela arte havia ficado enterrada, foram os primeiros a lembrar-se de tirar dela conclusões quanto à organização da percepção no tempo em que aquela arte dominava. Por muito grande que fosse o alcance dos seus conhecimentos, eles eram, no entanto, limitados pelo fato de que estes investigadores se contentavam em apontar as características formais da percepção própria do Baixo Império. Não tentaram – e talvez não pudessem mesmo esperar isso – mostrar as transformações sociais que se manifestavam nessas alterações da percepção. No que diz respeito ao presente, as condições para um conhecimento adequado são mais favoráveis. E se as transformações dos meios por que se processa a percepção contemporânea se podem entender no sentido de uma decadência da aura, também é possível detectar as suas causas sociais.

---

[6] Abel Gance, "Le temps de l'image est venu", in: *L'art cinématographique II*, Paris, 1927. p. 94-96.

[7] *Gênesis de Viena*: iluminuras da Biblioteca Nacional de Viena (século VI), originárias de Constantinopla ou Antioquia. O fragmento que se conserva contém vinte e quatro folhas com quarenta e oito iluminuras. O conjunto original devia ilustrar umas quatrocentas a quinhentas cenas do Gênesis. (N.T.)

[8] *Alois Riegl* (1858-1905) e *Franz Wickhoff* (1853-1909): historiadores da arte que, no início do século XX, renovam as formas tradicionais da historiografia da arte, assentes em critérios de valor estético intrínseco, e se voltam para uma perspectiva histórica. Ocupam-se particularmente dos períodos de "decadência" da arte (o fim da Antiguidade), que interpretam, e da evolução do ornamento. (N.T.)

Será conveniente explicar o conceito de aura proposto acima para objetos históricos, recorrendo ao conceito de aura aplicado a objetos da natureza. Podemos defini-la como o aparecimento único de algo distante, por muito perto que esteja. Seguir com o olhar uma cadeia de montanhas no horizonte ou um ramo de árvore que deita sobre nós a sua sombra, ao descansarmos numa tarde de verão – isto é respirar a aura dessas montanhas, desse ramo. A partir dessa descrição, é fácil compreender os fatores sociais condicionantes do atual declínio da aura. Baseia-se em duas circunstâncias, que têm a ver com o significado crescente das massas na vida atual. Nomeadamente: *"Aproximar de si" as coisas, espacial e humanamente, representa tanto um desejo apaixonado das massas[9] do presente como a sua tendência para ultrapassar a existência única de cada situação através da recepção da sua reprodução.* Dia a dia se torna mais irrefutável a necessidade de nos apoderarmos de forma muito direta do objeto, através da imagem, ou, melhor dizendo, da cópia e da reprodução. E a reprodução, tal como aparece no jornal ilustrado ou nas atualidades filmadas, distingue-se inconfundivelmente do original. Existência única e duração estão neste tão intimamente associadas como a fugacidade e a possibilidade de repetição naquela. Tirar do objeto a capa que o envolve, destruir a sua aura, é a marca de uma percepção cujo "sentido de tudo o que é o semelhante no mundo"[10] cresceu a ponto de, por meio da reprodução, ela atribuir também esse sentido ao que tem existência única. Assim se manifesta, no campo concreto, aquilo que, no domínio da teoria, se evidencia como a importância crescente da estatística. A orientação da realidade no sentido das massas e destas

---

[9] Deixar-se aproximar humanamente das massas pode significar fazer desaparecer do campo de percepção a sua função social. Nada garante que um retratista de hoje, ao pintar um cirurgião célebre à mesa do café da manhã ou em família, ponha em evidência a sua função social com mais precisão do que um pintor do século XVI que apresenta os seus médicos ao público de uma maneira solenemente representativa, como por exemplo Rembrandt na *Lição de anatomia*.

[10] Esta formulação, bem como toda a passagem em questão (sobre o papel das novas formas de recepção no processo de decadência da aura), tinha já encontrado expressão no ensaio "Pequena história da fotografia", de 1931 (incluído neste volume), e é retomado num dos estudos sobre Baudelaire ("Sobre alguns motivos na obra de Baudelaire. XI"). (N.T.)

no sentido daquela é um processo de alcance ilimitado, tanto para o pensamento como para a contemplação.

IV

O caráter único da obra de arte é idêntico à sua integração no contexto da tradição. A própria tradição é certamente algo de bem vivo, algo de extraordinariamente mutável. Por exemplo, uma estátua de Vênus antiga inseria-se para os gregos, que dela faziam objeto de culto, num contexto de tradição diferente do do meio clerical da Idade Média, que a olhava como um ídolo maléfico. Mas o que a ambos se apresentava da mesma maneira era a sua unicidade, por outras palavras, a sua aura. O modo primitivo de integração da obra de arte no contexto da tradição encontrou a sua expressão no culto. Como sabemos, as primeiras obras de arte surgiram a serviço de um ritual, primeiro mágico, depois religioso. Reveste-se do mais alto significado o fato de que este modo de existência aurático da obra de arte não se separa nunca totalmente da sua função ritual.[11] Por outras palavras: *o valor singular da obra de arte "autêntica" tem o seu fundamento no ritual, em que ela teve o seu valor de uso original e primeiro.* Por muito mediatizado que seja, este fundamento transparece ainda nas formas mais profanas do culto da beleza como ritual secularizado.[12] O culto

---

[11] A definição de aura como "o aparecimento único de algo distante, por muito perto que esteja" não é mais do que a formulação do valor de culto da obra de arte em categorias de percepção espaciais e temporais. A distância é o contrário da proximidade. O que está longe *por essência* é aquilo de que não podemos aproximar-nos. De fato, uma das características principais do culto é a impossibilidade de aproximação. Por natureza, ele não deixa de ser "distância, por mais perto que esteja". A proximidade que é possível estabelecer com a sua matéria em nada prejudica a distância que conserva depois do seu aparecimento.

[12] À medida que o valor de culto de um quadro se seculariza, torna-se cada vez mais indefinida a ideia do substrato da sua existência única. Cada vez mais o fenômeno, que domina o culto, da existência única empírica do artista ou do produto da sua arte será reprimido no pensamento do espectador ou ouvinte. É certo que acaba sempre por ficar um resíduo; o conceito de autenticidade nunca cessa de tender para além do da autoria autêntica (isto é particularmente visível no colecionador que nunca consegue libertar-se totalmente da dominação do fetiche e, através da posse da obra de arte, participa da força desta como objeto de culto). Sem prejuízo disso, a função do conceito do autêntico em arte permanece inequívoca: com a secularização da arte a autenticidade substitui o valor de culto.

profano da beleza, criado com o Renascimento, vigorou ao longo de três séculos; decorrido esse período, quando foi pela primeira vez seriamente abalado, revelou claramente aquele fundamento. Quando, nomeadamente com o aparecimento do primeiro meio de reprodução verdadeiramente revolucionário, a fotografia (simultaneamente com os começos do socialismo), a arte pressente a aproximação da crise, um século mais tarde já impossível de ignorar, ela reage com a doutrina da arte pela arte, que é afinal uma teologia da arte. Mais: daqui acabou por sair uma teologia negativa que ganhou forma na ideia de uma arte "pura", que recusa não só toda a função social como também o ser determinada por qualquer assunto concreto (na poesia foi Mallarmé o primeiro a atingir esse estágio).

É indispensável, para uma análise que tem por objeto a obra de arte na época da sua reprodução técnica, dar o devido relevo a essas circunstâncias. De fato, elas abrem caminho a uma verdade decisiva: a possibilidade de reprodução técnica da obra de arte emancipa-a, pela primeira vez na história universal, da sua existência parasitária no ritual. A obra de arte reproduzida será cada vez mais a reprodução de uma obra orientada para a reprodução.[13] Por exemplo: a partir de

---

[13] Nas obras cinematográficas a possibilidade de reprodução técnica do produto, ao contrário do que se passa nas obras literárias ou na pintura, não surge como fator externo para a sua divulgação em massa. *A possibilidade de reprodução técnica das obras cinematográficas radica diretamente na técnica da sua produção, que não só possibilita, da forma mais direta, a divulgação em massa dos filmes, mas até mesmo a força.* Força-a porque a produção de um filme é tão cara que um indivíduo, que poderia por exemplo comprar um quadro, já não pode comprar um filme. Em 1927 calculou-se que um longa-metragem, para ser rentável, teria de atingir um público de nove milhões de espectadores. É certo que com o cinema sonoro se deu primeiramente um movimento de retrocesso; o seu público foi reduzido às fronteiras linguísticas, o que aconteceu simultaneamente com a acentuação de interesses nacionais pelo fascismo. Mais importante, porém, do que registrar esse retrocesso, que aliás foi contrabalançado pela dublagem, é perceber as suas relações com o fascismo. A causa da simultaneidade desses dois fenômenos encontra-se na crise econômica. As mesmas perturbações que, *grosso modo*, conduziram à tentativa de manter as relações de propriedade vigentes através da violência declarada levaram o capital cinematográfico, ameaçado pela crise, a forçar o desenvolvimento do cinema sonoro. A introdução do cinema sonoro trouxe em seguida um alívio temporário, não só porque levou as massas novamente ao cinema, mas também porque tornou os novos capitais da indústria da eletricidade solidários com o capital cinematográfico. Aparentemente fomentou

uma chapa fotográfica é possível tirar um grande número de cópias; não faz sentido interrogarmo-nos sobre qual será a autêntica. *Mas no momento em que o critério de autenticidade deixa de ser aplicável à produção da arte, então também toda a função social da arte se transforma. A sua fundamentação ritualística será substituída por uma fundamentação em outra prática: a política.*

V

A recepção de obras de arte processa-se com tônicas diferentes, das quais ressaltam duas, opostas. Uma é o valor de culto, outra o valor de exposição da obra.[14,15] A produção artística começa com criações ao serviço do culto. Poderá dizer-se dessas criações que é

---

interesses nacionais, mas, de um ponto de vista interno, internacionalizou a produção cinematográfica ainda mais do que anteriormente.

[14] Essa polaridade não pode encontrar plena expressão na estética do idealismo, cujo conceito de beleza, no fundo, a engloba como inseparável (excluindo-a consequentemente enquanto separável). No entanto, ela está presente em Hegel de uma maneira tão clara quanto isso é concebível dentro dos limites do idealismo. Como disse Hegel nas suas *Lições sobre a filosofia da história:* "Imagens há muito que as havia; a devoção logo precisou delas para as suas orações, mas não precisava de imagens *belas*, que chegavam a se tornar incômodas para ela. Numa imagem bela existe também algo de exterior; mas na medida em que é bela, esse seu espírito apela para o homem; na oração referida, porém, a relação com uma *coisa* é essencial, pois a oração em si é apenas um entorpecimento insípido da alma... A arte bela... nasceu na própria igreja,... embora já se tenha desligado dela" (Georg Wilhelm Friedrich Hegel, *Obras.* Edição completa, por uma associação de amigos do falecido. Vol. 9: *Lições sobre a filosofia da história,* ed. por Eduard Gans, Berlim, 1837, p. 414). Também uma passagem da sua *Estética* indica que Hegel pressentiu nisso um problema: "...para além de podermos adorar e venerar como a um deus as obras de arte, a impressão que nos causam é mais refletida, e as sensações que em nós despertam precisam de uma prova ainda mais elevada" (Hegel, *op. cit.*, vol. 10: *Estética,* ed. por H.G. Hotho, tomo I, Berlim, 1835, p. 14).

[15] A evolução histórica da recepção da arte foi determinada pela passagem da primeira espécie de recepção para a segunda. Apesar disso, é possível, em princípio, apontar certa oscilação entre aqueles dois polos de recepção para cada obra de arte. É o que acontece, por exemplo, com a *madonna* da Capela Sistina. Desde os estudos de Hubert Grimme [cf. H. Grimme, "Das Rätsel der Sixtinischen Madonna" (O enigma da *madonna* da Capela Sistina), in: *Zeitschrift für bildende Kunst,* vol. 57, 1922, p. 41-49. N.T.] sabe-se que ela foi originalmente pintada para ser exposta. Grimme foi levado a empreender as investigações pela interrogação: para que serve, no primeiro plano do quadro, o remate de madeira em que se apoiam os dois anjinhos? O que é que levou um

mais importante existirem do que serem vistas. O alce que o homem da Idade da Pedra desenha nas paredes da sua caverna é um instrumento de magia. Embora o mostre aos outros homens, ele se destina sobretudo aos espíritos. O valor de culto como tal parece tender hoje em dia precisamente para manter a obra de arte escondida: certas estátuas de deuses só podem ser vistas pelo sacerdote na sua cela, certas pinturas de *madonnas* ficam cobertas quase todo o ano, certas esculturas de catedrais medievais não são visíveis para o observador ao nível do solo. *Com a emancipação das várias práticas artísticas do seio dos rituais, aumentam as oportunidades de exposição dos seus produtos.* A possibilidade de expor um busto, que pode ser enviado para vários locais, é maior que em relação à estátua de um deus, que tem o seu lugar fixo no interior de um templo. A possibilidade de expor a pintura de cavalete ultrapassa a do mosaico e do afresco que a precederam. E apesar de a possibilidade de expor uma missa não ser, em princípio, menor do que a de uma sinfonia, o certo é que a sinfonia surgiu num momento em que a sua possibilidade de exposição prometia ser maior do que a da missa.

Com os diferentes métodos de reprodução técnica da obra de arte, a possibilidade da sua exposição cresceu em tais proporções que a deslocação quantitativa entre os dois polos se converteu, à semelhança das idades pré-históricas, em transformação qualitativa da sua natureza. Tal como, nomeadamente nas idades pré-históricas, a obra de arte, através do peso do seu valor de culto, se tornou em

---

Rafael, continua Grimme a interrogar-se, a ornamentar o céu com duas cortinas? A investigação veio revelar que a *madonna* da Sistina fora encomendada por ocasião das exéquias públicas do Papa Sisto. As exéquias papais realizavam-se em determinada capela lateral da Basílica de São Pedro. O quadro de Rafael fora pendurado, por cima do caixão, no fundo da capela em forma de nicho, por ocasião das solenes exéquias. O que Rafael representa nesse quadro é a *madonna* a aproximar-se, sobre as nuvens, do caixão do papa, a partir do fundo do nicho, enquadrado por cortinas verdes. Nos funerais de Sisto encontraram aplicação as magníficas potencialidades de exposição do quadro de Rafael. Algum tempo depois, o quadro foi para o altar-mor da igreja do mosteiro dos Monges Negros em Piacenza. A razão desse exílio está no ritual romano que proíbe que quadros que tenham estado expostos em funerais sirvam para o culto no altar-mor. Essa regra desvalorizou até certo ponto a obra de Rafael. No entanto, para conseguir um preço adequado, a cúria resolveu tolerar a presença do quadro no altar-mor e, para evitar escândalos, mandou-o para a irmandade da longínqua província.

primeira instância um instrumento de magia, que só mais tarde, e até certo ponto, foi reconhecido como obra de arte, assim hoje em dia a obra de arte, através do valor absoluto da sua possibilidade de exposição, se torna um produto com funções totalmente novas; entre essas, aquela de que temos consciência, a artística, se distingue como a que mais tarde poderá ser reconhecida como acessória.[16] Uma coisa é certa: atualmente a fotografia e o cinema são os argumentos que melhor ilustram essa verdade.

VI

Na fotografia, o valor de exposição começa a suplantar totalmente o valor de culto. Este, porém, não desaparece sem resistência. Possui uma última defesa, que é o rosto humano. Não é por acaso que o retrato ocupa uma posição central no começo da história da fotografia. É no culto da recordação de entes queridos distantes ou desaparecidos que o valor de culto do quadro encontra o seu último refúgio. É na expressão fugaz de um rosto humano nas fotografias antigas que a aura acena pela última vez. É isso que lhes dá a sua beleza melancólica e incomparável. Mas, quando o ser humano desaparece da fotografia, o valor de exposição revela-se pela primeira vez superior ao de culto. Cabe a Atget[17] o mérito incomparável de ter dado relevo a esse

---

[16] Brecht fez reflexões análogas em outro nível: "Se o conceito de obra de arte não se pode manter para a coisa que surge quando uma obra de arte se transforma em mercadoria, o melhor é abandoná-lo, prudente e cuidadosamente, mas sem medo, se é que não queremos liquidar ao mesmo tempo a função dessa outra coisa; pois ela tem de passar por essa fase, e sem qualquer segundo sentido. Não se trata aqui de um desvio, sem consequências, do caminho certo; pelo contrário, o que acontece com ela irá transformá-la radicalmente, apagará o seu passado de tal maneira que, se o velho conceito voltasse a ser usado – e sê-lo-á, por que não? –, já não suscitaria qualquer recordação da coisa que antigamente designava" ([Bertolt] Brecht, *Versuche* 8-10, 3º fascículo, Berlim, 1931, p. 301-302: "O processo de três vinténs"). [O texto dessa "experiência sociológica" de Brecht, sobre a passagem ao cinema da sua *Ópera de três vinténs*, tem, entretanto, tradução portuguesa completa: *O processo de três vinténs. Uma experiência sociológica*. Tradução, introdução e notas de João Barrento, Porto, Campo das Letras, 2005. (N.T.)]

[17] *Eugène Atget* (1857-1957): fotógrafo parisiense da grande cidade em transformação acelerada, em cujos trabalhos Benjamin vê já um exemplo da "destruição da aura" da arte tradicional. Sobre Atget, cujas fotografias conhece através do

processo ao fotografar, nos princípios do século XX, as ruas de Paris sem vivalma. Com razão se disse que ele as fotografou como o local do crime, onde também não se vê ninguém. Ele apenas é fotografado por causa dos indícios. Com Atget, as reproduções fotográficas começam a tornar-se provas no processo histórico. Nisso reside o seu significado político oculto. Elas exigem já uma recepção num sentido preciso. O tipo de contemplação sonhadora já não lhes é adequado. Inquietam o espectador, que sente ter de procurar um determinado caminho para compreendê-las. Ao mesmo tempo, os jornais ilustrados começam a oferecer-lhe sinais de orientação. Verdadeiros ou falsos, pouco importa. Pela primeira vez, tornou-se necessário provê-los de legendas, que têm, evidentemente, um caráter totalmente diferente do título de uma pintura. As diretrizes que o destinatário das imagens recebe através das legendas dos jornais ilustrados logo se tornarão ainda mais precisas e imperiosas no cinema, onde a apreensão de cada imagem é determinada pela sequência de todas as anteriores.

VII

A disputa travada ao longo do século XIX entre a pintura e a fotografia[18] em torno do valor artístico dos seus produtos parece-nos

---

volume *Atget. Lichtbilder* [Atget. Fotografias], ed. por Camille Recht (Paris/ Leipzig, 1931), escreveu Benjamin mais alongadamente no ensaio "Pequena história da fotografia", incluído neste volume. (N.T.)

[18] A polêmica sobre a legitimação "artística" da nova forma de reprodução da realidade que é a fotografia tem sido muito comentada. Benjamin ocupa-se repetidas vezes da fotografia nos seus ensaios e críticas. A questão aqui abordada, da polêmica à volta da fotografia já no século XIX, é mais pormenorizadamente abordada sobretudo em dois escritos: o já citado "Pequena história da fotografia" e a crítica ao livro da fotógrafa e jornalista Gisèle Freund *La photographie en France au XIXème siècle. Éssai de sociologie et d'esthétique,* Paris, La Maison des Amis du Livre, 1936 (na edição alemã em: *Gesammelte Schriften* III, p. 542-544). Na sua resenha crítica de 1938, Benjamin salienta que esse livro trata precisamente das relações entre a fotografia e a pintura, e que a autora procura esclarecer o desenvolvimento da fotografia – com pressupostos teóricos semelhantes aos do próprio Benjamin – como estando intimamente ligado à ascensão da burguesia, e exemplificando com a história de uma forma que é tanto de uma como da outra dessas artes: o retrato. Já em 1780, segundo a autora, se verifica um fenômeno de aceleração da produção e de barateamento dos "camafeus", para corresponder à procura crescente pelas classes burguesas. O "physiognotrace", entre a miniatura de marfim e a fotografia, mostra

hoje despropositada e confusa. Isso em nada afeta o seu significado; pelo contrário, até o acentua. De fato, essa disputa foi a expressão de profundas transformações históricas em nível universal, de que nenhuma das duas partes estava consciente. Na medida em que a época da sua reprodução técnica libertou a arte do seu fundamento ritualístico, desapareceu para sempre a aparência da sua autonomia. Mas a alteração de funções que a arte sofreu devido a esse fato ficou fora dos horizontes do século XIX. E durante muito tempo o século XX, que assistiu ao desenvolvimento do cinema, também não entendeu o significado de tal mudança.

Se anteriormente se tinha gasto muita perspicácia inútil para resolver a questão de saber se a fotografia seria ou não uma arte – sem primeiro se ter perguntado se a descoberta da fotografia não teria alterado totalmente a natureza da arte –, em breve os teóricos do cinema retomaram a mesma questão prematura. Mas as dificuldades que a fotografia havia colocado à estética tradicional eram uma brincadeira, comparadas com as que o cinema lhe preparava. Daí a violência cega que caracteriza os começos da teoria do cinema. Assim, Abel Gance, por exemplo, compara o cinema com os hieróglifos: "Em consequência de um retrocesso altamente estranho, fomos parar ao nível de expressão dos egípcios... A linguagem visual ainda não alcançou a perfeição porque os nossos olhos ainda não estão preparados para ela. Ainda não há consideração nem *culto* suficientes por aquilo que nela se exprime".[19] Séverin-Mars escreve: "A que arte estava destinado um sonho... simultaneamente mais poético e mais real? Encarado desse ponto de vista, o cinema representaria um meio de expressão incomparável, e na sua atmosfera só deveriam movimentar-se pessoas de pensamento superior nos momentos mais perfeitos e misteriosos da sua vida".[20] Alexandre Arnoux, por sua vez, conclui uma

---

já, como escreve Benjamin, "que é possível tornar socialmente transparentes certos fatos técnicos": os miniaturistas são as primeiras vítimas da fotografia. Em relação à questão teórica da legitimidade artística da fotografia, o importante para Benjamin é que a autora reconhece que "a pretensão da fotografia em ser considerada uma arte é contemporânea do seu aparecimento como produto de mercado. Isso está de acordo com a influência que ela, como processo de reprodução, exerceu sobre a própria arte: isolou-a do seu promotor [da encomenda], para a pôr à disposição do mercado anônimo e da sua procura". (N.T.)

[19] Abel Gance, *op. cit.*, p. 100-101.

[20] *Apud* Abel Gance, *op. cit.*, p. 100.

fantasia sobre o cinema mudo com a pergunta: "Não deveriam todas as descrições ousadas de que nos servimos ir desembocar na definição de oração?".[21] É muito elucidativo observar como os esforços para fazer entrar o cinema no domínio da "arte" obrigam esses teóricos a meter nele à força, com uma brutalidade sem igual, elementos rituais. E, no entanto, na altura em que essas especulações foram publicadas, já existiam obras como *L'opinion publique* e *La ruée vers l'or*.[22] Isso não impede Abel Gance de recorrer à comparação com os hieróglifos, e Séverin-Mars fala do cinema como se poderia falar de quadros de Fra Angelico. O que é característico é que ainda hoje autores particularmente reacionários procuram o significado do cinema na mesma direção, se não mesmo no sagrado, pelo menos no sobrenatural. Por ocasião do filme de Reinhardt sobre o *Sonho de uma noite de verão*, Werfel[23] constata que é sem dúvida a cópia estéril do mundo exterior, com as suas ruas, interiores, estações de trem, restaurantes, automóveis e praias, que tem impedido a ascensão do cinema ao domínio da arte. "O cinema ainda não alcançou o seu verdadeiro sentido, as suas verdadeiras possibilidades..., que consistem numa capacidade sem par de exprimir, com meios naturais e com incomparável poder de convicção, o mágico, o maravilhoso, o sobrenatural".[24]

---

[21] Alexandre Arnoux, *Cinéma*, Paris, 1929, p. 28.

[22] Benjamin cita os títulos em francês. *L'opinion publique:* filme de Chaplin (de 1923), cujo título inglês é *A Woman of Paris; La ruée vers l'or: Em busca do ouro (The Gold Rush)*, um dos filmes mais célebres de Chaplin, de 1925. (N.T.)

[23] *Max Reinhardt* (1873-1943) é um dos maiores nomes do teatro alemão das primeiras décadas do século XX, ator e diretor com particular incidência em Shakespeare. *O Sonho de uma noite de verão* foi encenado por ele doze vezes para o teatro. *Franz Werfel* (1890-1945): poeta austríaco do expressionismo, patético e místico, atitudes que transparecem também na sua concepção do cinema. Já em 1931 Werfel escrevia um ensaio em que critica o "materialismo" e o "americanismo" do seu tempo: "Na insondável polifonia de orientações da corrente da vida, o cinema terá talvez um papel inesperado. Talvez mais tarde venha a ser conhecido como o meio mais poderoso para impulsionar a revolução interior contra o materialismo [...] O papel que o cinema poderia desempenhar como guia de uma construção espiritual é demonstrado pela única exceção que temos: Chaplin..." (F. Werfel, *Realismus und Innerlichkeit* [Realismo e interioridade], Berlim/Viena/Leipzig, P. Zsolnay, 1932). (N.T.)

[24] Franz Werfel, "Ein Sommernachtstraum. Ein Film von Shakespeare und Reinhardt" [Sonho de uma noite de verão. Um filme de Shakespeare e Reinhardt]. *Neues Wiener Journal*, cit. de *Lu*, 15 de novembro de 1935.

VIII

A arte do ator é apresentada ao público definitivamente através da sua própria pessoa; o ator de cinema, pelo contrário, apresenta-se ao público através de todo um conjunto de aparelhos. Isso tem duas consequências. A aparelhagem que leva ao público a arte do ator de cinema não é obrigada a respeitar essa arte como totalidade. Sob a orientação do operador, ela toma continuamente posição perante tal arte. É a sequência dessas tomadas de posição que o montador compõe a partir do material que lhe é fornecido, que constitui o filme completo. O filme abrange certo número de momentos de movimento que têm de ser captados como tais pela câmara – para não falar de focagens especiais como os grandes planos. Deste modo, o trabalho do ator fica sujeito a uma série de testes ópticos. É essa a primeira consequência da circunstância de a arte do ator de cinema ser veiculada através de um conjunto de aparelhos. A segunda consequência reside no fato de o ator de cinema, que não apresenta a sua arte diretamente ao público, perder a possibilidade, facultada ao ator de teatro, de ir adaptando-a ao público durante a representação. Assim, o público assume o papel de perito, papel esse que não é prejudicado por qualquer contato pessoal com o ator. O público só se identifica com o mundo do ator na medida em que se identifica com a aparelhagem. Assume, portanto, a atitude desta: a atitude de quem avalia capacidades.[25] Uma atitude à qual se não podem atribuir valores de culto.

---

[25] "O cinema... dá (ou podia dar) esclarecimentos úteis sobre ações humanas particularizadas... Não surgem motivações com base no caráter, a vida interior das personagens não é nunca a causa mais importante e raramente é o resultado principal da ação" (Brecht, *op. cit.*, p. 268). O alargamento do campo do experimentável, que a aparelhagem consegue realizar com o ator de cinema, corresponde ao alargamento extraordinário do campo do experimentável que as condições econômicas trouxeram ao indivíduo. É assim que tem vindo a crescer continuamente a importância dos testes de orientação profissional. Neles, trata-se de avaliar aspectos parciais das capacidades do indivíduo. Tanto a filmagem como o teste de orientação profissional se realizam perante um conjunto de especialistas. O diretor no estúdio está precisamente no lugar do diretor de testes que preside a realização de provas de aptidão.

IX

Para o cinema não é tão importante que o intérprete represente outra pessoa aos olhos do público; importa mais que se represente a si próprio perante as câmeras. Um dos primeiros que sentiu essa transformação do intérprete quando sujeito ao teste foi Pirandello. As observações que faz a esse propósito no seu romance *Quaderni di Serafino Gubbio operatore* (*Cadernos de Serafino Gubbio Operador*) pouco ficam prejudicadas pelo fato de se limitarem a salientar o lado negativo da questão. E ainda menos por se referirem ao cinema mudo – o cinema sonoro nada alterou de essencial nessa questão. O que é decisivo é que se está representando para um aparelho – ou, no caso do cinema sonoro, para duas espécies de aparelhos. "O ator de cinema", escreve Pirandello, "sente-se como no exílio. Sente-se exilado, não apenas em relação ao palco, como também à sua própria pessoa. Com certo mal-estar obscuro, sente um vazio inexplicável nascido da sensação de o seu corpo ser suprimido, sente que se volatiliza e que lhe roubam a sua realidade, a vida, a voz, os ruídos que provoca ao movimentar-se, para se transformar numa imagem muda que estremece por momentos na tela para logo desaparecer no silêncio... A maquineta vai brincar diante do público com a sua sombra; e ele próprio tem de se contentar em representar diante dela."[26] Podem caracterizar-se os mesmos fatos da seguinte maneira: pela primeira vez – e isso é obra do cinema – o homem vê-se na situação de ter de atuar e viver totalmente por si, mas renunciando à sua aura. É que ela depende do seu aqui e agora; não pode haver qualquer cópia dela. A aura que rodeia Macbeth no palco não se separa da que, para o público presente, envolve o ator que o representa. Mas a particularidade da filmagem no estúdio reside no fato de ela utilizar a aparelhagem em vez do público. Assim desaparece a aura do intérprete, e com ela simultaneamente a do seu personagem.

Não admira que tenha sido precisamente um dramaturgo como Pirandello quem, ao analisar as características do cinema, tocou involuntariamente nas causas da crise que atinge o teatro. À obra

---

[26] Luigi Pirandello, *On tourne*, cit. de Leon Pierre-Quint, "Signification du cinéma", in: *L'Art cinématographique* II, *op. cit.*, p. 14-15.

de arte totalmente absorvida pela reprodução técnica e mesmo dela resultando – como no caso do cinema – nada se opõe de fato tão decisivamente como o teatro. Qualquer análise mais profunda o confirmará. Observadores especializados há muito reconheceram que na obra cinematográfica "os maiores efeitos são quase sempre atingidos quando se 'representa' o menos possível...". Arnheim escreve em 1932 que "o mais recente progresso do cinema consiste em tratar o ator como um acessório que se escolhe pelas suas características e... se monta no sítio certo".[27] A este está intimamente ligado outro aspecto: *o ator que representa no palco entra dentro da sua personagem. Ao ator de cinema isso é muitas vezes recusado.* A sua criação não é de modo nenhum uniforme, mas sim composta a partir de muitas atuações distintas. Para além de circunstâncias ocasionais, como a renda do estúdio, existência de atores disponíveis, cenários, etc., são elementares necessidades da maquinaria que decompõem o jogo do ator numa

---

[27] Rudolf Arnheim, *Film als Kunst* [A arte do cinema], Berlim, 1932, p. 176-177. Certas particularidades aparentemente secundárias que separam o diretor de cinema das práticas do palco adquirem nesse contexto um maior interesse. Temos por exemplo a experiência de deixar o intérprete representar sem qualquer maquiagem, como fez, entre outros, Dreyer no seu filme *Jeanne d'Arc*★. Levou meses para encontrar os cerca de quarenta intérpretes que compõem o tribunal da Inquisição. A procura deles foi semelhante à dos adereços, difíceis de arranjar. Dreyer esforçou-se ao máximo por evitar semelhanças de idade, estatura e fisionomia (cf. Maurice Schultz, "Le masquillage", *in: L'art cinématographique* VI, Paris 1929, p. 65-66). Se o ator se torna por vezes um adereço, não é raro, por outro lado, que o adereço funcione como ator. De qualquer modo, não é nada de extraordinário que o cinema chegue a ponto de dar um papel ao adereço. Em vez de escolher ao acaso exemplos entre uma quantidade infindável, é preferível concentrarmo-nos num particularmente convincente: um relógio funcionando incomodará sempre no palco, onde não lhe poderá ser atribuída a função de medir o tempo. Também o tempo astronômico colidiria com o cênico numa peça naturalista. Nessas condições, é altamente característico do cinema poder utilizar, quando for caso disso e sem hesitar, o relógio para medir o tempo. Por aqui se pode ver, com maior clareza do que em muitos outros traços, como no cinema cada adereço pode, eventualmente, desempenhar funções decisivas. Daqui até à afirmação de Pudowkin de que "a atuação do intérprete ligada a um objeto e que nele assenta... é sempre um dos métodos mais poderosos da representação cinematográfica" vai apenas um passo (W. Pudowkin, *Filmregie und Filmmanuskript* [Direção e roteiro] (Bücher der Praxis, vol. 5), Berlim, 1928, p. 126). Assim, o cinema é o primeiro instrumento artístico em condições de poder mostrar como a matéria acompanha a ação do intérprete humano. Por isso pode ser um instrumento excepcional de representação materialista.

série de episódios montáveis. Trata-se sobretudo da iluminação, cuja instalação obriga a filmar um episódio, que surge na tela como uma sequência veloz e unitária, numa série de imagens distintas, processo que no estúdio por vezes se pode prolongar por várias horas. Isso para não falar de montagens mais evidentes. Assim, o salto de uma janela pode ser filmado no estúdio do alto de uns andaimes, mas a fuga que se lhe segue poderá ser filmada em exteriores daí a semanas. De resto, é fácil reconstituir casos ainda mais paradoxais. Pode exigir-se ao ator que estremeça após alguém ter batido à porta; se esse estremecer não sair como seria de desejar, o diretor poderá recorrer a um expediente: quando o ator estiver por acaso no estúdio, manda disparar um tiro sem ele saber. Seu susto nesse momento pode ser filmado e montado na película. Nada prova mais drasticamente que a arte escapou ao domínio da "bela aparência", que durante muito tempo se julgou ser o único em que ela poderia prosperar.

A sensação de estranheza do intérprete diante da aparelhagem, tal como Pirandello a descreve, é por natureza do mesmo gênero que a sensação de estranheza do homem perante a sua imagem no espelho. Agora, porém, a imagem formada no espelho pode separar-se dele, torna-se transportável. E para onde? Para junto do público.[28]

[*Carl Theodor Dreyer (1889-1968): diretor dinamarquês, fez em 1928 o seu mais importante filme, *La passion de Jeanne d'Arc*, em que reconstrói o assunto com base no processo original e reduz a ação aos últimos dias de vida de Joana, o espaço a quatro lugares ascéticos – capela, prisão, sala de torturas e praça de Ruão – e o trabalho da câmara aos grandes planos dos rostos de Joana e dos juízes. A Joana d'Arc dessa versão era a atriz francesa Maria Falconetti, e entre os atores contavam-se Antonin Artaud e Michel Simon. Em 1929, Thomas Mann escreve à direção da UFA em Munique uma carta em que tece os maiores elogios ao filme, que considera "uma direção da maior importância para a evolução da arte cinematográfica, uma experiência num estilo novo e sóbrio, que talvez deixe um tanto insatisfeitas as necessidades de um público de massas, voltado para o sentimental e o fantástico, mas que prende extraordinariamente todo aquele que pouco a pouco foi aprendendo a acreditar nas possibilidades de expressão de valores espirituais pelo cinema..." (a carta foi publicada em 1929 no número 51 da revista *Der Kinematograph*). (N.T.)]

[28] A modificação, que aqui se pode constatar, do modo de exposição através da técnica de reprodução, também se nota na política. A crise atual das democracias

A consciência disso não abandona o ator de cinema nem por um instante. *O ator de cinema sabe que, enquanto está diante das câmaras, está em última instância a enfrentar o público: o público dos clientes que constituem o mercado.* Esse mercado a que ele se dirige, não só com a sua força de trabalho, mas também com toda a sua pessoa, é para ele, no momento em que está a atuar, tão pouco concreto como para qualquer produto manufaturado. Não contribuirá essa circunstância para a angústia, o novo medo que, segundo Pirandello, assalta o intérprete diante das câmaras? O cinema responde à minimização da aura com uma construção artificial da *personality*[29] fora do estúdio. O culto das estrelas de cinema, fomentado pelo capital cinematográfico, mantém aquele feitiço da personalidade que desde há muito se reduz apenas ao feitiço podre do seu caráter mercantil. Enquanto o capital cinematográfico ditar a lei, não é possível atribuir ao cinema contemporâneo nenhum outro mérito revolucionário que não seja o de promover a crítica revolucionária de concepções tradicionais de arte. Não negamos que o cinema contemporâneo, em certos casos, pode incentivar para além disso a crítica revolucionária das relações sociais, até mesmo das relações de propriedade. Não é, porém, aqui que se situa o centro de gravidade da presente análise, como também não é esse o ponto fulcral da produção cinematográfica da Europa Ocidental.

A técnica do cinema, como a do esporte, caracteriza-se pelo fato de as pessoas que assistem às suas *performances* o fazerem na qualidade

---

burguesas encerra em si uma crise das condições que determinam o modo de apresentação dos governantes. As democracias expõem os governantes diretamente, em pessoa, perante os deputados. O parlamento é o seu público! Com as inovações da aparelhagem de captação que permitem que muitos, sem limite, ouçam e pouco depois vejam os oradores durante os discursos, o modo como o homem político se apresenta diante da aparelhagem de captação passa para o primeiro plano. Esvaziam-se os parlamentos ao mesmo tempo que os teatros. O rádio e o cinema não modificam apenas a função do ator profissional, mas também de igual modo a daqueles que, tal como os governantes, se apresentam perante eles. O sentido em que se processa essa modificação é, sem prejuízo das suas diferentes tarefas específicas, o mesmo, quer se trate do ator de cinema, quer do governante. Ela visa reunir, sob determinadas condições sociais, um conjunto de realizações que podem ser postas à prova e até aproveitadas. O resultado é uma nova seleção, uma seleção diante da aparelhagem, de que sairão vencedores a estrela de cinema e o ditador.

[29] Em inglês no original. (N.T.)

de semiespecialistas. Basta ter ouvido uma vez um grupo de vendedores de jornais, encostados às bicicletas, discutindo os resultados de uma prova de ciclismo, para compreendermos esses fatos. Não é à toa que os editores de jornais organizam corridas para os seus vendedores, que despertam grande interesse entre os participantes. É que ao vencedor das provas se abre a possibilidade de ser promovido de vendedor de jornais a corredor. Assim, por exemplo, as atualidades cinematográficas semanais dão a todos a possibilidade de serem promovidos de transeunte a figurante. Poderão até talvez aparecer numa obra de arte – veja-se o filme de Vertov, *Três canções para Lenin*, ou o de Ivens, *Borinage*.[30] Qualquer pessoa pode hoje se reclamar o direito a ser filmado. Uma vista de olhos pela situação histórica da literatura contemporânea ilustrará da melhor forma este direito.[31]

Ao longo de vários séculos, a situação da literatura era tal que um número reduzido de pessoas que escreviam era lido por muitos milhares de leitores. Em fins do século passado algo se transformou. Com a crescente expansão da imprensa, que cada vez mais colocava à disposição dos leitores novos órgãos políticos, religiosos, científicos, profissionais e locais, setores cada vez mais amplos de leitores – primeiro isoladamente – passaram a pertencer ao grupo dos que escreviam. Tudo começou quando a imprensa diária lhes abriu o seu "Correio dos Leitores", e hoje em dia praticamente não há nenhum europeu inserido no processo produtivo que, em princípio, não tenha a possibilidade de publicar em qualquer lado uma experiência de trabalho, uma queixa, uma reportagem ou coisas do gênero. É assim que a diferença entre autor e público está prestes

---

[30] *Dziga Vertov* (1896-1954): diretor soviético da primeira fase da revolução, rejeita o filme de ficção para utilizar a sua técnica do "olho da câmera" e assim captar "a vida tal como é", realizando alguns filmes formalmente bem-sucedidos e que constituem documentos políticos empenhados. O filme referido é de 1934. *Joris Ivens* (1898-1989) é um diretor holandês que, depois de um começo de carreira em que faz sobretudo curtas-metragens, se volta para o cinema político no período do avanço do nazismo e dirige em 1933, com o belga Henri Storck, o filme referido por Benjamin, em que trata uma greve de mineiros na Bélgica. (N.T.)

[31] A problemática abordada no parágrafo seguinte – a transformação qualitativa do público leitor através sobretudo da importância adquirida pela imprensa – é mais pormenorizadamente desenvolvida por Benjamin no ensaio "O autor como produtor", incluído neste volume. (N.T.)

a perder as suas características essenciais. Torna-se uma diferença funcional, podendo variar de caso para caso. O leitor está a todo o momento preparado para se tornar um escritor. Tendo-se visto obrigado, por bem ou por mal, a tornar-se perito num processo de trabalho altamente especializado – mesmo quando se trata de uma tarefa de pouca importância –, ele ganha acesso à qualidade de autor. Na União Soviética é o próprio trabalho que tem a palavra. E a sua representação pela palavra constitui uma parte da capacidade que é necessária à sua execução. A competência literária já não se fundamenta numa formação especializada, mas sim politécnica, e torna-se assim um bem comum.[32] Tudo isso se pode transpor sem hesitações para o cinema, em que certas modificações, que levaram séculos a realizar-se na literatura, se efetuaram no decorrer de uma década. Na prática cinematográfica – sobretudo na russa – essa

---

[32] Perde-se o caráter de privilégio das respectivas técnicas. Aldous Huxley escreve: "os progressos técnicos... conduziram à vulgaridade..., as possibilidades de reprodução técnica e a impressão rotativa possibilitaram uma multiplicação imprevisível da escrita e da imagem. A escolaridade geral obrigatória e os salários relativamente elevados criaram um público muito vasto que sabe ler e pode adquirir material de leitura e ilustrado. Para produzir tudo isso foi criada uma indústria importante. O talento artístico, porém, é algo de muito raro; o resultado é que sempre e em geral a maior parte da produção artística foi de qualidade inferior. Mas hoje em dia a percentagem de sucata no total da produção artística é maior do que nunca... Estamos perante um simples fato aritmético. No decorrer do século passado, a população da Europa Ocidental aumentou para mais que o dobro. Mas o material de leitura e a ilustração cresceram, tanto quanto posso avaliar, pelo menos na relação de 1 para 20, para talvez 50 ou até para 100. Se uma população de x milhões tem n talentos artísticos, uma população de 2x milhões terá provavelmente 2n talentos artísticos. Ora, a situação pode resumir-se como se segue: enquanto há cem anos se publicava uma página impressa com textos e ilustrações, hoje em dia se publicam vinte, se não mesmo cem páginas dessas. Enquanto, por outro lado, há cem anos havia um talento artístico, hoje há dois. Admito que, em consequência da escolaridade geral obrigatória, um grande número de talentos virtuais, que antigamente não poderiam ter desenvolvido os seus dotes, possam hoje se tornar produtivos. Partamos, portanto, do princípio... de que hoje há três ou mesmo quatro talentos artísticos para um de antigamente. Nem por isso é menos evidente que o consumo de material de leitura e ilustrações impressas ultrapassou em muito a produção natural de escritores e desenhadores dotados. Com o material auditivo a situação não é diferente. A prosperidade, o gramofone e o rádio criaram um público cujo consumo de material musical está fora de qualquer relação com o crescimento da população e consequentemente com o aumento normal de músicos de talento.

modificação já foi em parte concretizada. Alguns dos atores que surgem nos filmes russos não são intérpretes no nosso sentido, mas sim pessoas que se representam *a si próprias*[33] – e antes de mais nada, no seu processo de trabalho. Na Europa Ocidental a exploração capitalista do cinema impede que se leve em conta o legítimo direito que o homem de hoje tem de se ver reproduzido na arte. Nessas condições, a indústria do cinema tem todo o interesse em instigar a participação das massas através de concepções ilusórias e especulações ambíguas.

XI

Um filme, sobretudo um filme sonoro, oferece um espetáculo que nunca se poderia imaginar anteriormente. Trata-se de um processo em que não há já um único ponto de vista a partir do qual os auxiliares estranhos à própria ação – aparelhagem de iluminação, corpo de assistentes, etc. – não caiam no campo visual do espectador (a não ser que a pupila do espectador coincidisse com a objetiva). Essa circunstância, mais que qualquer outra, torna superficial e insignificante qualquer comparação entre uma cena nos estúdios e no palco. O teatro conhece, em princípio, o ponto em que não é fácil apercebermo-nos do caráter ilusório da ação. Perante uma cena filmada esse ponto não existe. A sua natureza ilusória é uma natureza de segundo grau; é o resultado da montagem. Isto é: *no estúdio, a aparelhagem penetrou tão profundamente na realidade, que o seu aspecto puro, liberto do corpo estranho constituído pela aparelhagem, é o resultado de um procedimento especial, nomeadamente do plano fotografado pela câmera*

Segue-se, portanto, que em todas as artes, quer em termos absolutos, quer relativos, a produção de sucata é maior que antigamente; e assim continuará a ser, enquanto as pessoas consumirem, como agora, material de leitura, auditivo e ilustrado em proporções anormais" (Aldous Huxley, *Croisière d'hiver. Voyage en Amérique Centrale* (1933). Trad. de Jules Castier, Paris, 1935, p. 273-275). Essa análise não é, evidentemente, progressista.

[33] A importância assumida pelo cinema russo pós-revolucionário como arte coletiva que vai ao encontro dos novos modos de produção já fora salientada por Benjamin em dois textos de 1927 (incluídos neste volume, com outros sobre a situação da Rússia nos anos vinte): "Sobre a situação da arte cinematográfica russa" e "Réplica a Oscar A. H. Schmitz". (N.T.)

especialmente focada e sua montagem com outras imagens do mesmo gênero. A realidade liberta da aparelhagem atingiu aqui o seu mais elevado grau de artificialismo, e a visão não mediata da realidade tornou-se a Flor Azul no reino da técnica.

Os mesmos fatos, que desta forma se demarcam dos do teatro, podem confrontar-se de maneira ainda mais elucidativa com a pintura. Aqui temos de fazer a pergunta: qual a situação do operador de câmera em relação ao pintor? Para respondê-la, façamos uso do recurso ao conceito de operador que se tornou corrente a partir da cirurgia. O cirurgião representa um dos polos de um universo em que o outro é ocupado pelo mágico. A atitude do mágico, que cura um doente pondo-lhe a mão em cima, é diferente da do cirurgião que procede a uma intervenção no doente. O mágico conserva a distância natural entre si e o paciente; mais precisamente: diminui-a pouco, por força da mão posta sobre o doente, e aumenta-a muito, por força da sua autoridade. O cirurgião procede ao contrário: diminui muito a distância em relação ao doente, na medida em que penetra no seu interior, e aumenta-a pouco, pelo cuidado com que a sua mão se movimenta entre os órgãos. Numa palavra: ao contrário do mágico (que ainda está presente no médico), o cirurgião renuncia no momento decisivo a colocar-se perante o doente de homem para homem; antes penetra nele operacionalmente. O mágico e o cirurgião comportam-se como o pintor e o operador. O pintor observa no seu trabalho uma distância natural em relação à realidade do seu objeto; o operador, pelo contrário, penetra profundamente nas malhas da realidade dada.[34] As imagens obtidas por ambos são totalmente diferentes. A do pintor é um todo, a do operador

---

[34] Os gestos ousados do operador são, de fato, comparáveis aos do cirurgião. Luc Durtain inclui no seu catálogo de recursos técnicos de caráter especificamente gestual aqueles "que são necessários em cirurgia no caso de certas intervenções difíceis. Escolho como exemplo um caso da otorrinolaringologia...; falo da chamada intervenção endonasal com telescopia; ou chamo a atenção para as habilidades acrobáticas que durante uma cirurgia da laringe tem-se de executar, orientada pela imagem invertida no laringoscópio; podia também falar da cirurgia do ouvido, que lembra o trabalho de precisão dos relojoeiros. Quanta acrobacia muscular nas mais sutis gradações não é exigida ao homem que quer reparar ou salvar o corpo humano! Basta pensar na cirurgia de catarata, em que há como que uma luta do aço com partes do tecido quase líquidas, ou nas intervenções

compõe-se de múltiplos fragmentos que voltam a reunir-se de acordo com uma lei nova.

É assim que a representação cinematográfica da realidade é para o homem contemporâneo a que incomparavelmente tem maior significado, porque consegue captar o lado da realidade livre de todo e qualquer aparelho, o que o homem tem o direito de esperar da obra de arte – precisamente devido à penetração intensiva dessa realidade pelos aparelhos.

XII

A possibilidade de reprodução técnica da obra de arte transforma a relação das massas com a arte. Uma relação o mais retrógrada possível, por exemplo diante de um Picasso, pode transformar-se na mais progressista, por exemplo diante de um Chaplin. Aqui, a reação progressista caracteriza-se pelo fato de o prazer da observação e da vivência estar direta e intimamente associado à atitude do perito. Tal ligação é um indício social importante: quanto mais diminuir o significado social de uma arte, tanto mais haverá no público um divórcio entre a atitude crítica e o prazer – como se prova nitidamente com a pintura. O convencional é apreciado sem sentido crítico, aquilo que é verdadeiramente novo critica-se com má vontade. No cinema, a atitude crítica e de prazer do público coincidem. E a circunstância decisiva nesse caso é a seguinte: em parte alguma, mais do que no cinema, as reações dos indivíduos, cuja soma constitui a reação em massa do público, se mostram imediatamente condicionadas pela sua massificação iminente. E na medida em que se manifestam, controlam-se. Também nesse caso é útil a comparação com a pintura. Um quadro só se podia oferecer à contemplação de um indivíduo ou de um pequeno grupo. A contemplação de quadros por muitas pessoas simultaneamente, como se verifica no século XIX, é um dos primeiros sintomas da crise da pintura, que não foi de modo algum desencadeada unicamente pela fotografia, mas surgiu relativamente independente desta, pela tendência de levar a obra de arte até as massas.

---

muito significativas na cavidade abdominal (laparotomia)" (Luc Durtain, "La technique et l'homme", *in: Vendredi,* 13 de março de 1936, n. 19).

De fato, o quadro não tem condições para ser objeto de uma recepção coletiva simultânea, como sempre foi o caso da arquitetura,[35] como aconteceu antigamente com a epopeia, como acontece hoje em dia com o cinema. E por muito poucas conclusões que dessa circunstância específica se possam tirar acerca do papel social da pintura, ela funciona como um pesado entrave no momento em que a pintura, devido a determinados condicionantes, e de certo modo contra a sua natureza, se vê diretamente confrontada com as massas. Nas igrejas e nos mosteiros da Idade Média e nas cortes dos príncipes até finais do século XVIII, a recepção coletiva de quadros não se efetuava em comum, mas por um processo mediador multiplamente escalonado e hierarquizado. O fato de a situação ter se modificado traz à superfície o conflito especial em que a pintura foi envolvida devido à possibilidade de reprodução técnica do quadro. Mesmo quando se procedeu à sua exposição para as massas em galerias e salões não se

---

[35] Benjamin atribui à arquitetura um papel fundamental como forma de arte que lhe permite documentar aquilo a que, numa das variantes do capítulo XVIII da primeira versão do ensaio sobre "A obra de arte...", chama a "recepção na distração", isto é, não reflexiva e não contemplativa, e pelo coletivo, colocando-a a par da do reclame, que não distingue da arte. Torna-se aqui visível a oposição existente entre as concepções de Benjamin (ou também Brecht) nos anos trinta e as da "Teoria Crítica" da Escola de Frankfurt sobre o problema da situação da arte perante o desenvolvimento tecnológico e econômico e os novos meios de produção que daí resultam (a "técnica" e a sua utilização também na produção artística). Enquanto para Benjamin e Brecht – nos anos trinta, é certo – esse desenvolvimento dos meios de produção implica uma transformação radical do conceito tradicional de arte e da sua autonomia, para Adorno e Marcuse as duas esferas (a da arte e a da "indústria da cultura" são vistas como distintas e mesmo inconciliáveis: a arte mantém a sua autonomia (relativa, embora) e a "tecnicização da obra de arte" (em que Brecht e Benjamin punham tantas esperanças) leva à eliminação da arte. No âmbito da "indústria da cultura" do neocapitalismo, com a sua enorme capacidade de integração, a arte só poderá subsistir como "negação" desse *status quo* que lhe é exterior, e com o qual não pode entrar em qualquer espécie de "reconciliação" (hoje sabemos como as formas pós-modernas da arte integraram totalmente, e sem complexos, esse "mundo da vida"). Se para Brecht o capitalismo encontra em si mesmo (na dinâmica própria das suas crises) os obstáculos ao seu próprio desenvolvimento, para Adorno e Horkheimer a "indústria cultural", na sua forma capitalista tardia, seria um sistema à prova de crises. As possibilidades transformadoras da arte seriam muito reduzidas, a sua função teria de limitar-se a ser crítica e negativa (alguns dos marcos mais importantes desta reflexão da "Teoria Crítica" foram: a *Dialética do Iluminismo*, de Horkheimer/Adorno [1944], a *Teoria Estética* de Adorno [1970] e *A Dimensão Estética* de Marcuse [1977]). (N.T.)

encontrou maneira de estas poderem se organizar e controlar perante essa nova forma de recepção.[36] Assim, o mesmo público, que reage de um modo progressista perante um filme grotesco, assume uma atitude retrógrada diante do Surrealismo.

XIII

O cinema caracteriza-se não só pelo modo como o homem se apresenta perante a aparelhagem, mas também pelo modo como, com a ajuda desta, ele representa o mundo circundante. Bastou lançar um olhar para a psicologia das *performances* para se verificar a capacidade que a aparelhagem tem de avaliar. A psicanálise permite ilustrar essa mesma capacidade de outra perspectiva. De fato, o cinema enriqueceu o mundo da nossa percepção com métodos que podem ser explicados recorrendo à teoria freudiana. Um lapso no diálogo passava mais ou menos despercebido há cinquenta anos. A abertura súbita de uma perspectiva profunda no diálogo, que antes parecia decorrer à superfície, pode contar-se entre as exceções. Depois da *Psicopatologia da vida quotidiana* tudo isso se modificou. Ela isolou e simultaneamente tornou analisáveis coisas que anteriormente navegavam, sem que déssemos por elas, na vasta corrente da percepção. O cinema teve como consequência, em todo o âmbito do mundo da percepção visual, e agora também acústica, um aprofundamento semelhante da percepção consciente. O reverso desse fato é que as ações apresentadas por um filme podem ser analisadas com muito mais exatidão e sob muitos mais pontos de vista do que as ações representadas na pintura ou no teatro. Por contraste com a pintura, é a indicação incomparavelmente mais precisa da situação que aumenta a possibilidade de análise da ação apresentada no filme. Confrontando

---

[36] Esse ponto de vista poderá parecer grosseiro, mas, como mostra o grande teórico Leonardo da Vinci, pode se recorrer a pontos de vista grosseiros quando for conveniente. Leonardo compara a pintura e a música com as seguintes palavras: "A pintura é superior à música porque não está condenada a morrer logo à nascença, como no caso da infeliz música... A música, que desaparece assim que nasce, fica atrás da pintura, que se tornou eterna pelo uso do verniz" (Leonardo da Vinci, *Frammenti letterarii e filosofici, apud* Fernand Baldensperger, "Le raffermissement des techniques dans la littérature occidentale de 1840", in *Revue de Littérature Comparée*, XV/I, Paris, 1935, p. 79, nota 1).

com o teatro, o que torna as direções cinematográficas mais facilmente analisáveis é a possibilidade, aqui maior, de isolar ações. Essa circunstância tende – e nisso reside o seu principal significado – a promover a articulação entre a arte e a ciência. De fato, dificilmente se pode dizer, de um comportamento perfeitamente estudado e integrado em determinada situação – como um músculo num corpo –, qual o aspecto que mais prende: se o seu valor artístico ou a sua utilidade científica. *Será uma das funções revolucionárias do cinema fazer com que a utilização artística e científica da fotografia, anteriormente quase sempre separadas, possam ser vistas como idênticas.*[37]

Na medida em que, através de grandes planos, através da acentuação de pormenores escondidos nos adereços mais correntes, através da investigação de ambientes banais sob a direção genial da objetiva, aumenta, por um lado, a compreensão da irreversibilidade que rege a nossa existência, o cinema promete-nos, por outro lado, um horizonte gigantesco e inesperado! Os nossos bares e avenidas das grandes cidades, os nossos escritórios e os nossos quartos mobiliados, as nossas estações de trem e fábricas pareciam querer encerrar-nos num universo sem esperança e sem saída. Veio então o cinema, que fez ir pelos ares esse mundo de cárceres com a dinamite do décimo de segundo, de modo que agora, abandonados no meio dos seus escombros espalhados por todo o lado, nos lançamos serenamente em viagens aventurosas. Com o grande plano alarga-se o espaço, com o retardador, o movimento. E se na ampliação não se trata apenas de explicitar aquilo que "de qualquer modo" não se vê com nitidez, mas antes se põem a descoberto formações estruturais da matéria, totalmente novas, assim também o retardador não se limita a trazer

---

[37] Se procurarmos uma situação análoga a essa, surge-nos uma muito elucidativa na pintura da Renascença. Também aqui deparamos com uma arte cujo florescimento incomparável e cuja importância se baseiam em grande medida no número de novas ciências ou de novos dados da ciência que integra. Ela se apodera da anatomia e da perspectiva, da matemática, da meteorologia e da teoria das cores. "Nada está tão distante de nós", escreve Valéry, "como a exigência desconcertante de um Leonardo, para quem a pintura era o objetivo último e a suprema demonstração do conhecimento, de tal maneira que, segundo as suas convicções, exigia omnisciência; e ele próprio não recuava perante uma análise teórica diante da qual nós, os homens de hoje, paramos, perplexos pela sua profundidade e precisão". (Paul Valéry, *Pièces sur l'art, op.cit.*, p. 191, "Autour de Corot".)

à luz conhecidos motivos do movimento, antes descobre, nesses conhecidos, outros totalmente desconhecidos, "que não funcionam de modo algum como retardamento de movimentos mais rápidos, mas têm o efeito de movimentos singularmente deslizantes, pairando no ar, sobrenaturais".[38] Assim se torna evidente que a natureza que fala à câmera é diferente da que fala aos olhos. Diferente sobretudo porque a um espaço conscientemente explorado pelo homem se substitui um espaço em que ele penetrou inconscientemente. Se é vulgar darmo-nos conta, ainda que muito sumariamente, do modo de andar das pessoas, já nada podemos saber da sua atitude na fração de segundo de cada passo. Se é verdade que, genericamente falando, o gesto de pegar no isqueiro ou na colher nos é familiar, já pouco ou nada sabemos do que de fato se passa entre a mão e o metal, para não falar das oscilações que esse processo revela, segundo a disposição com que estamos. Aqui intervém a câmera com os seus meios auxiliares, *plongés* e *contreplongés*, interrupções e imobilizações, retardador e acelerador, ampliação e redução. É ela que nos inicia no inconsciente óptico, tal como a psicanálise no inconsciente pulsional.

XIV

Uma das mais importantes tarefas da arte foi desde sempre a de gerar uma procura cuja total satisfação ainda se não realizou.[39]

---

[38] Rudolf Arnheim, *op. cit.*, p. 138.

[39] "A obra de arte", diz André Breton, "só tem valor na medida em que for atravessada por reflexos do futuro".★ De fato, toda forma de arte plenamente desenvolvida se situa no cruzamento de três linhas de evolução. Em primeiro lugar, a técnica evolui visando a uma determinada forma de arte. Antes do cinema havia livros de fotografias cujas imagens, passando rapidamente diante do espectador que folheava o livro sob a pressão do polegar, mostravam um combate de boxe ou uma partida de tênis; havia máquinas automáticas nos bazares, em que a passagem das imagens era provocada pelo rodar da manivela. Em segundo lugar, as formas de arte tradicionais trabalham esforçadamente, em certas fases da sua evolução, para obter efeitos que mais tarde são atingidos sem esforço pela nova forma de arte. Antes de o cinema se ter imposto, os dadaístas procuraram, através das suas manifestações, levar ao público um movimento que Chaplin depois provocou de modo natural. Em terceiro lugar, transformações sociais aparentemente insignificantes atuam frequentemente com vista a uma transformação da recepção que só a nova forma de arte vem a aproveitar. Antes de o cinema ter começado a criar o seu público, mostravam-se no *Kaiserpanorama*★★ imagens (que já não eram estáticas) ao público

A história de cada forma de arte conhece épocas críticas em que essa forma aspira a efeitos que só se conseguem obter livremente quando se chega a um nível técnico diferente, isto é, a uma nova forma de arte. As extravagâncias e cruezas da arte que daqui resultam, sobretudo nas chamadas épocas de decadência, têm, de fato, a sua origem no centro das suas forças históricas mais ricas. O Dadaísmo foi a última forma de arte em que ainda abundaram tais barbarismos. Só agora se pode conhecer o que o impulsionou: *o Dadaísmo tentou criar, com*

---

ali reunido. Esse público estava em frente de um guarda-vento, no qual se tinham instalado estereoscópios, um para cada visitante. Diante destes estereoscópios apareciam automaticamente imagens isoladas, que se conservavam pouco tempo, para logo darem lugar a outras. Edison ainda teve de trabalhar com meios semelhantes quando apresentou a primeira fita cinematográfica (antes de se conhecer a tela e todo o processo de projeção do filme) a um público restrito, que olhava fixamente para o aparelho em que estava se desenrolando a sequência das imagens. De resto, na instalação do *Kaiserpanorama* percebe-se nitidamente uma dialética da evolução. Pouco antes de o cinema ter tornado coletiva a contemplação de imagens, a sua contemplação individual diante dos estereoscópios desses estabelecimentos rapidamente ultrapassados impõe-se uma vez mais com a mesma força da antiga contemplação das imagens dos deuses pelos sacerdotes na *cella* do templo.

[* A citação de Breton, de que Benjamin não indica a fonte, vem de um conjunto de escritos publicados sob o título *Position politique du Surréalisme* (Paris, Sagittaire, 1935). No momento em que Benjamin escreve o primeiro esboço desse ensaio, apresentava Breton uma comunicação (incluída no volume referido) ao Congresso de Escritores reunido em Paris, na qual fazia afirmações muito próximas da citação (que eventualmente foi feita de memória por Benjamin): "Essa propriedade [i. e. a perenidade de certas obras], revelada de tempos em tempos por certas obras de arte, só pode ser entendida em função da sua situação muito particular no tempo, desse estatuto de *figuras de proa* que elas assumem em relação às circunstâncias históricas que lhes deram origem. [...] A herança cultural, na forma em que podemos recebê-la, é, acima de tudo, a soma de tais obras com um "conteúdo latente" excepcionalmente rico. Essas obras – na poesia, hoje, as de Nerval, Baudelaire, Lautréamont, Jarry, e não tanto as pretensas obras "clássicas" (os clássicos escolhidos pela sociedade burguesa não são nossos) – continuam antes de mais nada a ser *anunciadoras*, e a sua influência cresce sem cessar [...]" (A. Breton, "Discours au Congrès des Écrivains (1935)", *in: Manifestes du Surréalisme*, Paris, Jean-Jacques Pauvert, 1962, p. 283). (N.T.)

** Sobre o "Panorama imperial", vd. a seção de *Rua de mão única* com esse título. Trata-se de um método de projeção de imagens anterior ao cinema, constituído por um grande ciclorama circular em que eram projetadas imagens de paisagens. O espectador, sentado no centro do círculo, tinha a ilusão de ver de cima, através de um sistema de estereoscópios individuais, o que passava diante dos seus olhos. (N.T.)]

os meios da pintura (e da literatura), os efeitos que o público hoje em dia procura no cinema.[40]

Toda a criação de necessidades radicalmente nova e pioneira terá consequências muito para além do seu objetivo. É o que se passa com o Dadaísmo, na medida em que sacrifica os valores do mercado, tão próprios do cinema, em favor de intenções de maior relevo – de que, evidentemente, não tem consciência na forma em que aqui são descritas. Os dadaístas davam muito menos importância à utilidade mercantil das suas obras de arte do que à impossibilidade de serem utilizadas como objeto de meditação contemplativa. Para conseguir essa impossibilidade, não recuaram sequer perante a degradação sistemática do seu material. Os seus poemas são uma "salada de palavras", contêm expressões obscenas e tudo o que se possa imaginar de detritos de linguagem. O mesmo acontece com os seus quadros, em que colavam botões ou bilhetes de bonde. O que conseguem com tais meios é a aniquilação impiedosa da aura das suas criações, às quais aplicam, com os meios da produção, o estigma de uma reprodução. É impossível, diante de um quadro de Arp ou de um poema de August Stramm,[41] termos tempo para nos concentrarmos e apreciá-los como diante de

---

[40] A teoria de Benjamin sobre o Dadaísmo é continuada mais tarde por Adorno, que já na longa carta de 18 de março de 1936, em que faz um comentário crítico a este ensaio, termina com o *post scriptum*: "Gostaria ainda de lhe expressar a minha particular concordância com a sua teoria do Dadaísmo." Sobre o sentido crítico da categoria do "choque" e da técnica da montagem, e sobre o problema, subjacente a todo este ensaio de Benjamin, da "morte da arte", ver ainda os paralipômenos à *Teoria Estética* de Adorno, particularmente o intitulado "Ad surrealistischer Schock und Montage" (*Teoria Estética*, Lisboa, Edições 70, 1982, p. 350 segs.). Encontramos também em Brecht, num fragmento de 1920, uma ideia do Dadaísmo como "arte do efeito", muito próxima da de Benjamin neste texto: "Um dos piores erros dos dadaístas é o de mandarem imprimir as suas obras, que pretendem dar a impressão de surgir de forma imediata e para um presente o mais real possível [...]. Se é verdade que as forças se reconhecem pelos seus efeitos, então o Dadaísmo pertence à arte" (Brecht, "Über den Dadaismus" [Sobre o Dadaísmo], *Gesammelte Werke*, Frankfurt/M., Suhrkamp, 1967, vol. 18, p. 5-6). (N.T.)

[41] *August Stramm* (1874-1915) é um poeta e dramaturgo expressionista, principal representante da poesia "absoluta" do círculo berlinense da revista *Der Sturm*, uma forma de poesia abstrata, reduzida aos elementos rítmico-melódicos essenciais, que antecipa algumas das experiências dadaístas e surrealistas. Poemas de Stramm em tradução portuguesa podem ler-se em: João Barrento, *A alma e o caos. Cem poemas expressionistas*. Lisboa, Relógio d'Água, 2001, p. 272-289; e

um quadro de Derain ou de um poema de Rilke. À meditação que se tornou, no processo de degeneração da burguesia, uma escola de comportamento associal, contrapõe-se a distração como uma forma especial de comportamento social.[42] De fato, as manifestações dadaístas asseguravam uma extrema distração, na medida em que faziam da obra de arte o centro de um escândalo. Ela tinha de satisfazer sobretudo uma exigência muito concreta: causar indignação pública.

De tentação para a vista ou sedução para o ouvido, a obra de arte tornou-se um projétil nas mãos dos dadaístas. Espectador e leitor eram atingidos por ele. Adquiriu uma qualidade palpável, com o que favoreceu a virada para o cinema. Aqui, o elemento que provoca a distração também é acima de tudo palpável, porque se baseia nomeadamente na mudança de lugar e de plano, que funcionam como golpes que o espectador vai recebendo. Compare-se a "tela" sobre a qual o filme é projetado com a tela em que está a pintura. Esta convida o espectador à contemplação; diante dela, ele pode entregar-se aos seus pensamentos. Diante do filme já não acontece o mesmo. Mal fixou o olhar, já a imagem mudou. A imagem do filme não pode ser fixada. Duhamel, que odeia o cinema e que não compreendeu nada do seu significado, embora muito da sua estrutura, comenta assim essa circunstância: "Já não posso pensar aquilo que quero. As imagens em movimento ocuparam o lugar dos meus pensamentos".[43] De fato, a cadeia de associações de quem contempla essas imagens é imediatamente interrompida pela sua transformação. Nisso se baseia o efeito de choque do cinema, que, como qualquer efeito de choque, exige ser amortecido por um esforço de atenção intensificado.[44] *Por*

---

uma análise da sua poesia em: João Barrento, *A poesia do expressionismo alemão*. Lisboa, Presença, 1989, p. 80-91. (N.T.)

[42] O arquétipo teológico dessa meditação é a consciência de se estar a sós com o seu Deus. Foi através dessa consciência que nas épocas de esplendor da burguesia se fortaleceu a liberdade para acabar com a tutela clerical. Nas épocas de decadência da burguesia, a mesma consciência teve de ter em conta a tendência latente para subtrair ao âmbito da comunidade as forças que o indivíduo isolado mobiliza no seu convívio com Deus.

[43] Georges Duhamel, *Scènes de la vie future*, 2ª ed., Paris, 1930, p. 52.

[44] O cinema representa a forma de arte correspondente ao perigo de morte crescente que os seres humanos de hoje têm de enfrentar. A necessidade que o homem tem de se expor aos efeitos do choque é uma adaptação aos perigos

força da sua estrutura técnica, o cinema libertou o efeito de choque físico da capa moral em que ainda estava envolvido no Dadaísmo.[45]

XV

As massas são uma matriz a partir da qual se renovam presentemente todas as velhas atitudes perante a obra de arte. A quantidade transformou-se em qualidade: as massas de participantes, que aumentaram muitíssimo, provocaram uma modificação do tipo de participação. O fato de essa participação aparecer primeiro sob forma adulterada não deve induzir em erro. Contudo, não faltou quem se tivesse agarrado com paixão a esse lado superficial da questão. Entre eles foi Duhamel quem se exprimiu de forma mais radical. A principal crítica que faz ao cinema é o tipo de participação que suscita nas massas. Chama ao cinema "um passatempo para hilotas, uma distração para criaturas incultas, miseráveis, estafadas, consumidas pelas suas preocupações..., um espetáculo que não exige qualquer concentração, não pressupõe qualquer capacidade de raciocínio..., não acende nenhuma luz nos corações e não desperta no espectador qualquer outra esperança além do desejo ridículo de um dia se tornar *star* em Los Angeles".[46] Vê-se que, no fundo, é o velho clamor de que as massas procuram a distração, enquanto a arte exige concentração da parte do espectador. É um lugar-comum. Resta apenas saber se ele está apto a fornecer pistas para a investigação do cinema. Aqui é

---

que o ameaçam. O cinema corresponde a transformações profundas do aparelho da percepção consciente – transformações que qualquer transeunte das grandes cidades sente no plano da existência privada e, no plano histórico, todo o cidadão de hoje.

[45] Tal como para o Dadaísmo, há que tirar do cinema importantes conclusões para o Cubismo e o Futurismo. Ambos surgem como tentativas deficientes de uma arte que quer levar em conta a penetração da realidade pela aparelhagem. Essas escolas, ao contrário do cinema, empreenderam a sua tentativa não através do aproveitamento da aparelhagem para a representação artística da realidade mas sim através de uma espécie de fusão da realidade representada com a aparelhagem também representada. Nesse processo assume papel de relevo, no Cubismo, o pressentimento da estrutura dessa aparelhagem, que se baseia na óptica; e no Futurismo o pressentimento dos efeitos dessa aparelhagem, que sobressaem na passagem rápida da fita cinematográfica.

[46] Duhamel, *op. cit.*, p. 58.

preciso olhar para as coisas mais de perto. Distração e concentração opõem-se de uma forma a que se pode dar a seguinte formulação: aquele que se concentra diante da obra de arte mergulha nela; é absorvido por essa obra, como aconteceu, segundo a lenda, a um pintor chinês ao ver o seu quadro concluído. Pelo contrário, as massas, pela sua própria distração, mergulham a obra de arte em si. Os edifícios são o exemplo mais manifesto. Desde sempre a arquitetura constituiu o protótipo de uma obra de arte cuja recepção se produz coletivamente e na distração. As leis dessa recepção são as mais elucidativas.

As construções têm acompanhado a humanidade desde as suas origens. Muitas formas de arte nasceram e desapareceram. A tragédia nasceu com os gregos para se extinguir com eles; só as suas "regras" renasceram séculos mais tarde. A epopeia, cujas origens remontam à juventude dos povos, extingue-se na Europa com o fim do Renascimento. A pintura de cavalete é uma criação da Idade Média e nada parece garantir a sua duração ilimitada. Porém, a necessidade que o homem tem de um teto é permanente. A arquitetura nunca foi inútil. A sua história é mais antiga que a de qualquer outra arte, e é importante ter sempre em conta o seu gênero de influência quando se quer compreender a relação das massas com a arte. As construções são objeto de uma recepção dupla: pelo seu uso e pela sua percepção; ou melhor, tátil e opticamente. Não se compreende tal recepção da arquitetura se se pensar no recolhimento dos turistas diante de edifícios célebres. Porque do lado tátil não existe qualquer espécie de contrapartida para a contemplação na percepção óptica. A recepção tátil efetua-se menos pela via da atenção do que pela do hábito. No caso da arquitetura, o hábito determina mesmo em larga medida a própria recepção óptica. Pela sua essência, ela se efetua muito menos num estado de concentração tensa do que sob uma pressão fortuita. Mas essa recepção ligada à arquitetura tem, em certas circunstâncias, valor canônico. *É que as tarefas que se colocam ao aparelho perceptivo humano em períodos históricos de virada não podem resolver-se simplesmente pela óptica, isto é, pela contemplação. Vão sendo progressivamente ultrapassadas sob a orientação da recepção tátil, através do hábito.*

Também a pessoa distraída se pode habituar. Mais: conseguir ultrapassar certas dificuldades na distração prova que criamos o hábito de resolvê-las. Através da distração que a arte oferece, pode

44   **FILÔ**BENJAMIN

facilmente controlar-se até que ponto novas tarefas colocadas à percepção consciente puderam ser solucionadas. Como, de resto, subsiste no indivíduo a tentação de evitá-las, a arte encarregar-se-á das mais difíceis e importantes sempre que puder mobilizar massas. Presentemente o faz no cinema. *A recepção na distração, que se faz notar com ênfase crescente em todos os domínios da arte e é um sintoma de transformações profundas da percepção consciente, encontrou no cinema o seu campo de experiência próprio.* Com o seu efeito de choque, o cinema vem ao encontro dessa forma de recepção. O cinema restringe o valor de culto não só porque coloca o público numa atitude de apreciação valorativa, mas também porque essa atitude no cinema não inclui o fator atenção. O público é um examinador, mas um examinador distraído.

Posfácio

A proletarização crescente dos homens de hoje e a formação crescente de massas são os dois lados de um mesmo fenômeno. O fascismo tenta organizar as massas proletarizadas recentemente formadas sem tocar nas relações de propriedade para cuja abolição elas tendem. Vê a sua salvação na possibilidade que dá às massas de se exprimirem (mas com certeza não a de exprimirem os seus direitos[47]). As massas têm o direito de exigir a transformação das relações de propriedade; o fascismo procurava *dar-lhes expressão* conservando intactas aquelas

---

[47] Aqui está um caso técnico importante, sobretudo considerando-se as notícias filmadas da semana, cujo significado propagandístico não pode ser superestimado. *À reprodução em massa responde particularmente a reprodução das massas.* Nos grandes cortejos festivos, em assembleias gigantescas, em grandes espetáculos de esportes e na guerra, que hoje se oferecem na totalidade à aparelhagem do cinema, a massa vê-se a si própria. Esse processo, cujo alcance não precisa ser acentuado, está intimamente relacionado com o desenvolvimento das técnicas de reprodução e de gravação. Os movimentos de massas apresentam-se geralmente aos aparelhos registradores com mais clareza que ao olhar. Agrupamentos de centenas de milhares de pessoas abrangem-se melhor de uma perspectiva de conjunto. E ainda que essa perspectiva seja tão acessível à vista humana como à aparelhagem, a imagem que o olho retém não é suscetível de ser ampliada como a fotografia. Isso significa que movimentos de massas, e portanto também a guerra, representam uma forma de comportamento humano particularmente adequada aos aparelhos registradores.

relações. *Consequentemente, o fascismo tende para a estetização da política.* À violentação das massas, que o fascismo subjuga no culto de um *Führer,* corresponde a violentação de todo um aparelho que ele põe ao serviço da produção de valores de culto.[48]

Todos os esforços de estetização da política culminam num ponto. Esse ponto é a guerra. É a guerra, e só a guerra, que torna possível dar uma finalidade aos mais amplos movimentos de massas, conservando as relações de propriedade herdadas. Assim se apresenta a atual situação do ponto de vista político. Do ponto de vista da técnica, ela se apresenta da seguinte maneira: só a guerra torna possível mobilizar todos os meios técnicos que atualmente existem, conservando as relações de propriedade vigentes. É claro que a apoteose da guerra pelo fascismo não se serve *desses* argumentos. Contudo, será proveitoso dar-lhes alguma atenção. No manifesto de Marinetti sobre a guerra colonial etíope pode-se ler: "Há vinte e sete anos que nós, futuristas, nos erguemos contra o fato de a guerra ser considerada antiestética... De acordo com isso, verificamos que:... A guerra é bela porque graças às máscaras de gás, aos horríveis megafones, aos lança-chamas e aos tanques pequenos, consegue fundamentar a supremacia do homem sobre a máquina subjugada. A guerra é bela porque inaugura a tão sonhada metalização do corpo humano. A guerra é bela porque enriquece um prado florido com as orquídeas flamejantes das metralhadoras. A guerra é bela porque reúne numa sinfonia os tiros de espingarda, de canhão, as pausas do cessar-fogo e os perfumes e odores dos cadáveres em decomposição. A guerra é bela porque cria novas formas arquitetônicas, como as dos grandes tanques, das esquadrilhas geométricas de aviões, das espirais de fumo das aldeias

---

[48] Uma caracterização mais pormenorizada do fascismo por Benjamin pode ser encontrada no estudo "Teorias do fascismo alemão" (incluído em *O anjo da história,* Autêntica, 2012, p. 109 e segs.), escrito em 1930, a propósito da apologia da guerra feita no livro *Krieg und Krieger* [Guerra e guerreiros], da responsabilidade de Ernst Jünger. Na altura em que Walter Benjamin escreve as várias versões desse ensaio sobre "A obra de arte..." (entre 1934 e 1937), sai também dos prelos o livro de Ernst Bloch *Erbschaft dieser Zeit* [A herança deste tempo] (1935), em que esse filósofo desenvolve uma teoria explicativa do fenômeno fascista que apresenta alguns pontos de contato com a de Benjamin. A categoria central da análise de Bloch – a ex-temporaneidade, ou não contemporaneidade (*Ungleichzeitigkeit*) radical dessa manifestação – poderia aplicar-se, por exemplo, ao recurso a meios técnicos progressivos e potencialmente progressistas – como o cinema – para uma manipulação "bárbara" e regressiva das massas, como sugere Benjamin. (N.T.)

incendiadas e muitas outras coisas... Poetas e artistas do Futurismo...,
lembrai-vos desses fundamentos de uma estética da guerra, para que
a vossa luta por uma nova poesia e uma nova escultura... seja por eles
iluminada!"[49]

Esse manifesto tem a vantagem da clareza. A maneira como aborda
a questão merece ser adotada pela dialética. A estética da guerra contemporânea é colocada da seguinte maneira: se o aproveitamento natural das
forças produtivas é retardado e impedido pelas relações de propriedade
vigentes, a intensificação dos recursos técnicos, dos ritmos de vida, das
fontes de energia leva a que elas sejam aproveitadas de um modo não
natural. É o que se passa na guerra que, com as suas destruições, prova
que a sociedade não estava suficientemente madura para se servir da
técnica como um órgão seu, que a técnica não estava suficientemente
avançada para dominar as forças sociais elementares. Nos seus traços mais
horrendos, a guerra imperialista é determinada pela discrepância entre
os meios de produção poderosos e o seu aproveitamento insuficiente
no processo produtivo (por outras palavras: pelo desemprego e falta de
mercados). *A guerra imperialista é a revolta da técnica que recolhe no "material
humano" os direitos que a sociedade lhe retirou do seu material natural.* Em vez
de canalizar cursos de água, a técnica canaliza a corrente humana para
o leito das suas trincheiras, em vez de lançar sementes do alto dos seus
aviões, espalha bombas incendiárias pelas cidades, e na guerra do gás
encontrou uma nova maneira de acabar com a aura.

Fiat ars – pereat mundus,[50] diz o fascismo que, como confessou
Marinetti, espera da guerra a satisfação artística da percepção transformada pela técnica. Trata-se visivelmente da consumação da arte
pela arte. A humanidade, que antigamente, com Homero, foi objeto
de contemplação para os deuses olímpicos, tornou-se objeto de contemplação para si própria. A alienação de si própria atingiu o grau que
lhe permite viver a sua própria aniquilação como um prazer estético
de primeira ordem. *É assim a estetização da política praticada pelo fascismo.
O comunismo responde-lhe com a politização da arte.*

---

[49] Citado por *La Stampa*, Torino.

[50] *Fiat ars...* é a versão, intencionalmente modificada, da divisa *Fiat iustitia et pereat
mundus,* atribuída pelo humanista Johannes Manlius, discípulo de Melanchton, ao
imperador Fernando I (1503-1564), irmão de Carlos V (vd. J. Manlius, *Locorum
communium collectanea...,* Basileae, 1563, Livro 2, p. 290). (N.T.)

Pequena história da fotografia

A névoa que envolve o começo da fotografia não é tão densa como aquela que desceu sobre os primórdios da tipografia. Mais do que no caso desta última, sabe-se que tinha chegado a hora da sua invenção e que esta foi pressentida por vários daqueles que, independentemente uns dos outros, trabalhavam com um mesmo objetivo: fixar as imagens na câmara escura, conhecida pelo menos desde Leonardo da Vinci. Quando, após cinco anos de esforços, Niépce e Daguerre obtiveram simultaneamente resultados positivos, o Estado, favorecido pelas dificuldades com que deparavam os inventores para registrar as patentes, interveio, pagou as indenizações devidas e tornou pública a descoberta. Estavam criadas as condições para uma evolução acelerada e duradoura que, durante muito tempo, impediria qualquer olhar retrospectivo. Assim se explica que as questões históricas, ou, se quisermos, filosóficas, colocadas pela ascensão e decadência da fotografia tenham sido ignoradas durante décadas. E se hoje se começa a tomar consciência delas, isso se deve a uma razão muito precisa. A mais recente literatura salienta o fato evidente de o apogeu da fotografia, com a atividade de Hill e Cameron, Hugo e Nadar, se situar em seu primeiro decênio. Ora, essa é precisamente a década que precede a sua industrialização. Isso não significa que não houvesse, já nesses primórdios, impostores e charlatães que, em busca de lucro, se tivessem apropriado da nova técnica; foram até em grande número. Mas esse fenômeno situava-se mais no âmbito das artes de feira, onde ainda hoje vamos encontrar a fotografia, do que no da indústria. Essa só ganhou terreno com a fotografia para cartões de visita, cujo primeiro fabricante se tornou milionário. Não seria de admirar que as práticas fotográficas que hoje, pela primeira vez, nos remetem para essa época de ouro pré-industrial, tivessem ligações subterrâneas com a crise que atualmente abala a indústria capitalista. No entanto, isso em nada nos facilita a tarefa de transformar o encanto das imagens que podemos ver nas belas publicações recentes de fotografias antigas[1] num conhecimento real da sua essência. São, aliás, extremamente rudimentares as tentativas de teorização da matéria. Por mais debates que sobre ela tenham havido no século passado, no fundo eles não se libertaram da visão bizarra e esquemática com que um pasquim chauvinista, o *Leipziger Anzeiger,* achou por bem abordar a tempo a diabólica arte vinda de França: "Pretender fixar imagens efêmeras", lemos aí, "é em si uma coisa impossível, como provaram sólidas investigações alemãs; mas também o simples desejo de pretender tal coisa é já uma blasfêmia. O homem foi criado à imagem de Deus, e a imagem de Deus não pode ser fixada por nenhuma máquina humana. Só talvez o artista divino, tomado de inspiração celestial, poderá ousar, num momento de suprema graça, por uma ordem superior do seu gênio e sem ajuda de qualquer máquina, reproduzir os traços divinos dos homens".[2] Manifesta-se aqui, com todo o peso do seu estilo enfatuado, a ideia pequeno-burguesa da "arte", a que é estranha qualquer consideração de ordem técnica e que receia ver chegar o seu fim com o aparecimento provocatório da nova técnica. Apesar disso, foi com esse conceito fetichista, radicalmente antitécnico que os teóricos da fotografia procuraram discuti-la durante quase cem anos, naturalmente sem chegarem a quaisquer resultados. E isso aconteceu porque eles não fizeram mais do que pretender legitimar o fotógrafo

---

[1] Helmuth Th[eodor] Bossert e Heinrich Guttmann, *Aus der Frühzeit der Photographie – 1840-70. Ein Bildbuch nach 200 Originalen* [Dos primórdios da fotografia – 1840-70. Um álbum a partir de 200 originais], Frankfurt/M., 1930; Heinrich Schwarz, *David Octavius Hill. Der Meister der Photographie* [David Octavius Hill. O mestre da fotografia]. Com 80 reproduções, Leipzig, 1931.

[2] Citado de: Max Dauthendey, *Der Geist meines Vaters. Aufzeichnungen aus einem begrabenen Jahrhundert* [O espírito de meu pai. Apontamentos de um século enterrado], Munique, 1912, p. 61. (N.T.)

perante a cadeira de juiz que ele tinha derrubado. Outro é o ar que sopra da intervenção feita pelo físico Arago, defensor da descoberta de Daguerre, perante a Câmara dos Deputados em 3 de julho de 1939. O que há de mais belo nesse discurso é o modo como ele encontra as ligações com todos os aspectos da atividade humana. A perspectiva que traça é suficiente para tornar insignificante a dúbia legitimação da fotografia perante a pintura, que também não está ausente dele, e, muito mais do que isso, para deixar antever o verdadeiro alcance dessa invenção. "Quando os inventores de um novo instrumento", diz Arago "o utilizam para observar a natureza, as expectativas por eles criadas são sempre insignificantes, se comparadas com a série de descobertas derivadas da invenção desse instrumento". O discurso aborda, numa ampla perspectiva, o campo das novas técnicas, da astrofísica à filologia: surge, em paralelo com as possibilidades oferecidas à fotografia dos astros, a ideia de fotografar um *corpus* dos hieróglifos egípcios.[3]

As fotografias de Daguerre eram chapas de prata iodadas e impressionadas na *camera obscura*; tinham de ser viradas de um lado para outro até se poder reconhecer nelas, com a iluminação adequada, uma imagem de um cinzento pálido. Eram peças únicas, e em média pagava-se, em 1839, vinte e cinco francos-ouro por uma dessas chapas. Não era raro haver gente que as guardava em estojos, como se fossem joias. Entretanto, nas mãos de alguns pintores elas se transformaram em meios técnicos auxiliares. Do mesmo modo que, setenta anos mais tarde, Utrillo compunha as suas fascinantes vistas das casas dos arredores, não a partir da natureza, mas de postais ilustrados, assim também o conceituado retratista inglês David Octavius Hill utilizou, como base para a sua galeria do primeiro sínodo geral da Igreja escocesa em 1843, uma série de retratos fotográficos. Foi ele próprio quem fez

---

[3] O texto do discurso de Arago, bem como muitos outros provenientes da discussão sobre a fotografia na França ao longo do século XIX, podem encontrar-se hoje em: André Rouillé, *La photographie en France. Textes et controverses: Une anthologie. 1816-1871,* Paris, Éditions Macula, 1989; sobre a estética da fotografia e as controvérsias à sua volta na mesma época, vd. Gerhard Plumpe, *Der tote Blick. Zum Diskurs der Photographie in der Zeit des Realismus* [O olhar morto. Sobre o discurso da fotografia na época do Realismo], Munique, Wilhelm Fink, 1990; e ainda, para as questões relacionadas com a legitimação jurídica da fotografia, Bernard Edelman, *O Direito captado pela fotografia.* Coimbra, Centelha, 1976. (N.T.)

essas fotografias, e foram elas, suportes sem pretensões destinados ao seu próprio uso, que conferiram ao seu nome o lugar histórico que ocupa, enquanto como pintor ficou esquecido. Mais do que essa série de retratos, porém, são alguns dos seus estudos que nos proporcionam uma entrada mais profunda na nova técnica: imagens de pessoas anônimas, e não retratos. Cabeças como essas existiam já há muito tempo na pintura, e, se permaneciam na posse da família, ainda se perguntava de vez em quando sobre os que nelas eram representados. Mas o interesse esfumava-se ao cabo de duas, três gerações: os quadros, enquanto duram, só despertam interesse como testemunhos da arte de quem os pintou. No entanto, na fotografia deparamos com algo de novo e especial: naquela peixeira de New Haven [vd. foto no final deste ensaio], de olhos postos no chão com um pudor indiferente e sedutor, permanece algo que não se esgota como testemunho da arte do fotógrafo Hill, qualquer coisa que não se pode reduzir ao silêncio, que reclama insistentemente o nome daquela mulher que viveu um dia, que continua a ser real hoje e nunca quererá ser reduzida a "arte". "E eu pergunto: como envolveram esses cabelos / Com a sua graça, e esse olhar, os seres de outrora? / Como terá essa boca beijado, que anelos, / Que desejo, como fumo sem chama a ela aflora?"[4] Ou então nos detemos na fotografia de Dauthendey, o fotógrafo, pai do poeta, da fase do noivado com aquela mulher que um dia, depois do nascimento do seu sexto filho, encontrou deitada, com os pulsos cortados, no quarto da sua casa de Moscou.[5] Na fotografia [vd. foto no final deste ensaio], ela está ao lado dele, que parece ampará-la; mas o olhar da mulher passa-lhe ao lado, fixamente preso a um lonjura fatídica. Se olharmos longamente para uma fotografia como essa, reconhecemos como também aqui os extremos se tocam: a mais exata das técnicas é capaz de dar um valor mágico às suas realizações, um valor que um quadro pintado nunca mais terá para nós. Além de toda a maestria do fotógrafo e do calculismo na pose do seu modelo, o

---

[4] Os versos são de Stefan George, do poema "Standbild. Das sechste" [Estátua. A sexta], no livro *Der Teppich des Lebens und die Lieder vom Traum und Tod* [O tapete da vida e as canções de sonho e morte], de 1900. (N.T.)

[5] Sabe-se hoje que Benjamin se enganou na identificação da figura feminina, que é a segunda mulher do fotógrafo, Caroline Friedrich, num retrato tirado dez anos mais tarde em São Petersburgo, e não Moscou. (N.T.)

observador sente o impulso irresistível de procurar numa fotografia dessas a ínfima centelha de acaso, o aqui e agora com que a realidade como que consumiu a imagem, de encontrar o ponto aparentemente anódino em que, no ser-assim daquele minuto há muito decorrido, se aninha ainda hoje, falando-nos, o futuro, e o faz de tal modo que podemos descobri-lo com um olhar para trás. A natureza que fala à câmera é diferente da que fala aos olhos. Diferente sobretudo porque a um espaço conscientemente explorado pelo homem se substitui um espaço em que ele penetrou inconscientemente. Se é vulgar darmo-nos conta, ainda que muito sumariamente, do modo de andar das pessoas, já nada podemos saber da sua atitude na fração de segundo de cada passo. Mas a fotografia, com os seus meios auxiliares – o retardador, a ampliação – capta esse momento. Só conhecemos esse inconsciente óptico através da fotografia, tal como conhecemos o inconsciente pulsional através da psicanálise. As particularidades estruturais, os tecidos das células, com os quais a técnica e a medicina costumam contar – tudo isso tem, originalmente, mais afinidades com a câmera fotográfica do que a paisagem expressiva ou o retrato que reflete a alma do retratado. Ao mesmo tempo, porém, a fotografia revela com esse material os aspectos fisionômicos, mundos de imagens que habitam o infinitamente pequeno, suficientemente interpretáveis e ocultos para encontrarem o seu lugar nos sonhos diurnos, mas agora, grandes e formuláveis, que tornam visível a diferença entre a técnica e a magia enquanto variável totalmente histórica. Foi assim que Bloßfeldt,[6] nas suas espantosas fotografias de plantas, deu a ver as mais antigas formas de colunas nas folhas da cavalinha, o báculo episcopal num feto-arborescente, árvores totêmicas em rebentos de castanheiro e de ácer dez vezes ampliados, e no cardo-penteador, ornamentos góticos. Por isso também os modelos de Hill não devem ter estado muito longe da verdade, ainda que "o fenômeno da fotografia" constituísse para eles "um grande acontecimento misterioso".[7] Da câmera de Hill disse-se que ela era capaz de manter uma discreta distância. Mas também os

---

[6] Karl Bloßfeldt, *Urformen der Kunst. Photographische Pflanzenbilder* [Formas primordiais da arte. Imagens fotográficas de plantas]. Ed. e introd. de Karl Nierendorf, com 120 ilustrações. Berlim, s.d. [1928].

[7] Cit. em H. Schwarz, *op. cit.* [nota 1], p. 42. (N.T.)

seus modelos não são menos reservados; mostram um certo pudor em frente ao aparelho, e do seu comportamento poderia derivar-se a máxima de um fotógrafo posterior desses tempos áureos da fotografia: "Nunca olhes para a câmera".[8] Mas com isso não se está a pensar no "eles te olham", referido a animais, pessoas ou bebês, que envolve perfidamente o comprador e a que nada de melhor se poderia contrapor do que as palavras com que o velho Dauthendey fala da daguerreotipia: "No início", dizia ele, "as pessoas tinham medo... de olhar por muito tempo para as primeiras fotografias que ele fez. Ficavam intimidadas pela nitidez das figuras e achavam que aqueles pequenos rostos na fotografia nos podiam ver a nós, de tal modo ficavam perplexas com a estranha perfeição e a incrível fidelidade à natureza dos primeiros daguerreótipos".[9]

Os primeiros seres humanos reproduzidos entravam no espaço da fotografia em estado virgem, ou melhor, anônimo. Os jornais eram ainda objetos de luxo que raramente se compravam, lendo-se mais nos cafés, e o processo fotográfico ainda não havia se tornado um instrumento deles; assim, só muito poucas pessoas viam o seu nome impresso. O rosto humano tinha uma auréola de silêncio na qual repousava o olhar. Em suma, todas as potencialidades dessa arte do retrato se baseiam no fato de não ocorrer ainda o encontro entre a atualidade e a fotografia. Muitas das fotografias de Hill nasceram no cemitério dos Greyfriars, em Edimburgo. Nada de mais significativo desses primeiros tempos do que o modo como os modelos estão à vontade nesse cenário. De fato, esse cemitério, a avaliar por uma das fotografias feitas por Hill, parece um interior, um espaço isolado, delimitado por uma cerca, no qual, encostadas a paredes cegas, se erguem da grama as sepulturas que, ocas como chaminés, mostram no seu interior inscrições em vez de línguas de fogo. Mas nunca esse lugar teria alcançado a grande projeção que teve se a sua escolha não fosse devida a motivos técnicos. A baixa sensibilidade das primeiras chapas fotográficas exigia um grande tempo de exposição para fotografia de exteriores. Por sua vez, esse tempo longo recomendava a

---

[8] A expressão é do fotógrafo Henry H. Snelling ("Never look into the camera"), cit. por Schwarz, *op. cit.* (N.T.)

[9] M. Dauthendey, *op. cit.*, p. 72. (N.T.)

inserção do modelo no maior isolamento possível, num lugar onde nada perturbasse a necessária concentração. "A síntese da expressão, obtida através do longo tempo de imobilidade do modelo" – diz Orlik a propósito das primeiras fotografias –, "é a razão principal pela qual essas fotografias, a par da sua simplicidade, exercem, como os retratos bem desenhados e pintados, um efeito mais profundo e duradouro sobre o espectador do que as fotografias mais recentes".[10] O próprio processo levava os modelos não tanto a uma vivência projetada para fora do instante, mas a um mergulho nele; durante o longo tempo de exposição, fundiam-se por assim dizer com a imagem e emergiam dela, gerando assim um contraste decisivo com o instantâneo fotográfico, que corresponde a um mundo diferente no qual, como muito bem notou Kracauer, é a mesma a fração de segundo do tempo de exposição e aquela de que depende "o caminho para a fama de um esportista, que leva os jornais ilustrados a mandá-lo fotografar".[11] Tudo, nessas fotografias antigas, era feito para durar; não apenas os incomparáveis grupos em que as pessoas se juntavam – e cujo desaparecimento foi um dos mais exatos sintomas do que se estava a passar na sociedade na segunda metade do século –, mas também as pregas deixadas por uma peça de vestuário nessas fotografias duram mais. Observe-se o casaco de Schelling, que poderá, com toda a segurança, entrar na imortalidade; as formas que ele assume no corpo de quem o veste não são indignas das rugas no seu rosto [vd. foto no final deste ensaio]. Em suma, tudo indica que Bernard von Brentano tinha razão ao afirmar que "o fotógrafo de 1850 esteve à altura do seu instrumento"[12] – pela primeira e, durante muito tempo, última vez.

---

[10] Cit. de: Emil Orlik, "Über Photographie" [Sobre a fotografia], *in: Kleine Aufsätze* [Ensaios breves], Berlin, 1924, p. 38 segs. (N.T.)

[11] Nem Benjamin nem a edição crítica alemã indicam a fonte da citação, que provavelmente vem do conhecido livro de ensaios de Siegfried Kracauer, *Die Angestellten. Aus dem neuesten Deutschland* [Os empregados. Cenas da Alemanha recente], sobre o qual Benjamin publica, em 16 de maio de 1930, uma resenha crítica no mesmo jornal onde saiu esse ensaio sobre a fotografia (*Die literarische Welt*). (N.T.)

[12] Bernard von Brentano era, na época, correspondente do jornal *Frankfurter Zeitung* em Berlim, e um dos parceiros (com Brecht e o crítico de teatro Herbert Ihering) do projeto de 1930, não concretizado, de fazer uma revista, que se chamaria *Krisis und Kritik* (cf. o texto "Memorandum zu der Zeitschrift *Krisis und Kritik*",

De resto, para podermos ter uma ideia do forte impacto do daguerreótipo na época da sua descoberta, não nos podemos esquecer de que nesses anos a pintura ao ar livre tinha começado a abrir novas perspectivas aos pintores mais avançados. Tendo plena consciência de que, precisamente nesse aspecto, a fotografia receberia o testemunho da pintura, Arago diz na sua retrospectiva histórica sobre as primeiras experiências de Giovanni Battista Porta: "No que se refere aos efeitos provocados pela imperfeita transparência da nossa atmosfera (caracterizados com a expressão inadequada de "perspectiva aérea"), nem os mais experientes pintores esperam que a câmara escura – ou seja, a cópia das imagens que nela aparecem – lhes possa ser útil para as reproduzir com a mesma exatidão."[13] No momento em que Daguerre conseguiu fixar as imagens da *camera obscura*, os pintores foram ultrapassados, nesse ponto, pelo técnico. No entanto, a verdadeira vítima da fotografia não foi a pintura de paisagens, mas os retratos em miniatura. As coisas desenvolveram-se tão rapidamente que já por volta de 1840 a maior parte dos pintores de miniaturas tinham se tornado fotógrafos, a princípio como atividade paralela, mas logo depois em regime de exclusividade. A experiência adquirida na sua anterior atividade ser-lhes-ia proveitosa: o alto nível dos seus trabalhos fotográficos deve-se, não tanto à sua maestria artística, mas sobretudo às suas aptidões artesanais. Essa geração de transição desapareceu muito lentamente. Parece até que uma espécie de bênção bíblica desceu sobre esses primeiros fotógrafos: os Nadar, Steltzner, Pierson, Bayard, chegaram todos perto dos noventa ou cem anos. Por fim, os comerciantes começaram progressivamente a ocupar o lugar dos fotógrafos profissionais, e quando, mais tarde, se generalizou o retoque do negativo, com o qual os maus pintores se vingavam da fotografia, iniciou-se uma fase de rápida decadência do gosto. Foi a época em que os álbuns fotográficos começaram a ficar cheios. Os seus lugares preferidos eram os cantos mais frios da casa, os

---

em que Benjamin expõe os princípios editoriais e programáticos dessa revista: *Gesammelte Schriften* VI, p. 619-621). Benjamin não indica a fonte da citação de von Brentano. (N.T.)

[13] A passagem citada foi omitida na edição de A. Rouillé atrás referida (vd. p. 53), mas encontra-se em: Georges Potonniée, *Histoire de la découverte de la photographie*, Paris, 1925. (N.T.)

aparadores ou as mesinhas de centro na sala de visitas: encadernações de couro com horrendas guarnições de metal e as folhas grossíssimas, debruadas a ouro, nas quais se viam figuras ridiculamente vestidas e de cintura apertada – o tio Alex e a tia Riekchen, a Trudchen ainda menina, o papai no primeiro semestre da faculdade, e finalmente, para completar a vergonha, nós próprios: em figura de tirolês fino, cantando, agitando o chapéu contra as neves eternas pintadas, ou então de roupa de marinheiro, uma perna direita, a outra solta, como convém, encostados a uma coluna envernizada. O cenário teatral desse tipo de retratos, com os seus pedestais, balaustradas e mesinhas ovais, ainda lembra a época em que, devido aos longos tempos de exposição, era necessário arranjar pontos de apoio para os modelos, para que a imagem se mantivesse fixa. Se a princípio bastavam um "apoio de cabeça" ou um "descanso para os joelhos", em breve apareceram "outros adereços, à imagem de retratos célebres e para dar um ar 'artístico'. A princípio, eram a coluna e o cortinado".[14] Alguns homens mais capazes tiveram de reagir, já nos anos sessenta, a esse despautério. Uma revista inglesa da especialidade escreve, por exemplo: "Nas imagens pintadas a coluna tem uma aparência de plausibilidade, mas o modo como a usam na fotografia é absurdo, já que normalmente está sobre um tapete. Ora, toda a gente sabe que colunas de mármore ou pedra não têm como base um tapete."[15] Foi nessa altura que nasceram os *ateliers* com drapeados e palmeiras, gobelins e cavaletes, com aquele aspecto ambíguo, entre execução e representação, câmara de tortura e sala do trono, dos quais um dos mais aterradores testemunhos é um retrato de Kafka quando pequeno.[16] Nele se vê, com uma roupa de criança cheia de enfeites, o

---

[14] Fonte não indicada por Benjamin. A proveniência da citação é: Fr. Matthies-Masuren, *Künstlerische Photographie. Entwicklung und Einfluß in Deutschland* [A fotografia artística. Evolução e influência na Alemanha]. Prefácio e introdução de Alfred Lichtwark, Leipzig, 1907, p. 22. (N.T.)

[15] A citação é de um artigo assinado Robinson, na revista *The Photographic News*, Londres, p. 1856 e segs. *Apud* Matthies-Masuren, *op. cit.* (N.T.)

[16] O retrato de Kafka aos quatro anos (e não seis, como escreve Benjamin) pode ser encontrado na fotobiografia de Klaus Wagenbach, *Franz Kafka. Bilder aus seinem Leben* [F. Kafka. Imagens da sua vida]. Ed. revista e ampliada, Berlim, Verlag K. Wagenbach, 1989, p. 28. (N.T.)

rapazinho de cerca de seis anos, numa espécie de paisagem de jardim de inverno. Ao fundo, folhas de palmeira. E, como se se quisesse fazer ainda mais sufocantes e acanhados esses trópicos acolchoados, o modelo tem na mão esquerda um chapéu desmesuradamente grande, de aba larga, como os que se usam na Espanha. A criança desapareceria certamente no meio desse cenário se não fossem os olhos, de onde sai uma imensa tristeza que domina a paisagem que lhes foi destinada.

Este retrato, com a sua tristeza sem limites, é um contraponto da fotografia nos seus primórdios, quando as pessoas não apareciam nela tão desoladas e abandonadas como esse menino. Havia uma aura à sua volta, um elemento mediador que dá ao seu olhar, que o trespassa, plenitude e confiança. E uma vez mais o equivalente técnico para isso está à vista: consiste na continuidade absoluta entre a luz mais clara e a sombra mais escura. Também aqui, aliás, se confirma o princípio do anúncio de novas conquistas em técnicas mais antigas, na medida em que a anterior pintura de retratos tinha suscitado, antes do seu desaparecimento, um florescimento ímpar da água-forte. É certo que os processos da água-forte se servem de uma técnica de reprodução que só mais tarde se encontrou com a nova, da reprodução fotográfica. Como se de águas-fortes se tratasse, a luz luta penosamente nas fotografias de Hill para se libertar do escuro: Orlik fala de uma "manipulação unificadora da luz", provocada pelos longos tempos de exposição, e que "confere a essas primeiras fotografias a sua grandeza".[17] E entre os contemporâneos da invenção, já Delaroche notava a impressão geral, "nunca antes alcançada, preciosa, e que em nada perturba a quietude dos volumes".[18] Mas deixemos as condicionantes técnicas do fenômeno aurático. Algumas fotografias de grupo parecem ser especialmente capazes de reter uma certa leveza do convívio, que aparece por breves instantes na chapa, antes de desaparecer na "fotografia original". É esse envolvimento que por vezes, de uma forma bela e adequada, é acentuado pelo recorte oval, agora ultrapassado, da fotografia. Por isso, acentuar nesses incunábulos da

---

[17] Orlik, *op. cit.*, p. 38. (N.T.)

[18] Paul Delaroche, *apud* Schwarz, *op. cit.*, p. 39. (N.T.)

fotografia[19] a sua "perfeição artística" ou o seu "gosto" é não entender nada deles. Essas fotografias nasceram em espaços nos quais cada cliente era recebido pelo fotógrafo, um técnico da mais recente escola, e o fotógrafo tinha diante de si, em cada um desses clientes, alguém que pertencia a uma classe em ascensão, com uma aura que se aninhara até nas pregas da casaca ou da gravata *lavallière*. De fato, essa aura não se limita a ser o produto de uma câmera fotográfica primitiva. O que acontece é que, nesses primórdios, o objeto e a técnica se correspondem de uma forma tão radical como a da sua separação no período seguinte, de decadência. Em breve, na verdade, uma ciência óptica avançada dispunha de instrumentos que superariam completamente a sombra e registrariam os fenômenos de forma reflexa. Depois de 1880, porém, a grande preocupação dos fotógrafos quanto à aura (que, no seu campo, e com o aparecimento de objetivas mais sensíveis à luz que reduziam as zonas escuras, foi eliminada da fotografia do mesmo modo que foi erradicada da realidade pela crescente decadência da burguesia imperialista) foi a de criar a ilusão dessa aura através de todas as artes do retoque, em especial pelo recurso ao processo da goma bicromatada. Foi assim que, sobretudo na Arte Nova, se tornou moda um tom crepuscular, atravessado por reflexos artificiais; mas, apesar da luz difusa, evidenciava-se de forma cada vez mais clara uma pose afetada cuja rigidez denunciava a incapacidade de essa geração se adaptar ao progresso técnico.

E no entanto, aquilo que é decisivo para a fotografia é sempre a relação dos fotógrafos com a sua técnica. Camille Recht caracterizou essa relação com uma bela imagem: "O violinista", diz, "tem de começar por construir o som, tem de procurá-lo e encontrá-lo num instante; já o pianista ataca as teclas e o som é ouvido. O instrumento está à disposição do pintor, tal como do fotógrafo. O desenho e o colorido do pintor correspondem à formação do som do violinista, o fotógrafo tem em comum com o pianista o fato de ambos estarem submetidos a um aparelho mecânico sujeito a leis limitantes, que são muito menos impositivas para o violinista. Nenhum Paderewski

---

[19] A expressão "incunábulos da fotografia" é usada por Alfred Lichtwark no artigo "Os incunábulos do retrato fotográfico", publicado na revista *Photographische Rundschau*, Vol. 14 (1900), p. 25 e segs. (N.T.)

alcançará alguma vez a fama e exercerá o fascínio quase mágico de um Paganini". Mas há, para continuarmos a usar comparações, um Busoni da fotografia, de nome Atget. Ambos foram virtuosos e, ao mesmo tempo, precursores. É comum a ambos a entrega extraordinária à sua causa, aliada a uma precisão extrema. Têm até afinidades fisionômicas. Atget foi um ator que, insatisfeito com a profissão, tirou a máscara e se dedicou a desmascarar também a realidade. Pobre e desconhecido, viveu em Paris, vendendo as suas fotografias a amadores pouco menos excêntricos do que ele, e morreu há pouco tempo, deixando uma obra de mais de quatro mil fotografias. Berenice Abbot, de Nova Iorque, reuniu-as, e uma seleção acaba de ser publicada num livro extraordinariamente belo,[20] editado por Camille Recht. A imprensa da época "nada sabia do homem que andava quase sempre pelos *ateliers* com as suas fotografias, vendendo-as por quase nada, muitas vezes apenas pelo preço daqueles postais ilustrados que por volta de 1900 mostravam as vistas das cidades, mergulhadas numa noite azul e com uma lua retocada. Atingiu o polo da mais elevada maestria, mas, com a amarga modéstia de um grande conhecedor que vive sempre na sombra, esqueceu-se de implantar aí a sua bandeira. Por isso é que alguns poderão julgar que descobriram o polo que Atget já pisara antes deles".[21] E, de fato, as fotografias de Paris por Atget são precursoras das fotografias surrealistas, guarda avançada da única coluna verdadeiramente larga que o Surrealismo conseguiu pôr em movimento. Foi o primeiro a desinfectar a atmosfera asfixiante que o retrato fotográfico da época da decadência tinha criado. É ele que limpa, e mesmo purifica, essa atmosfera, ao iniciar a libertação do objeto em relação à sua aura, incontestável mérito da mais recente escola da fotografia. Quando a *Bifur* ou a *Variété,* revistas de vanguarda, apresentam apenas pormenores com as legendas "Westminster", "Lille", "Antuérpia" ou "Breslau", ora o fragmento de uma balaustrada, ora uma copa de árvore despida cujos ramos se sobrepõem a

---

[20] E[ugène] Atget, *Lichtbilder* [Fotografias]. Introd. de Camille Recht, Paris e Leipzig, 1930. [Da bibliografia mais recente sobre Atget destaca-se, na linha do pensamento de Benjamin: Alain Buisine, *Eugène Atget ou la mélancolie en photographie*, Nîmes, Éditions Jacqueline Chambon, 1994. (N.T.)]

[21] Da introdução de Camille Recht, *op. cit.*, p. 8. (N.T.)

um candeeiro de gás, ou então uma empena cega ou um candelabro com uma boia de salvação com o nome da cidade, tudo isso não são mais do que versões acentuadamente literárias de motivos descobertos por Atget. Ele procurava o desaparecido e o escondido, e assim essas fotografias se voltam também contra a ressonância exótica, empolada e romântica dos nomes das cidades: aspiram a aura da realidade como se fosse água de um navio a afundar-se. Mas o que é realmente a aura? Uma estranha trama de espaço e tempo: o aparecimento único de algo distante, por muito perto que esteja. Seguir com o olhar uma cadeia de montanhas no horizonte ou um ramo de árvore que deita sobre o observador a sua sombra, até que o instante ou a hora participam do seu aparecimento – isto é respirar a aura dessas montanhas, desse ramo. Ora, aproximar as coisas de si, ou melhor, das massas, representa tanto um desejo apaixonado do presente como a sua tendência para ultrapassar a existência única de cada situação através da sua reprodução. De dia para dia se torna mais irrefutável a necessidade de nos apoderarmos de forma muito direta do objeto, através da imagem, ou, melhor dizendo, da reprodução. E esta, tal como aparece no jornal ilustrado ou nas atualidades filmadas, distingue-se inconfundivelmente do original. Existência única e duração estão neste tão intimamente associadas como a fugacidade e a possibilidade de repetição naquela. Tirar ao objeto a capa que o envolve, destruir a sua aura, é a marca de uma percepção cujo "sentido de tudo o que é o semelhante no mundo" cresceu a ponto de, por meio da reprodução, ela atribuir também esse sentido àquilo que tem uma existência única. Atget nunca deu atenção às "grandes vistas ou aos chamados símbolos", mas não lhe passavam despercebidos uma fila de formas para botas, os pátios parisienses, onde se veem alinhados os carros de mão, do cair da noite até ao amanhecer; nem as mesas ainda postas depois das refeições e a louça por lavar, nem o bordel da rua... n.º 5, com o número cinco a aparecer em dimensões enormes, repetido em quatro pontos diferentes da fachada. Porém, curiosamente, quase todas as suas fotografias estão vazias. Vazia a Porte d'Arcueil junto às muralhas, vazias as escadarias monumentais, vazios os pátios, vazias as esplanadas dos cafés, vazia, como tinha de ser, a Place du Tertre. Não são lugares solitários, mas lugares sem atmosfera; nessas fotografias, a cidade foi esvaziada como uma casa à espera de um novo inquilino. Foram esses trabalhos que permitiram à fotografia surrealista a preparação de uma salutar alienação entre o mundo envolvente e as pessoas, libertando o espaço para o olhar politicamente formado, um campo onde todas as intimidades cedem o lugar à iluminação do detalhe.

Torna-se evidente que esse novo olhar terá muito pouco que ir buscar àquele âmbito a que antes se recorria com a maior das facilidades: o do retrato fotográfico pago e para fins de representação. Por outro lado, porém, a renúncia à figura humana é, para a fotografia, a mais inadmissível de todas. E quem não o sabia aprendeu com os melhores filmes russos que também o ambiente e a paisagem só se revelam àqueles fotógrafos que sabem captá-los na aparição anônima que os traz refletidos no rosto. Todavia, a possibilidade de consegui-lo está condicionada em alto grau pelo modelo fotografado. A geração que não estava obcecada em passar à posteridade nas fotografias, mas, pelo contrário, se recolhia timidamente no seu espaço de vida habitual perante tais fenômenos – como Schopenhauer na fotografia de Frankfurt em 1850, no fundo da sua poltrona –, mas que por isso mesmo permitia que esse espaço próprio passasse para a chapa, essa geração não deixou em herança as suas virtudes. Foi o cinema russo que, pela primeira vez desde há décadas, nos ofereceu a oportunidade de ver surgir diante das câmaras pessoas que não tinham qualquer destino a dar à sua fotografia. E de repente o rosto humano reaparece na chapa fotográfica com um significado novo e de grande alcance. Mas não se tratava já de retratos. O que era então? O mérito notável de responder a essa pergunta coube a um fotógrafo alemão. August Sander[22] reuniu uma série de cabeças que em nada fica atrás da extraordinária galeria fisionômica iniciada por um Eisenstein ou um Pudovkin. E o fez de um ponto de vista científico. "Toda a sua obra se organiza em sete grupos, correspondentes à ordem social vigente, e deverá ser publicada em cerca de quarenta e cinco portfólios com doze fotografias cada um."[23] No momento, dispomos de uma seleção

---

[22] August Sander, *Antlitz der Zeit. Sechzig Aufnahmen deutscher Menschen des 20. Jahrhunderts* [O rosto deste tempo. Sessenta fotografias de alemães do século XX]. Com uma introdução de Alfred Döblin, Munique, s.d. [1929].

[23] A citação (e as duas que se seguem) não se encontra na obra de Sander citada. Foi provavelmente transcrita por Benjamin de um prospecto da editora. (N.T.)

de sessenta reproduções que oferecem matéria para uma reflexão inesgotável. "Sander parte do camponês, do homem ligado à terra, e conduz o observador através de todas as camadas sociais e profissões, até os representantes da mais elevada civilização, para voltar a descer até os idiotas." O autor não partiu para essa tarefa na condição de erudito, não buscou orientação em teóricos da raça nem sociólogos, mas, como esclarece a editora, "baseou-se na observação direta". É certamente uma observação que não demonstra preconceitos, sendo mesmo ousada, mas ao mesmo tempo delicada, no sentido daquela expressão de Goethe que diz que "existe uma delicada empiria que se identifica intimamente com o objeto, e assim se transforma na autêntica teoria".[24] Deste modo, é perfeitamente natural que um observador como Döblin tenha dado atenção à dimensão científica dessa obra e observe: "Do mesmo modo que existe uma anatomia comparada, a partir da qual se chega a uma compreensão da natureza e da história dos órgãos, assim também esse fotógrafo pratica uma fotografia comparada, atingindo desse modo uma perspectiva científica que o situa acima dos fotógrafos de detalhes".[25] Seria lastimável se as condições econômicas impedissem a continuação da edição desse *corpus* extraordinário. Mas, para além desse encorajamento de princípio, poderia ainda dirigir-se à editora um outro, mais concreto. Obras como a de Sander poderão, de um dia para o outro, ganhar um sentido de atualidade inesperado. As mudanças de poder, como as que hoje se impõem entre nós, costumam tornar a elaboração e o refinamento da percepção fisionômica uma necessidade vital. Pode-se ser de esquerda ou de direita, mas vamos ter de nos habituar a que nos olhem com a intenção de saber de que lado vimos. E nós próprios não vamos poder deixar de olhar assim para os outros. Mais do que um livro ilustrado, a obra de Sander é um atlas para nos exercitarmos.

"Não existe no nosso tempo nenhuma obra de arte que tenha sido tão atentamente observada como a fotografia de nós próprios,

---

[24] A frase de Goethe encontra-se no romance *Wilhelm Meisters Wanderjahre* [Os anos de peregrinação de Wilhelm Meister], Livro II, cap. 11, no apêndice intitulado "Betrachtungen im Sinne der Wanderer" [Observações no espírito dos viandantes]. Vd. *Werke* [Obras], Hamburger Ausgabe, vol. 8, p. 302. (N.T.)

[25] Da introdução de Alfred Döblin, *in*: Sander, *op. cit.*, p. 14. (N.T.)

dos parentes e amigos mais próximos, da mulher amada",[26] escrevia já em 1907 Lichtwark, deslocando com isso a investigação, do domínio estético para o da funcionalidade social. Só a partir daqui ela pode avançar. É significativo o fato de o debate ter endurecido mais quando se tratava da estética da "fotografia como arte", ao passo que quase ninguém deu importância ao fato social, muito mais inquestionável, da "arte como fotografia". E no entanto os efeitos da reprodução fotográfica de obras de arte têm muito mais importância para a função da arte do que a elaboração mais ou menos artística de uma fotografia, para a qual o acontecimento se torna uma "presa da câmara". De fato, o amador que regressa a casa com uma série de fotografias artísticas não nos satisfaz mais do que um caçador que volta da sua batida com muitas peças de caça que só interessam ao comerciante. E na verdade não tardará muito a chegar o dia em que haverá mais revistas ilustradas do que lojas onde se vendem caça e aves. Isso no que se refere ao hábito de "bater umas chapas". Mas a perspectiva muda completamente se passarmos da fotografia como arte para a arte como fotografia. Qualquer um terá já observado como é muito mais fácil apreender um quadro, e ainda mais uma escultura, para não falar já da arquitetura, numa fotografia do que na realidade. Somos facilmente levados a cair na tentação de atribuir o fato a uma decadência do sentido artístico, a uma deficiência dos nossos contemporâneos. A isso se opõe, porém, o reconhecimento de que, mais ou menos ao mesmo tempo, a concepção das grandes obras de arte se transformou devido ao aperfeiçoamento das técnicas de reprodução. Aquelas não podem mais ser vistas como produção de um indivíduo, tornaram-se criações coletivas tão poderosas que, para assimilá-las, temos de reduzi-las. Os métodos de reprodução mecânica são, ao fim e ao cabo, uma técnica de redução, e ajudam-nos a alcançar um grau de domínio das obras sem o qual elas deixariam de ter utilização.

Se há coisa que caracterize as relações atuais entre arte e fotografia, ela é a tensão não resolvida que, através da fotografia das obras de arte, nasceu entre ambas. Muitos daqueles que, na qualidade de fotógrafos, determinam hoje o caráter da técnica, vieram da pintura. Voltaram-lhe costas depois de fazerem experiências que tendiam a

---

[26] Alfred Lichtwark, introd. a Matthies-Masuren, *op. cit.*, p. 16. (N.T.)

aproximar os seus meios de expressão, de forma clara e viva, da vida atual. Quanto mais agudo era o seu sentido das marcas do tempo, tanto mais problemático se foi revelando o seu ponto de partida. Uma vez mais, como há oitenta anos, a fotografia recebeu o testemunho da pintura. "As potencialidades criativas do novo", diz Moholy-Nagy, "são quase sempre lentamente reveladas pelas formas antigas, por antigos instrumentos e esferas de criação, já liquidadas com o aparecimento do novo, mas que vivem um florescimento eufórico sob a pressão do novo a germinar. Assim, por exemplo, a pintura (estática) do Futurismo forneceu a si própria, destruindo-se, a problemática posterior e bem definida da simultaneidade do movimento, a expressão do momento temporal; e tudo isso numa época em que o cinema já era conhecido, mas estava longe de ser dominado... Do mesmo modo podemos − com alguma precaução − ver alguns dos pintores que hoje trabalham com meios de representação objetiva (neoclassicistas e veristas) como precursores de novas formas de representação óptica que em breve se servirão apenas de meios técnicos de natureza mecânica".[27] Tristan Tzara escrevia em 1922: "Quando tudo aquilo a que se chamava arte começou a adoecer de gota, o fotógrafo acendeu a sua lâmpada de mil velas, e pouco a pouco o papel sensível à luz absorveu a tinta de alguns objetos de uso comum. Foi a descoberta do alcance de um clarão delicado e intocado que era mais importante do que todas as constelações que se oferecem aos nossos olhos".[28] Os fotógrafos que vieram da pintura para a fotografia, não por oportunismo, não por acaso nem por comodidade, constituem hoje a vanguarda da profissão, porque, pelo seu percurso, estão de certo modo protegidos do maior perigo que ameaça a fotografia atual, a sua iminente comercialização. "A fotografia como arte", diz Sasha Stone, "é uma área muito perigosa".

Quando a fotografia se emancipa de conexões e de interesse de ordem fisionômica, política, científica, como acontece com um Sander,

---

[27] De: László Moholy-Nagy, *Malerei Fotografie Film* [Pintura fotografia cinema]. "Bauhausbücher", vol. 8, Munique, Albert Langen, 1925 (reedição na coleção "Neue Bauhausbücher", Mainz/Berlim, Florian Kupferberg Verlag, 1967). (N.T.)

[28] De: Tristan Tzara, "Die Photographie von der Kehrseite" [A fotografia vista do avesso]. Trad. de W. Benjamin, *in: H − Zeitschrift für elementare Gestaltung* [H − Revista de design elementar], n. 3, julho de 1924, p. 30. (N.T.)

uma Germaine Krull, um Bloßfeldt, torna-se "criativa". O tema da objetiva é a "vista de conjunto", e entra em cena a fraude fotográfica (*Schmock*[29]). "O espírito, superando a mecânica, interpreta os seus produtos exatos como parábolas da vida." Quanto mais alastra a crise social de hoje, quanto mais rigidamente os seus momentos particulares se defrontam uns com os outros em conflitos sem vida, tanto mais a criatividade – na sua essência mais profunda, uma variante com a contradição por pai e a imitação por mãe – se torna um fetiche cujas características devem a sua vida apenas à alternância das luzes da moda. A criatividade na fotografia significa a sua subordinação à moda. "O mundo é belo"[30] – é precisamente essa a sua divisa. Nela se desmascara a atitude de uma fotografia que é capaz de fazer a montagem de uma lata de conserva no cosmos, mas se revela incapaz de apreender os contextos humanos em que se insere, e que por isso, até nos seus temas mais gratuitos, representa mais uma antecipação das suas potencialidades comerciais do que do seu conhecimento. Mas, como o verdadeiro rosto dessa criatividade fotográfica é o reclame ou a associação com o modelo, consequentemente, o seu contraponto tem de ser o desmascaramento ou a construção. De fato, como diz Brecht, a situação "torna-se tão complexa pelo fato de que cada vez menos uma simples 'reprodução da realidade' pode dizer algo sobre a realidade. Uma fotografia das fábricas Krupp ou da AEG não revela praticamente nada sobre essas instituições. A verdadeira realidade resvalou para o plano do funcional. A reificação das relações humanas, por exemplo na fábrica, não permite sua apreensão. É realmente preciso 'construir alguma coisa', alguma coisa de 'artificial', de 'não real'".[31] O mérito dos surrealistas foi o de

---

[29] O termo alemão usado por Benjamin – *Schmock* – tem a sua origem num romance do realista do século XIX Gustav Freytag, *Jornalistas*, e designa aí um *jornalista* sem escrúpulos. Originalmente, o termo provém do *ghetto* de Praga, e aplicava-se à figura do "judeu excêntrico e visionário". (N.T.)

[30] A "divisa" vem do título do livro de Albert Renger-Patzsch *Die Welt ist schön. Einhundert photographische Aufnahmen* [O mundo é belo. Cem imagens fotográficas]. Ed. e introd. de Carl Georg Heise, Munique, s.d. [1928]. (N.T.)

[31] A citação vem de *Der Dreigroschenprozeß. Ein soziologisches Experiment* [O processo de três vinténs. Uma experiência sociológica] (III. 2), publicado originalmente na série *Versuche* 8-10, fascículo 3, de 1931. Existe, entretanto, tradução portuguesa completa desse ensaio de Brecht: vd., antes, nota 16, p. 22. (N.T.)

terem formado os precursores desse tipo de fotografia. Uma outra etapa nessa controvérsia entre a fotografia criativa e a construtiva é assinalada pelo cinema russo. Nunca é demais dizer: as grandes criações dos seus diretores só foram possíveis num país onde a fotografia não pretende o envolvimento e a sugestão, mas a experimentação e o didatismo. Nesse sentido, e apenas nele, é possível ainda hoje retirar algum sentido da pomposa saudação com que, no ano de 1855, o desajeitado pintor de ideias Antoine Wiertz recebeu a fotografia: "Há alguns anos, para glória da nossa época, nasceu uma máquina que diariamente é o assombro dos nossos pensamentos e o terror dos nossos olhos. Antes ainda de ter passado um século, essa máquina será, para a pintura, o pincel, a paleta, as tintas, o talento, a experiência, a paciência, a destreza, a segurança, o colorido, o verniz, o modelo, a perfeição, a quinta-essência... Não se acredite que a daguerreotipia veio para matar a arte... Quando a daguerreotipia, essa criança gigante, crescer, quando se desenvolver toda a sua arte e a sua força, então o gênio irá agarrá-la pelo pescoço e exclamará: 'Vem cá! Agora és minha! Vamos trabalhar juntos'".[32] Como são sóbrias, e até mesmo pessimistas as palavras com as quais, quatro anos mais tarde, no *Salon de 1859,* Baudelaire anuncia aos seus leitores o aparecimento da nova técnica! Também elas, como as que acabamos de citar, não são hoje legíveis sem um leve deslocamento no seu tom. Mas, na medida em que são o reverso das outras, mantiveram o seu sentido como recusa peremptória de toda e qualquer forma de usurpação da fotografia artística. "Neste nosso triste tempo apareceu uma nova indústria que não contribuiu pouco para reforçar a crença de uma certa estupidez... segundo a qual a arte não seria mais do que a reprodução fiel da natureza... Um Deus vingador ouviu o clamor dessa multidão, e Daguerre foi o seu Messias." E ainda: "Se for permitido à fotografia completar a arte em algumas das suas funções, esta em breve será re-metida para segundo plano e aniquilada por ela, graças à cumplicidade natural que suscitará na multidão. Por isso, ela terá de remeter-se à sua verdadeira função, que é a de servir as ciências e as artes".[33]

---

[32] Cf. Antoine I. Wiertz, *Œuvres littéraires*, Paris, 1870, p. 309. (N.T.)

[33] Cf. Charles Baudelaire, *Œuvres complètes* (Ed. Pléiade), p. 1033 e segs. ("II. Le public moderne et la photographie"). (N.T.)

No entanto, uma coisa não foi compreendida na ocasião, nem por Wiertz, nem por Baudelaire: as implicações contidas na autenticidade da fotografia. Nem sempre será possível passar-lhes ao lado com uma reportagem, cujos clichês apenas têm o efeito de se associarem, no espectador, a indicações de ordem linguística. A câmera torna-se cada vez menor, cada vez mais pronta a fixar imagens fugidias e secretas cujo choque faz parar no observador os mecanismos associativos. É aí que deve entrar a legenda escrita, que inclui a fotografia no âmbito da literarização de todas as condições de vida, e sem a qual toda a construção fotográfica está condenada a permanecer num limbo impreciso. Não foi por acaso que se compararam as fotografias de Atget com as de um local do crime. Contudo, não será cada canto das nossas cidades um local do crime? Não será cada um dos seus transeuntes um criminoso? E não será função do fotógrafo – sucessor dos áugures e dos arúspices – revelar a culpa nas suas fotografias e apontar o dedo aos culpados? "O analfabeto do futuro", disse alguém, "será aquele que não sabe ler as fotografias, e não o iletrado".[34] Mas não será praticamente um analfabeto o fotógrafo que não sabe ler as suas próprias fotografias? Não se tornará a legenda parte essencial da fotografia? É através dessas questões que o intervalo de noventa anos que separa os fotógrafos atuais da daguerreotipia se libertará das suas tensões históricas. É no revérbero dessa centelha que se destacam do fundo escuro da época dos nossos avós, belas e inacessíveis, as primeiras fotografias.

---

[34] A afirmação é de Baudelaire, no ensaio acima referido, "O público moderno e a fotografia". (N.T.)

1. O fotógrafo Karl Dauthendey, pai do poeta [Max Dauthendey], e a sua noiva.
(Fotografia de Karl Dauthendey)

2. Peixeira de Newhaven.
(Fotografia de David Octavius Hill)

3. O filósofo Schelling.
(Fotógrafo alemão desconhecido, c. 1850)

4. Retrato de Robert Bryson.
(Fotografia de David Octavius Hill)

5. Fotografia de Germaine Krull.

6. Fotografia de Germaine Krull.

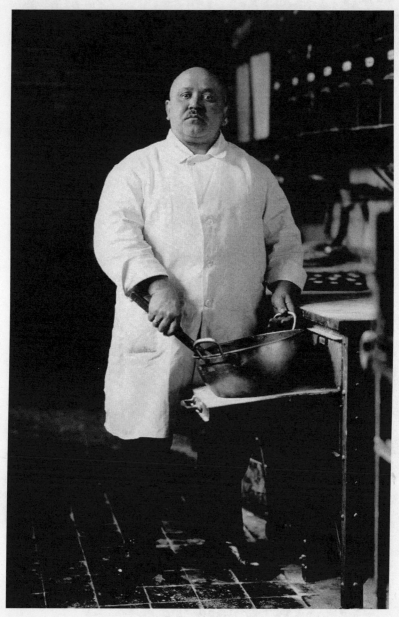

7. Pasteleiro.
(Fotografia de August Sander)

8. Deputado (democrata).
(Fotografia de August Sander)

O autor como produtor

Conferência proferida no Instituto
para o Estudo do Fascismo (Paris),
em 27 de abril de 1934[1]

---

[1] Sobre essa data, que não corresponde àquela em que a conferência foi realmente proferida, ver o comentário a este texto, p. 260. (N.T.)

Il s'agit de gagner les intellectuels à la classe ouvrière, en leur faisant prendre conscience de l'identité de leurs démarches spirituelles et de leurs conditions de producteur.

Ramon Fernandez[2]

Estarão lembrados de como Platão trata os poetas no projeto da sua *República*.[3] No interesse da comunidade, recusa-lhes a entrada nela. Tinha uma ideia muito elevada do poder da poesia, porém a considerava nociva e supérflua – numa comunidade *perfeita,* entenda-se. A questão do direito de existência do poeta não foi, desde então, colocada muitas vezes com a mesma ênfase; mas coloca-se hoje. Raras vezes, é certo, ela se coloca dessa *forma.* Mas todos a conhecem mais ou menos como a questão da autonomia do poeta: a da sua liberdade de escrever o que muito bem quiser. Não estareis inclinados a conceder-lhe essa autonomia. Pensais que a atual situação social o obriga a decidir ao serviço de quem quer colocar a sua atividade. O escritor burguês que escreve literatura de entretenimento não reconhece essa alternativa. Provam-lhe que, sem o reconhecer, serve a determinados

---

[2] *Ramon Fernandez* (1894-1944): escritor e crítico francês. Adere ao marxismo em 1934 e mais tarde (1937) ao Partido Popular Francês, de orientação fascista e colaboracionista durante a ocupação alemã. A posição política de Ramon Fernandez durante esse período é muito controversa e criticada. Como crítico distinguiu-se sobretudo com livros sobre Gide, Proust e Balzac. (N.T.)

[3] A fonte exata de Platão é: *República,* Livro X, 595a e segs. (e também Livros II e III). (N.T.)

interesses de classe. Um tipo de escritor mais progressista reconhece essa alternativa. A sua decisão é tomada com base na luta de classes, e ele se coloca ao lado do proletariado. É o fim da sua autonomia. Ele orienta a sua atividade por aquilo que é útil ao proletariado na luta de classes. Costuma dizer-se que segue uma *tendência*.

Temos aqui uma palavra-chave em torno da qual há muito se tem travado um debate que vos é familiar.[4] E por isso sabeis também

---

[4] Os debates sobre a "tendência" na literatura e a própria literatura dita "de tendência" são, nesta altura, já velhos na literatura alemã. Pelo menos desde meados do século XIX, é possível relatar uma série de polêmicas sobre essa problemática, entre as quais se destacam, como momentos de maior interesse e repercussão:

a) A literatura e a teoria pós-romântica da "Jovem Alemanha" e do *Vormärz*, nas décadas de 1830 e 1840, em que alguns autores colocam com insistência, embora inicialmente de forma pouco clara e em tom subjetivista (que suscita críticas de Engels à "Jovem Alemanha"), a questão da literatura de tendência: por exemplo Heinrich Heine, que no ensaio "A escola romântica" proclama "o fim do 'período da arte'" (clássico-romântica) e dá, em 1842, a um dos seus "poemas atuais" (*Zeitgedichte*) precisamente o título "Die Tendenz"; Georg Herwegh, que entra em polêmica com o seu contemporâneo Ferdinand Freiligrath sobre a questão do partidarismo ou apartidarismo da literatura; ou ainda Karl Gutzkow, que, no ano da morte de Goethe (1832), proclamava – precisamente contra Goethe – a "necessidade de politização da literatura". Um dos mais consequentes e radicais "poetas de tendência" da geração que vive as revoluções de 1848-49 é Georg Weerth. E também Engels se pronuncia teoricamente sobre a literatura de tendência numa conhecida carta a Minna Kautsky, de 26 de novembro de 1885.

b) O chamado "Sickingen-Debatte" (1859), entre Marx/Engels e Ferdinand Lassalle, desencadeado a propósito da peça histórica deste último, *Franz von Sickingen*, uma "tragédia" da Guerra dos Camponeses, mas realmente suscitada pelo fracasso das revoluções alemãs de 1848-49.

c) As discussões, em finais do século XIX, no seio do SPD (e designadamente nos seus órgãos *Die Neue Zeit e Neue Welt*), nas quais intervém, entre outros, o influente teórico marxista Franz Mehring: vd. Mehring, "Kunst und Proletariat" [Arte e proletariado], *in: Die Neue Zeit*, 21 de outubro de 1896.

d) O chamado "Tendenzdebatte", desencadeado em 1910 por Heinz Sperber (pseudônimo do dramaturgo holandês Herman Heijermans) no jornal *Vorwärts*, órgão teórico do SPD, e no qual interveio também a revista *Die Neue Zeit*. O debate prolongou-se até 1912 e nele se defrontaram as posições mais radicais de Sperber (e, pela mesma altura, de Clara Zetkin) com as da teoria classicista da social-democracia.

e) Finalmente, quase contemporaneamente com este texto de Benjamin, o ensaio de Georg Lukács "Tendenz oder Parteilichkeit" [Tendência ou partidarismo], publicado na revista *Die Linkskurve* em 1932, retoma a questão, salientando os equívocos a que pode prestar-se a expressão "literatura de tendência" (herdada

como foi estéril. De fato, não saiu da monotonia do "por um lado – por outro lado": *por um lado,* temos de exigir do trabalho do poeta a tendência correta; *por outro lado,* temos o direito de exigir desse trabalho qualidade. Essa fórmula é, naturalmente, insatisfatória, enquanto não se compreender a exata relação entre os dois fatores: tendência e qualidade. É óbvio que se pode decretar essa relação. É possível afirmar: uma obra que apresente a tendência correta não precisa mostrar nenhuma outra qualidade. Também se pode decretar: uma obra que apresente a tendência correta terá necessariamente todas as outras qualidades.[5]

Essa segunda formulação não deixa de ser interessante. Mais ainda: é correta, e por isso a adoto. Mas, ao fazê-lo, recuso-me a decretá-la. Essa afirmação tem de ser *demonstrada.* E é para a tentativa dessa demonstração que peço a vossa atenção. Provavelmente objetarão que se trata de um tema bastante específico e até rebuscado. E perguntareis: é com uma demonstração dessas que pretende impulsionar o estudo do fascismo? É essa, de fato, a minha intenção, e espero poder mostrar-vos que o conceito de tendência, na forma sumária como, a maior parte das vezes, aparece no debate atrás referido, é um instrumento que em nada serve a uma crítica literária de orientação política. O que eu pretendo mostrar é que a tendência de uma obra só pode ser politicamente correta se também for literariamente correta. Isso quer dizer que a tendência política correta inclui uma tendência literária. E, para concluir já o que pretendo dizer, acrescentaria que

---

da Segunda Internacional) e propondo a sua substituição por um claro partidarismo literário, no sentido de uma literatura que refletisse uma consciência de classe progressista. Sobre o problema da arte de tendência, ver também, neste volume, "Réplica a Oscar A. H. Schmitz", p. 137 e segs. (N.T.)

[5] A relação, que na altura parecia fundamental clarificar, entre qualidade e tendência na literatura socialista seria, neste mesmo ano, um dos problemas centrais do Primeiro Congresso dos Escritores Soviéticos, de onde acabaria por sair a formulação oficial da doutrina do realismo socialista. Uma das comunicações que mais explicitamente aborda a questão é a de Nikolai Bukharine, que se demarca criticamente do triunfalismo oficial veiculado por Zdanov, e se aproxima ainda noutros pontos das posições de Benjamin. Vd. *Sozialistische Realismuskonzeptionen. Dokumente zum 1. Allunionskongress der Sowjetschriftsteller* [Concepções socialistas do realismo. Documentos do 1º Congresso de Escritores da União Soviética]. Frankfurt/M., Suhrkamp, 1974 (p. 286-345, para a comunicação de Bukharine). (N.T.)

é essa tendência literária, implícita ou explicitamente presente em toda a tendência política *correta,* que é ela, e nada mais, aquilo que determina a qualidade da obra.

Concluo, *por isso*, que a tendência política correta de uma obra inclui a sua qualidade literária, porque inclui a sua *tendência* literária.

Essa afirmação – creio poder desde já prometer-vos isso – em breve se tornará mais clara. De momento acrescento apenas que também poderia ter escolhido um outro ponto de partida para as minhas considerações. Parti do debate estéril em torno da relação entre tendência e qualidade da literatura. Poderia ter partido de um outro debate, ainda mais antigo, mas não menos estéril, o das relações entre forma e conteúdo, em particular na literatura política. Essa questão tornou-se suspeita – e com razão. É vista como exemplo típico da tentativa de abordar a problemática literária de forma não dialética, a partir de chavões. Muito bem. Mas, como se apresenta, então, o tratamento dialético da mesma questão?

O tratamento dialético dessa questão – e com isso entro propriamente no assunto – nada pode fazer com as categorias rígidas e isoladas de obra, romance, livro. Tem de inseri-las nos seus contextos sociais vivos. Dizem-me, e com razão, que muitos de nós fizeram isso repetidas vezes. Sem dúvida. Acontece, porém, que, ao fazê-lo, se caiu também muitas vezes no tratamento das grandes perspectivas, e por isso necessariamente também no vago.[6] As relações sociais são, como sabemos, condicionadas pelas relações de produção. E quando a crítica materialista abordava uma obra, costumava perguntar qual a posição dessa obra perante as relações sociais de produção da época. Isso é uma questão importante. Mas também muito difícil. A resposta nem sempre é inequívoca. Gostaria de vos propor agora uma pergunta próxima dessa, pergunta um tanto mais modesta, menos ambiciosa, mas à qual, ao que me parece, é mais fácil dar resposta. Em vez de

---

[6] As "grandes perspectivas" e o caráter "vago" da discussão do problema das relações entre forma e conteúdo, a que Benjamin aqui se refere parecem apontar veladamente para o tratamento da questão por alguns dos "grandes" teóricos do movimento comunista nos anos 1930, designadamente Karl August Wittfogel e Georg Lukács, em ensaios e análises publicados, entre 1930 e 1932, na revista *Die Linkskurve*, órgão do BPRS (Associação de Escritores Proletários-Revolucionários). (N.T.)

perguntar: qual é a posição de uma obra face às relações de produção da época? Entra em concordância com elas? É reacionária ou aspira à transformação da época, é revolucionária? – em vez dessa pergunta, dizia, ou pelo menos antes dela, quero propor-vos uma outra. Assim, antes de perguntar qual é a posição de uma obra literária *perante* as relações de produção da época, gostaria de perguntar qual é a sua posição *dentro* delas? Essa pergunta visa diretamente a função que a obra literária assume no âmbito das relações de produção literárias de uma época. Visa, por outras palavras, diretamente a *técnica* literária das obras.

Ao falar de técnica estou referindo o conceito que torna os produtos literários acessíveis a uma análise social direta e, assim, a uma análise materialista. Ao mesmo tempo, o conceito de técnica representa o ponto de partida dialético a partir do qual se pode superar a oposição estéril entre forma e conteúdo. Para além disso, esse conceito de técnica pode conter os pressupostos para a correta determinação da relação entre tendência e qualidade, a questão que colocamos inicialmente. Se há pouco pudemos afirmar que a tendência política de uma obra inclui a sua qualidade literária por incluir a sua tendência literária, afirmamos agora com maior exatidão que essa tendência literária pode consistir num progresso ou num retrocesso da técnica literária.

Estou certo de que não se oporão a que eu passe agora, só aparentemente sem ligação com o que se disse, para condições literárias muito concretas, nomeadamente para as condições de produção literária na Rússia. Gostaria de dirigir a vossa atenção para Sergei Tretiakov[7] e para o tipo de escritor "operativo" que ele definiu e a que

---

[7] *Sergei Tretiakov* (1892-1939): escritor e teórico oriundo do Futurismo russo, a que se junta em 1913, e um dos nomes mais importantes da vanguarda artística russa pós-revolucionária. Com outros membros da ala esquerda do Futurismo, Tretiakov adere durante a fase da guerra civil ao bolchevismo e desenvolve na década de 1920 uma teoria e prática da literatura "operativa", de intervenção, na qual desempenham um papel importante as novas formas de comunicação, agitação e produção artística, como o jornal, o teatro *agitprop*, o rádio e o cinema. O seu trabalho como jornalista durante os anos da guerra civil teve importância decisiva para a sua evolução como escritor revolucionário ("... parecia-me que o jornal era a epopeia do nosso tempo, que tudo abrangia, como a *Ilíada* e a *Odisseia* para os Gregos antigos e a Bíblia para as antigas tribos judaicas"). No campo do teatro, Tretiakov trabalha com Eisenstein e escreve, na primeira

deu corpo. Esse escritor operativo fornece o exemplo mais palpável da dependência funcional em que se encontram, sempre e em todas as circunstâncias, a tendência política correta e a técnica literária progressista. É, evidentemente, apenas um exemplo, a que acrescentarei outros. Tretiakov distingue o escritor operativo daquele que informa. A sua missão não é relatar, mas combater, não é a de representar o papel de espectador, mas sim a de intervir ativamente. Essa missão é definida pelas indicações que fornece sobre a sua atividade. Quando, em 1928, na época da coletivização total da agricultura, foi lançada a palavra de ordem "Escritores para os *kolkozes!*", *Tretiakov* foi para a comuna "Farol comunista" e, durante duas estadas bastante longas, empreendeu aí os seguintes trabalhos: convocação de comícios, coleta de fundos para a compra de tratores a prestações, campanhas com os camponeses que trabalhavam sozinhos para que entrassem para o *kolkoze,* inspeção das salas de leitura, criação de jornais murais e direção do jornal do *kolkoze,* artigos para os jornais de Moscou, introdução do rádio e de cinemas itinerantes, etc. Não admira que o livro *Os senhores da terra,* escrito por Tretiakov depois dessa estada, tenha tido uma influência considerável na continuação do processo de formação das unidades coletivas.

Talvez apreciem Tretiakov, mas achem que o seu exemplo pouco significado tem nesse contexto. Poderão objetar que as tarefas de que ele se encarregou são trabalhos de jornalista ou de propagandista que muito pouco têm a ver com a literatura. Ora, eu escolhi intencionalmente o exemplo de Tretiakov para mostrar como precisamos de horizontes largos para repensar as ideias acerca das formas ou dos gêneros na literatura e, com base nas possibilidades técnicas da nossa situação atual, chegar às formas de expressão que representam o

---

metade da década de 1920, muitas peças agitatórias em que já utiliza os métodos da montagem, da distanciação e da utilização de material factual. Como membro dos grupos LEF [=Esquerda] (1920-1925) e NOVYJ LEF [=Nova esquerda] (1925-1928) desenvolve, com Maiakovski, Arvatov, Ossip Brik, V. Sklovski e outros, novas concepções de literatura e arte como formas de produção que acompanham o próprio desenvolvimento das condições e dos meios de produção material, chegando, através da superação da forma da reportagem, à prática da "literatura dos fatos" e aos métodos da escrita factográfica ("para mim, os fatos são sagrados") e da "biografia dos objetos". As novas concepções da arte como

ponto de partida para as energias literárias do presente. No passado nem sempre houve romances, nem sempre haverá, nem sempre houve tragédias ou grandes epopeias; nem sempre as formas do comentário, da tradução e mesmo dos chamados escritos apócrifos foram formas menores, à margem da literatura; e não só na filosofia, como também na poesia da Arábia ou da China essas formas tiveram o seu lugar. Nem sempre a retórica foi uma forma sem importância: na Antiguidade imprimiu a sua marca a largos setores da literatura. Menciono tudo isso para vos familiarizar com a ideia de que nos encontramos no centro de um processo de transformação das formas literárias, um processo no qual muitos dos opostos em que estávamos habituados a pensar poderiam perder a sua força. Permitam que vos apresente um exemplo da esterilidade de tais oposições e do processo da sua superação dialética. E voltamos a Tretiakov, porque o meu exemplo é o do jornal.

---

produção, uma teoria estética que pela primeira vez leva em conta, de forma consequente e radical, a importância da recepção nesse processo, bem como a constante experimentação de novas formas adequadas à situação da União Soviética numa fase de transição, iriam provocar ataques e polêmicas, sobretudo com a Associação Russa de Escritores Proletários (RAPP), que canonizava as "grandes" formas da literatura e defendia um realismo psicologista e classicizante cujo grande modelo era Tolstoi. No período de ligação ao LEF e ao NOVYJ LEF (1923-1928), Tretiakov trabalha mais no teatro, com peças para o grupo *agitprop* dos Blusas Azuis, e com a peça *Berra, China!* (1926), produto de uma estada em Pequim em 1924-25 e que foi um sucesso em vários países. Na fase seguinte, que corresponde ao primeiro plano quinquenal (1928-1932), Tretiakov irá dar expressão prática ao método da "factografia", a que, aliás, já recorrera nas peças agitatórias. Da sua experiência numa cooperativa agrícola resulta o "romance" que melhor documenta esse método, *Os senhores da terra* (1930). Durante os anos 1930 continua a produzir obras segundo o seu método factográfico, mas evita as polêmicas contra as concepções estáticas da teoria do reflexo na arte depois do 1º Congresso dos Escritores Soviéticos e da oficialização definitiva do realismo socialista, em 1934. Em 1936 publica a primeira monografia sobre John Heartfield, artista alemão de quem se sentia muito próximo, e em 1937 aparece o seu último artigo na revista *Internationale Literatur* (a cuja redação pertencia desde 1933). No outono desse ano, os agentes de Stálin o prendem e o deportam, com a mulher, para um campo na Sibéria, onde é assassinado em 1939. O vigésimo Congresso do Partido Comunista da União Soviética (PCUS) viria a "reabilitá-lo". As citações provêm de: S. Tretiakov, *Die Arbeit des Schriftstellers* [O trabalho do escritor], Reinbek, Rowohlt, 1972. (N.T.)

"Na nossa literatura", escreve um autor de esquerda,[8] "as oposições que em épocas mais felizes se fecundavam mutuamente tornaram-se antinomias insolúveis. Assim, a ciência e as belas-letras, a crítica e a produção, a cultura e a política seguem sentidos divergentes, sem qualquer relação ou ordem entre si. O palco dessa confusão literária é o jornal, e o seu conteúdo uma 'matéria' que se furta a toda a forma de organização que não seja aquela que a impaciência do leitor lhe impõe. E essa impaciência não é apenas a do político que espera uma informação, ou a do especulador que espera um conselho; por trás dela arde a impaciência do marginalizado, que julga ter o direito de ser ele próprio a exprimir os seus interesses. O fato de que nada prende tanto o leitor ao seu jornal como essa impaciência, todos os dias ávida de novo alimento, tem sido utilizado há muito pelas redações através da regular abertura de novas colunas para as suas perguntas, as suas opiniões, os seus protestos. Paralelamente à assimilação indiscriminada dos fatos dá-se a assimilação igualmente indiscriminada de leitores que, num abrir e fechar de olhos, se veem elevados a colaboradores. Mas isso oculta um momento dialético: a decadência da literatura na imprensa burguesa revela-se como a fórmula da sua reconstituição na imprensa soviética. Na medida em que a literatura ganha em extensão o que perde em profundidade, a diferenciação entre autor e público, que a imprensa burguesa mantém de uma forma convencional, começa a desaparecer na imprensa soviética. Nela, o leitor está sempre pronto a transformar-se em alguém que escreve, isto é, que descreve ou mesmo que prescreve. Como especialista – mesmo que não seja numa matéria, mas apenas no lugar que ocupa –, ele ascende à qualidade de autor. O próprio trabalho tem a palavra. E a sua representação na palavra é uma parte do saber necessário à sua prática. A competência literária já não se baseia na formação especializada, mas sim na politécnica, e torna-se assim um bem comum. Em resumo, é a literarização das condições de vida, que domina as antinomias, de outro modo insolúveis, e é no palco da humilhação sem peias da palavra, isto é, no jornal, que se prepara a sua salvação".

---

[8] O "autor de esquerda" é o próprio Benjamin. A passagem citada é da primeira versão do ensaio "A obra de arte na época da possibilidade de sua reprodução técnica", cuja última versão se inclui neste volume. (N.T.)

Espero ter com isso mostrado que a concepção do autor como produtor nos leva necessariamente até à imprensa. Pois na imprensa, pelo menos na soviética, reconhece-se que o enorme processo de transformação de que falei atrás não só anula as diferenciações convencionais entre os gêneros, entre escritor e poeta, entre investigador e divulgador, como também submete a uma revisão a diferenciação entre autor e leitor. A imprensa é a instância decisiva nesse processo, e todo o estudo do autor como produtor tem, por isso, de chegar até ela.

Mas não se pode ficar por aqui. Pois na Europa Ocidental o jornal ainda não é um instrumento de produção útil nas mãos do escritor. Ainda pertence ao capital. Como, por um lado, e de um ponto de vista técnico, o jornal representa a posição literária mais importante, mas, por outro lado, essa posição está nas mãos do adversário, não é de admirar que a compreensão, por parte do escritor, da sua dependência social, dos meios técnicos ao seu alcance e da sua missão política, tenha de lutar com enormes dificuldades. Entre os acontecimentos decisivos dos últimos dez anos na Alemanha está o fato de uma parte significativa das suas cabeças produtivas ter tido, sob a pressão das condições econômicas, um desenvolvimento revolucionário no plano ideológico, sem, ao mesmo tempo, ser capaz de repensar o seu próprio trabalho, a sua relação com os meios de produção, a sua técnica, de uma forma verdadeiramente revolucionária. Refiro-me, como se vê, aos chamados intelectuais burgueses de esquerda. Na Alemanha os movimentos político-literários mais decisivos dos últimos dez anos partiram desses intelectuais de esquerda. Escolho dois desses movimentos, o Ativismo e a Nova Objetividade,[9] para mostrar, através

---

[9] *Ativismo* [*Aktivismus*]: tendência surgida, com o começo da Primeira Guerra Mundial, no seio do movimento expressionista alemão, encabeçada por Kurt Hiller (1885-1972) e tendo por mentor espiritual Heinrich Mann (particularmente o seu ensaio programático *Geist und Tat* [Espírito e ação], de 1910). De tendência pacifista, afirmando-se "socialistas", mas contra sectarismos e partidarismos, os ativistas – Kurt Hiller, Ludwig Rubiner, Alfred Wolfenstein, Rudolf Leonhard, Wilhelm Michel, entre outros – defendiam literariamente uma função e concepção éticas da literatura que, baseando-se no postulado de Heinrich Mann de que espírito e ação deveriam constituir uma unidade inseparável, propunham uma "politização" radical da atividade literária. Hiller contrapõe o "eta" ao esteta, o poeta politicamente empenhado aos expressionistas da pose estetizante ou metafísica. Politicamente, Hiller sonha com um "governo dos melhores",

desses exemplos, que a tendência política, por mais revolucionária que pareça, tem uma função contrarrevolucionária, enquanto o escritor sentir a sua solidariedade com o proletariado unicamente no plano da sua ideologia, e não como produtor.

A palavra de ordem com a qual se resumem as exigências do Ativismo é a "logocracia", isto é, a hegemonia do intelecto. É costume traduzir essa palavra por "domínio dos intelectuais". De fato, o conceito de intelectual impôs-se entre a *intelligentsia* de esquerda e domina os seus manifestos políticos, de Heinrich Mann a Döblin.

---

dos *aristoi*, do "tipo intelectual" – a "logocracia" de cariz social-aristocrático a que se refere o texto de Benjamin. Dessas concepções se demarcavam, ainda no âmbito do Ativismo, as ideias de um populismo de raiz religiosa, proclamado por Ludwig Rubiner. Comum a ambos é o ideal da comunidade fraternal futura, do mundo futuro de homens autônomos e emancipados pela força do espírito, "camaradas da humanidade" (título de uma coletânea de poesia revolucionária organizada por Rubiner), mas não de partido. As ideias utópicas de uma "frente dos políticos do Espírito", defendidas e postas em prática pelos ativistas – Hiller e Heinrich Mann fundam, em 10 de novembro de 1918, um dia depois de deflagrar a revolução na Alemanha, o "Conselho Político de Trabalhadores Intelectuais", a que aderem muitos escritores –, encontrariam as suas primeiras dificuldades no embate com a realidade das forças em confronto na revolução (indiferença dos sociais-democratas pequeno-burgueses, distantes das coisas do espírito, e desconfiança dos comunistas em relação ao "tipo intelectual"), apesar de uma defesa intransigente do sistema dos conselhos, contra a democracia parlamentar. A desilusão acentua-se com o fracasso da experiência de dois literatos ativistas – Gustav Landauer e Ernst Toller – à frente da República dos Conselhos de Munique em 1919-20. O *putsch* de Kapp em 1920, bem como a restauração burguesa-parlamentar e o endurecimento do Partido Comunista na República de Weimar, viriam a dar o golpe de misericórdia nas visões ativistas do socialismo do espírito. O voluntarismo irrealista (Hiller é um fiel discípulo de Nietzsche), a utopia perfeccionista, a idealização do socialismo, o recurso à *ratio* e a recusa do transcendental a encobrirem, no fundo, uma visão mística do espírito como *pneuma*, são aspectos – tipicamente alemães – do Ativismo, que a crítica de Benjamin deixa perceber. Os principais órgãos do Ativismo foram os anuários editados, sob o título genérico *Das Ziel* [A meta], por Kurt Hiller em 1916, 1918, 1919, 1920 e 1924; e *Die Erhebung* [A elevação ou A sublevação], editado por Alfred Wolfenstein em 1919 e 1920. Alguns dos mais importantes manifestos ativistas foram reunidos por Wolfgang Rothe no volume *Der Aktivismus*. 1915-1920, Munique, dtv, 1969. *Nova Objetividade* [*Neue Sachlichkeit*]: designação, controversa, pela qual é conhecido o estilo literário e artístico pós-expressionista, que se desenvolve na Alemanha dos anos 1920 e representa uma virada para os fatos da realidade "objetiva", para a sobriedade do cotidiano e para formas de literatura "documental", sobretudo no romance.

Nota-se facilmente que esse conceito foi cunhado sem ter em conta a posição dos intelectuais no processo de produção. O próprio teórico do Ativismo, Hiller,[10] entende os intelectuais, não "como membros de certos ramos profissionais", mas sim "como representantes de certo tipo caracteriológico". Esse tipo está, enquanto tal, evidentemente entre as classes. Abrange uma quantidade indefinida de existências privadas, sem oferecer o mínimo apoio à sua organização. Ao formular a sua rejeição dos dirigentes partidários, Hiller faz-lhes algumas concessões; eles podem "ter mais conhecimentos acerca de coisas importantes..., ter uma linguagem mais acessível ao povo..., bater-se com mais coragem" do que ele, mas de uma coisa ele tem a certeza: "pensam de forma mais limitada". Talvez, mas de que serve isso, uma vez que politicamente decisivo não é o pensamento privado, mas sim,

---

O *pathos* e o subjetivismo expressionistas dão agora lugar à descrição crítica da situação social e política, a lírica de tendência abstracionista ou messiânica é substituída pela poesia das pequenas coisas do dia a dia ou pelo "realismo mágico" na poesia da natureza, e ao teatro expressionista, de problemática existencial trágico-grotesca e forma simbólica, segue-se a era da comédia e do número de Kabarett. A literatura de reportagem é uma das formas que – com a fotografia, a que Benjamin se refere – ganha agora pela primeira vez grande relevo. A transfiguração da realidade também pela arte da Nova Objetividade, aludida no texto, a sua intencional sobriedade, o seu autoapregoado pragmatismo, são aspectos que a caracterizam como arte de uma fase de maldisfarçada estabilidade burguesa entre dois apocalipses, arte não "problemática", apesar de crítica e satírica, que, na opinião do filósofo Ernst Bloch, "levou a que se descesse por vezes de sonhos demasiado altos de novo para o mundo, mas também ocultou o verme neste mundo, tornou-se literalmente uma pintura de túmulos retocados" ("O expressionismo, visto agora", *in*: *Realismo, materialismo, utopia*, ed. João Barrento, Lisboa, Moraes, 1978, p. 73). (N.T.)

[10] *Kurt Hiller* (1885-1972) foi, como se disse em nota anterior, o principal impulsionador do Ativismo a partir de 1914. A sua atividade literária começa, no entanto, antes, com a fundação, em 1909 em Berlim, do *Neuer Club* [Novo Clube], que organiza os serões do "Cabaré Neopatético", e com a colaboração na revista expressionista *Die Aktion*, antes de se lançar na publicação do anuário ativista *Das Ziel. Jahrbücher für geistige Politik* [A meta. Anuários para uma política do espírito] e na intervenção política e pacifista, entre 1918 e 1933. Nesse ano é mandado para um campo de concentração, de onde foge no ano seguinte para Praga e em 1938 para Londres. As citações de Hiller feitas por Benjamin são do livro *Der Sprung ins Helle. Reden, offene Briefe, Zwiegespräche, Essays, Thesen, Pamphlete gegen Krieg, Klerus und Kapitalismus* [O salto para a luz. Discursos, cartas abertas, controvérsias, ensaios, teses e panfletos contra a guerra, o clero e o capitalismo] Leipzig, 1932. (N.T.)

como Brecht disse um dia, a arte de pensar colocando-nos na cabeça dos outros?[11] O Ativismo empreendeu a substituição da dialética materialista por uma grandeza indefinível em termos de classe: o senso comum. Os seus intelectuais representam, na melhor das hipóteses, uma categoria social. Por outras palavras: o princípio em que se baseia a própria formação desse coletivo é reacionário; não admira que os seus efeitos nunca tenham podido ser revolucionários.

Mas o princípio nefasto da formação de um coletivo como esse se repercute. Pudemos dar conta disso quando, há três anos, foi publicado *Wissen und Verändern!* [Saber e transformar], de Döblin.[12] Como se sabe, esse texto surgiu como resposta a um jovem – Döblin chama-lhe senhor Hocke – que dirigiu ao conhecido autor a pergunta "Que fazer?". Döblin convida-o a aliar-se à causa do socialismo, mas de uma forma que dá que pensar. O socialismo é, segundo Döblin: "Liberdade, associação espontânea dos homens, recusa de toda e qualquer coação, revolta contra a injustiça e a violentação, humanitarismo, tolerância, ideias pacifistas". Seja qual for o ponto de vista, ele parte dessa noção de socialismo para fazer frente à teoria e à prática do movimento operário radical. Döblin acha que "de uma coisa não pode sair nada que nela não esteja já contida – da luta de classes criminosamente agudizada poderá sair a justiça, mas não o socialismo." "Meu caro senhor" – assim formula Döblin o conselho que, por essas e por outras razões, dá ao senhor Hocke –, "o senhor não pode pôr em prática a sua concordância de princípio com a luta (do proletariado) integrando-se na frente proletária. Tem de se dar por satisfeito com a aprovação agitada e amarga dessa luta; mas também sabe que, se fizer mais do que isso, deixa vaga uma posição extremamente importante:

---

[11] Em vez da frase seguinte, figurava originalmente no manuscrito uma outra, que depois foi riscada: "Ou, para falar com Trotski: 'Quando os pacifistas iluminados se metem a querer acabar com a guerra por meio de argumentos racionalistas, o resultado é simplesmente ridículo. Mas quando as massas armadas começam a servir-se dos argumentos da razão contra a guerra, isso significa o fim da guerra'". Essa passagem figurava já numa resenha de Benjamin, de 1932, sobre o livro de Hiller citado na nota anterior e intitulada "Der Irrtum des Aktivismus" [O erro do Ativismo], hoje em: *Gesammelte Schriften* III, p. 352 e segs. (N.T.)

[12] As passagens citadas a seguir são do romancista Alfred Döblin, do escrito *Wissen und Verändern. Offene Briefe an einen jungen Menschen* [Saber e transformar. Cartas abertas a uma pessoa jovem], Berlim, 1931, p. 27. (N.T.)

a posição comunista originária da liberdade humana individual, da solidariedade e da união espontâneas dos homens... Essa posição é, caro senhor, a única que lhe cabe ocupar". Por aqui se vê, de forma muito clara, aonde conduz a concepção do "intelectual" como um tipo social definido pelas suas opiniões, ideias ou tendências, não pela sua posição no processo de produção. Ele deve, segundo Döblin, encontrar o seu lugar ao lado do proletariado. Mas que espécie de lugar é esse? É o de um benfeitor, de um mecenas ideológico. Um lugar impossível. E assim voltamos à tese proposta no princípio: o lugar do intelectual na luta de classes só pode ser definido, ou melhor, escolhido, com base na sua posição no processo de produção.

Para uma transformação das formas e dos instrumentos de produção no sentido de uma *intelligentsia* progressista – e isso quer dizer: interessada na libertação dos meios de produção e útil à luta de classes –, Brecht criou o conceito de "reconversão" (*Umfunktionierung*). Foi ele o primeiro a colocar aos intelectuais a exigência, de grande alcance, de não fornecer o aparelho de produção sem, na medida do possível, o transformar no sentido do socialismo. "A publicação dos *Versuche*", afirma o autor na introdução à série de publicações com esse título, "dá-se numa altura em que certos trabalhos já não devem ser tanto vivências individuais (ter caráter de obra), mas antes ser orientados para a utilização (transformação) de certas instâncias e instituições".[13] Não se pretende uma renovação espiritual, como os fascistas a proclamam, mas propõem-se inovações técnicas. Voltarei ainda a estas inovações. Por agora, limito-me a chamar a atenção para a diferença decisiva que existe entre o simples fornecer de um aparelho de produção e a sua transformação. E, para abrir as considerações que farei sobre a "Nova Objetividade", quero afirmar que fornecer um aparelho de produção sem – na medida do possível – o transformar é um procedimento altamente contestável, mesmo quando os conteúdos fornecidos a esse aparelho pareçam ser de natureza revolucionária. Não esqueçamos que estamos perante o fato – do qual os últimos dez anos na Alemanha deram abundantes provas – de que o aparelho de produção e publicação burguês é capaz de assimilar, e

---

[13] As citações de Brecht são da primeira série dos cadernos intitulados *Versuche* [Experiências/Ensaios], n. 1-3, Berlim, Verlag Kiepenheuer, 1930, p. 1. (N.T.)

até propagar, quantidades surpreendentes de temas revolucionários, sem pôr seriamente em causa a sua própria existência e a da classe que o possui. Isso continua em todo o caso a ser válido enquanto esse aparelho for fornecido por "rotineiros", mesmo que sejam rotineiros revolucionários. Mas eu defino o "rotineiro" como aquele indivíduo que recusa, por princípio, retirar do controle da classe dominante, em favor do socialismo, o seu aparelho de produção, aperfeiçoando-o. E afirmo, além disso, que parte considerável da chamada literatura de esquerda nunca teve outra função social que não fosse a de procurar constantemente na situação política novos efeitos para diversão do público. E chego assim à Nova Objetividade, que trouxe a forma da reportagem.[14] Mas vejamos: a quem serviu essa técnica?

Para tornar o assunto mais claro, ponho em primeiro plano a forma fotográfica da reportagem. O que para ela for válido poderá também aplicar-se à sua forma literária. Ambas as formas devem o seu desenvolvimento extraordinário às técnicas de publicação: o rádio e a imprensa ilustrada. Lembremo-nos do Dadaísmo.[15] A força revolucionária

---

[14] A *reportagem* que a "Nova Objetividade" veio introduzir também no campo literário, e da qual Benjamin aqui se distancia criticamente devido à tendência estetizante e eufemizante da realidade que nela descobre, deverá distinguir-se de outras manifestações desse processo que, nos anos 1920 e 1930, procuraram contribuir para a "reconversão" exigida por Brecht, assumindo uma função política que vai ao encontro das teses propostas nessa conferência. Na União Soviética, Tretiakov elabora a sua "escrita factográfica" e o seu método da "bioentrevista" a partir da reportagem. Na Alemanha da República de Weimar e do Terceiro Reich, Egon Erwin Kisch, o "repórter-furacão", eleva a reportagem à posição de forma literária particularmente adequada à crítica social interveniente. É contra a reportagem como processo estrutural da narrativa que Lukács desencadeia, no ensaio de 1932 "Reportage oder Gestaltung?" [Reportagem ou elaboração artística?] a sua crítica formalista aos romances de Ernst Ottwalt e Willi Bredel, e é também a essa forma que Brecht se refere quando, na sua polêmica com Lukács em 1938, afirma preferir "o novo mau ao velho bom". A reportagem manteve-se ainda viva na literatura socialista do segundo pós-guerra e em círculos da Alemanha Federal como o "Grupo 61" e o "Werkkreis Literatur der Arbeitswelt" [Círculo de literatura do mundo do trabalho]. Sobre a reportagem como forma literária, ver: Erhard Schütz, *Kritik der literarischen Reportage* [Crítica da reportagem literária], Munique, Fink, 1977. (N.T.)

[15] Sobre o Dadaísmo como primeiro momento de uma transformação radical das formas de produção e recepção da arte, ver também o capítulo XIV do ensaio "A obra de arte na época da possibilidade de sua reprodução técnica", incluído neste volume. (N.T.)

do Dadaísmo consistiu em pôr à prova a autenticidade da arte. Compunham-se naturezas-mortas com bilhetes, carrinhos de linhas, pontas de cigarro, ligados a elementos pictóricos. Enquadrava-se tudo numa moldura. E apresentavam-se assim as obras ao público, dizendo: "Vejam, a vossa moldura rompe os limites do tempo; a mais minúscula parcela autêntica da vida cotidiana diz mais do que a pintura". Assim como a impressão digital sangrenta de um assassino na página de um livro diz mais do que o texto. Desses conteúdos muito foi aproveitado pela fotomontagem. Basta pensar-se nos trabalhos de John Heartfield,[16] cuja técnica fez da capa do livro um instrumento político. Mas agora continuem a seguir o caminho da fotografia. O que é que veem? Ela se torna cada vez mais diferenciada, cada vez mais moderna, e o resultado é que não é capaz de fotografar nenhum bairro miserável, nenhum monte de lixo, sem o transfigurar. Para não falar já do fato de que, perante uma barragem ou uma fábrica de cabos elétricos, ela seria incapaz de dizer outra coisa que não fosse: o mundo é belo. Ora, *O mundo é belo* é o título de um conhecido livro de fotografias de Renger-Patzsch,[17] onde vemos a fotografia da Nova Objetividade no seu apogeu. Ela conseguiu, de fato, fazer até da miséria um objeto de prazer, captando-a e tratando-a de acordo com o perfeccionismo da época. Na verdade, se faz parte da função econômica da fotografia levar às massas conteúdos que anteriormente estavam excluídos do seu consumo – a primavera, pessoas importantes, países desconhecidos – tratando-os ao gosto da moda, uma das suas

---

[16] *John Heartfield* (nome artístico de Helmut Herzfeld, 1891-1968) é um dos artistas da República de Weimar que, com George Grosz, mais ferozmente escalpelou a sociedade burguesa e militarista dos anos 1920, e depois sobretudo o nazismo. Heartfield, que começa por estar ligado ao Dadaísmo de Berlim a partir de 1918, adere ao Partido Comunista da Alemanha nesse ano e torna-se o grande mestre da fotomontagem de temática política e social (o nazismo, e concretamente Hitler, é um dos temas que trata de forma mais exaustiva). Durante a primeira guerra funda, com o irmão Wieland Herzfeld, a Editora Malik, a mais importante editora comunista da República de Weimar, e ilustra grande parte das capas dos livros publicados. (N.T.)

[17] O livro de Albert Renger-Patzsch, já mencionado no ensaio "Pequena história da fotografia" (vd., atrás, p. 68), é: *Die Welt ist schön. Einhundert photographische Aufnahmen* [O mundo é belo. Cem imagens fotográficas]. Ed. e introd. de Carl Georg Heise, Munique, s.d. [1928]. (N.T.)

funções políticas é a de renovar o mundo tal como ele é, a partir de dentro – por outras palavras: ao gosto da moda.

Temos aqui um claro exemplo do que significa fornecer o aparelho de produção sem o transformar. Transformá-lo significaria derrubar novamente uma das barreiras, superar mais uma vez uma das contradições que põem entraves à produção dos intelectuais. Nesse caso, a barreira entre o texto e a imagem. O que devemos exigir do fotógrafo é a capacidade de dar à sua fotografia uma legenda que a subtraia do desgaste pela moda e lhe confira o seu valor de uso revolucionário. Mas essa exigência será posta de modo mais insistente se nós – os escritores – nos pusermos a fazer fotografia. Assim, também aqui o progresso técnico é, para o autor como produtor, a base do seu progresso político. Em outras palavras: só a superação das competências que, no processo de produção intelectual e de acordo com a concepção burguesa, constituem a sua ordem, torna essa produção politicamente útil; e são, mais precisamente, as barreiras de competência entre as duas forças produtivas, exigidas para separá-las, que têm de ser destruídas conjuntamente. Ao descobrir a sua solidariedade com o proletariado, o autor como produtor descobre ao mesmo tempo a solidariedade com certos produtores que anteriormente pouco lhe interessavam. Falei do fotógrafo, mas gostaria de acrescentar muito brevemente uma frase sobre o músico, que nos vem de Eisler[18]: "Também na evolução da música, tanto na produção como na reprodução, temos de aprender a reconhecer um processo de racionalização cada vez mais generalizado... O disco, o filme sonoro, as *jukeboxes,* podem divulgar produtos musicais

---

[18] *Hanns Eisler* (1868-1962): compositor que durante muito tempo colaborou com Brecht e escreveu a música para muitas das suas peças. Não me foi possível localizar com exatidão as passagens citadas por Benjamin. Na edição crítica dos escritos teóricos de Eisler encontram-se, porém, vários textos em que com frequência se abordam as questões, aqui referidas, da "racionalização" da produção e recepção da música, da crise das formas burguesas de produção e organização musical, como a sinfonia e o concerto, do significado social e político de novas formas de reprodução da música. Esses temas são desenvolvidos, por exemplo, nos textos "A arte como mestra na luta de classes" (1931), "Os construtores de uma nova cultura musical" (1931), "Sobre a crise da música burguesa" (1932) e "'Tempos livres' no capitalismo: a base materialista do *kitsch*" (1933), incluídos em H. Eisler, *Musik und Politik. Schriften 1924-1948* [Música e política. Obras, 1924-1948], ed. crítica de Günter Mayer, Munique, Rogner & Bernhard, 1973. (N.T.)

de elevada qualidade... como mercadorias enlatadas. A consequência desse processo de racionalização é o fato de a reprodução da música se restringir a grupos de especialistas cada vez menores, mas também mais qualificados. A crise do concerto é a crise de uma forma de produção antiquada, ultrapassada por novas invenções técnicas". Tratar-se-ia então de transformar a função da forma do concerto, preenchendo duas condições: suprimir em primeiro lugar a oposição entre executantes e ouvintes e, em segundo lugar, a oposição entre a técnica e os conteúdos. Sobre isso faz Eisler a seguinte afirmação esclarecedora: "Temos de ter cuidado em não superestimar a música de orquestra, considerando-a a única grande forma de arte. A música sem palavras alcançou a sua grande importância e a sua expansão plena apenas no capitalismo". Ou seja: a tarefa de transformar o concerto não é possível sem a colaboração da palavra. Só dessa colaboração, como esclarece Eisler, pode resultar a transformação de um concerto num *meeting* político. Que uma transformação dessas representa realmente um ponto máximo da técnica musical e literária, foi o que demonstraram Brecht e Eisler com a peça didática *Die Maßnahme* [A decisão].[19]

Se, a partir daqui, voltarmos a considerar o processo de transformação das formas literárias de que se falou, veremos como a fotografia e a música e tantas coisas mais entram naquela massa líquida e ardente, com a qual são moldadas as novas formas. Temos aqui a

---

[19] *Die Maßnahme* é uma peça didática escrita em 1930 e publicada originalmente na série dos Versuche 11-12 (n. 4, Berlim, 1931, p. 329-361). Trata-se, como acontece com outras peças didáticas, de uma espécie de oratória, através da qual Brecht – e Eisler, que pela primeira vez com ele colabora – se manifesta pública e claramente partidário de uma ideologia comunista (embora sempre negando a sua filiação no partido). A tese, que Benjamin pretende provar, da íntima relação entre as transformações da produção e do consumo da música (e da arte em geral) e as transformações qualitativas e técnicas que delas decorrem pode encontrar um exemplo elucidativo nos incidentes que envolveram a apresentação da peça *Die Maßnahme* (daí, provavelmente, a sua referência por Benjamin nesse contexto). Originalmente prevista para ser incluída no programa da "Neue Musik Berlin", ela foi recusada, o que provocou a ruptura final nas relações de Eisler com Paul Hindemith, do qual estava esteticamente próximo, como discípulo de Schönberg que também era. A peça seria levada à cena pelo "Coro dos Trabalhadores da Grande Berlim" em 10 de dezembro de 1930, com dois atores que viriam a contar-se entre os mais importantes das peças de Brecht, até à fase do Berliner Ensemble: Ernst Busch e Helene Weigel. (N.T.)

confirmação de que só a literarização de todas as condições de vida dá a noção exata da dimensão desse processo de fusão, assim como a situação da luta de classes determina a temperatura a que ele – de um modo mais ou menos perfeito – se realiza.

Falei do processo utilizado por uma certa fotografia em voga, que da miséria faz um objeto de consumo. Ao voltar-me para a Nova Objetividade como movimento literário, tenho de ir mais longe e dizer que ela fez da *luta contra a miséria* um objeto de consumo. Na realidade, o seu significado político esgotou-se, em muitos casos, com a conversão de reflexos revolucionários (na medida em que esses apareciam entre a burguesia) em objetos de distração, de divertimento, que facilmente se inseriam no mundo do cabaré da grande cidade. A transformação da luta política, de imperativo de decisão em objeto de prazer contemplativo, de meio de produção em artigo de consumo, é o traço característico dessa literatura. Tomando o exemplo de Erich Kästner, um crítico perspicaz[20] explicou isso nos seguintes termos:

---

[20] O "crítico perspicaz" é o próprio Benjamin. A citação que se segue, ligeiramente modificada em relação ao original, é da sua resenha "Linke Melancholie. Zu Erich Kästners neuem Gedichtbuch" [Melancolia de esquerda. O novo livro de poesia de E. Kästner], publicada na revista *Die Gesellschaft*, n. 8/1931 (agora em: *Gesammelte Schriften* III, p. 279-283). O livro de Kästner objeto da crítica é *Ein Mann gibt Auskunft* [Um homem informa], Berlim, 1930. Os autores referidos no excerto citado tiveram um lugar importante na "literatura dos pequenos passos" produzida durante a República de Weimar por autores da esquerda não comunista. *Kästner* (1899-1974) é um dos poetas e romancistas que melhor representa a "Nova Objetividade", de tom satírico e estilo cabaretista e popular, mais conhecido como autor de literatura infantil e juvenil, com livros como *Emílio e os detetives, A conferência dos animais, Quando eu era rapaz, etc. Walter Mehring* (1896-1981), poeta, narrador e dramaturgo a princípio ligado aos movimentos expressionista e dadaísta, evolui depois para uma produção polêmica e agressiva, de conteúdo humanista-socialista, estreitamente ligada ao *Kabarett* dos anos 1920. Foi, mais tarde, um crítico mordaz do terceiro Reich, e é um dos precursores da moderna canção de protesto alemã. *Kurt Tucholsky* (1890-1935) foi autor e jornalista, crítico impiedoso da burguesia e das suas instituições, do militarismo e do nacionalismo alemães durante os anos 1920, e um dos mais agressivos críticos do nacional-socialismo. Autor berlinense por excelência, a linguagem da sua poesia, das suas canções, dos seus *sketches* teatrais e das suas comédias deixa transparecer o humor berlinense e a ironia do satirista a quem nada escapa. Emigra, logo em 1929, para a Suécia, onde se suicida em 1935, desesperado com o êxito dos nacional-socialistas. De Tucholsky foi publicada em Portugal uma antologia representativa: *Hoje, Entre Ontem e Amanhã. Textos Escolhidos,* ed. de I. Ackermann, Coimbra, Almedina, 1979. (N.T.)

"Esses intelectuais radicais de esquerda nada têm a ver com o movimento operário. Como manifestação da decomposição burguesa, são antes o equivalente do mimetismo feudal que o império admirou na figura do tenente na reserva. Os cronistas radicais da esquerda, do gênero de Kästner, Mehring ou Tucholsky, representam o mimetismo proletário das camadas burguesas decadentes. A sua função é, de um ponto de vista político, formar cliques e não partidos, de um ponto de vista literário lançar modas e não escolas, de um ponto de vista econômico criar agentes e não produtores. São agentes ou "rotineiros" que esbanjam a sua pobreza e que do vazio bocejante fazem uma festa. Dificilmente alguém seria capaz de se instalar com mais comodidade numa situação incômoda".

Essa escola, dizia eu, esbanjou a sua pobreza. Furtou-se, assim, à tarefa mais urgente do escritor de hoje: a de reconhecer como é pobre e como tem de ser pobre para poder começar do princípio. De fato, é disso que se trata. O Estado soviético não vai certamente banir o poeta, como fez o platônico, mas vai – e por isso no princípio relembrei a *República* – incumbi-lo de tarefas que não lhe permitirão exibir em novas obras-primas a riqueza, há muito falsificada, da personalidade criadora. Esperar uma renovação no sentido dessas personalidades e dessas obras é um privilégio do fascismo, que sobre isso produz formulações tão disparatadas como aquela com que Günther Gründel fecha a parte dedicada à literatura no seu livro *Die Sendung der jungen Generation* [A missão da jovem geração]: "Não podemos concluir melhor essa visão geral e panorâmica do que com a indicação de que o *Wilhelm Meister* e o *Grüner Heinrich* da nossa geração ainda não foram escritos".[21] O autor que tiver refletido profundamente sobre as condições da produção atual está longe de esperar, ou mesmo de

---

[21] O livro citado de E. Günter Gründel tem como subtítulo "Tentativa de interpretação geral e revolucionária da crise" e foi publicado em Munique em 1932. *Wilhelm Meister e Der grüne Heinrich* [Henrique do gibão verde], obras respectivamente de Goethe e do autor suíço Gottfried Keller, são dois dos romances "de formação" e "de artista" mais influentes na história da literatura alemã. Do primeiro romance de Goethe sobre a figura de Wilhelm Meister, *Os anos de aprendizagem de Wilhelm Meister* (1795-96) existe tradução portuguesa de Paulo Osório de Castro, incluída nas *Obras escolhidas*, ed. de João Barrento, Lisboa, Relógio d'Água, 1998, vols. II e III. (N.T.)

desejar, obras dessas. O seu trabalho nunca se ocupará apenas dos produtos, mas também, sempre e simultaneamente, dos meios de produção. Em outras palavras: os seus produtos têm de possuir, para além do seu caráter de obra, e antes dele, uma função organizadora. E de modo algum a possibilidade que têm de ser utilizados com uma função organizadora se pode limitar à possibilidade de serem utilizados com uma função propagandística. A tendência, por si só, não chega. O extraordinário Lichtenberg[22] disse: "O que importa não são as opiniões que se têm, mas sim o que essas opiniões fazem de nós". Mas é um fato que as opiniões interessam bastante; só que a melhor opinião de nada serve, se nada de útil fizer daqueles que a têm. A melhor tendência é errada, se não explicitar a atitude a assumir para a seguirmos. E o escritor só pode explicitar essa atitude no terreno onde, de fato, faz qualquer coisa, isto é, no terreno da escrita. A tendência é a condição necessária, nunca a condição suficiente, para que as obras tenham uma função organizadora. Essa exige, além disso, do autor um comportamento que oriente e ensine. E hoje, mais do que nunca, temos de exigi-lo. *Um autor que não ensina nada aos escritores não ensina nada a ninguém.* Assim, é decisivo que a produção tenha um caráter de modelo, capaz de, em primeiro lugar, levar outros produtores à produção e, em segundo lugar, pôr à sua disposição um aparelho melhorado. E esse aparelho é tanto melhor quanto mais consumidores levar à produção, numa palavra, quanto melhor for capaz de transformar os leitores ou espectadores em colaboradores. Já possuímos um modelo desse gênero, mas só lhe posso fazer aqui uma breve referência: trata-se do teatro épico de Brecht.[23]

Continuam a escrever-se tragédias e óperas que dispõem aparentemente de um aparelho cênico consagrado pela experiência, quando, na realidade, essas obras não fazem mais do que fornecer um aparelho cênico obsoleto. "A falta de esclarecimento acerca da sua

---

[22] *Georg Christoph Lichtenberg* (1742-1799): escritor, matemático e físico, o primeiro grande mestre do aforismo na Alemanha, satirista impregnado do espírito do Iluminismo, critica impiedosamente as correntes literárias românico-místicas, a superstição e a intolerância religiosa. (N.T.)

[23] O teatro épico de Brecht será mais aprofundadamente analisado por Benjamin nos dois estudos intitulados "O que é o teatro épico?", a incluir num dos próximos volumes desta edição. (N.T.)

situação, que reina entre músicos, escritores e críticos", diz Brecht, "tem consequências tremendas, que não são suficientemente tidas em conta. Pensando possuir um aparelho que na realidade os possui, defendem um aparelho que já deixaram de controlar, que já deixou de ser, como ainda julgam, um meio para os produtores, para se tornar um meio contra os produtores".[24] E uma das razões principais por que esse teatro de maquinarias complicadas, de enorme aparato de figurantes, de efeitos refinados, se tornou um meio contra os produtores foi o fato de os tentar aliciar para a luta de uma concorrência sem sentido, na qual o cinema e o rádio o enredaram. Esse teatro – quer se trate do teatro "sério", quer do teatro de entretenimento: ambos são complementares, ambos se completam um ao outro – é o teatro de uma camada social saturada, para a qual tudo aquilo em que põe a mão se torna excitante. A sua causa é uma causa perdida. O mesmo não se passa com um teatro que, em vez de entrar em concorrência com aqueles recentes instrumentos de publicação, tenta aplicá-los e aprender com eles; numa palavra, um teatro que procura entrar num confronto produtivo com esses instrumentos. O teatro épico empenhou-se nesse confronto. Comparado com o grau de desenvolvimento atual do cinema e do rádio, é esse o teatro do nosso tempo.

Com vista a tornar esse confronto produtivo, Brecht voltou-se para os elementos primitivos do teatro. Contentou-se, de certo modo, com um estrado. Renunciou a ações de grande complexidade. E assim conseguiu transformar a relação funcional entre o palco e o público, o texto e a representação, o encenador e o ator. Mais do que desenvolver ações, o teatro épico deve, segundo Brecht, apresentar situações. Chega a essas situações, como iremos ver, fazendo interromper as ações. Lembro aqui as canções, cuja função principal é interromper a ação. Desse modo – recorrendo ao princípio da interrupção –, o teatro épico retoma, como se vê, um processo que nos últimos anos se nos tornou familiar através do cinema e do rádio, da imprensa e da fotografia. Refiro-me à montagem: o elemento introduzido nela interrompe o contexto em que está inserido. Mas permitam-me chamar brevemente a vossa atenção para o fato de esse processo ter aqui uma justificação especial, se não mesmo a sua verdadeira justificação.

---

[24] A citação de Brecht é dos *Versuche* 4-7, n. 2, Berlim, 1930, p. 107. (N.T.)

A interrupção da ação, devido à qual Brecht designou de *épico* o seu teatro, impede constantemente uma ilusão do público. Uma tal ilusão é, evidentemente, inútil para um teatro que pretende tratar os elementos do real no sentido de uma série de experiências. Mas é no fim e não no princípio dessa experiência que se encontram as situações que, sob esta ou aquela forma, são sempre as nossas. Não se procura aproximá-las do espectador, mas sim distanciá-las dele. Ele as reconhece como as verdadeiras situações, não com presunção, como no teatro do naturalismo, mas com espanto. O teatro épico não reproduz, pois, situações, e sim as descobre. A descoberta das situações processa-se através da interrupção do fio da ação. No entanto, a função da interrupção não é excitar, mas sim organizar. Faz parar a ação em curso, e com isso obriga o ouvinte a tomar posição perante o acontecimento, o ator a tomar posição perante o seu papel. Vou lhes mostrar, com um exemplo, como a descoberta e a elaboração do elemento gestual por Brecht não é mais do que uma nova transformação dos métodos da montagem, decisivos no rádio e no cinema, que ele reconverte fazendo de um procedimento muitas vezes apenas utilizado, porque está na moda, um acontecimento humano. Imagine-se uma cena de família: a mulher está prestes a pegar uma estatueta de bronze para atirá-la na filha; o pai, está abrindo a janela para chamar por socorro. Nesse momento entra um estranho. A ação foi interrompida; o que aparece em vez dela é a situação com que depara o olhar do estranho: caras transtornadas, a janela aberta, móveis destruídos. Mas há um olhar perante o qual as cenas mais banais da vida de hoje se apresentam de uma forma não muito diferente. É o olhar do dramaturgo no teatro épico.

À obra dramática total ele contrapõe o laboratório dramático. Retoma de uma nova maneira o velho grande trunfo do teatro: fazer sobressair e pôr à prova o que se passa diante dos nossos olhos. No centro das suas experiências está o ser humano, o homem de hoje: portanto, um ser humano limitado, neutralizado num meio hostil. Mas, como não dispomos de outro homem, temos interesse em conhecê-lo. É submetido a provas, a juízos de valor. O que daqui resulta é o seguinte: os acontecimentos não são transformáveis no seu clímax, através da virtude e da decisão, mas apenas no seu desenrolar estritamente habitual, através da razão e da prática. Construir, a partir dos mais ínfimos elementos dos modos de comportamento, o que na dramaturgia aristotélica se designa por "ação" – é esse o sentido do teatro épico. Os seus meios são, pois, mais modestos do que os do teatro tradicional; e também os seus objetivos. Pretende não tanto encher o público com sentimentos, mesmo que sejam os da revolta, mas antes distanciá-lo de uma maneira duradoura, através da reflexão, das situações em que vive. Diga-se, apenas de passagem, que não há melhor ponto de partida para a reflexão do que o riso. E que a vibração do diafragma costuma ser um melhor estimulante do pensamento do que as vibrações da alma. O teatro épico só é exuberante nas ocasiões de riso que oferece.

Provavelmente terão reparado que essas reflexões, que estou prestes a concluir, colocam ao escritor apenas uma exigência, a de *refletir*, de pensar a sua posição no processo de produção. Podemos estar certos de que, mais cedo ou mais tarde, essa reflexão conduzirá *os escritores que realmente contam,* isto é, os melhores técnicos da sua especialidade, a constatações que fundamentam, da forma mais lúcida possível, a sua solidariedade com o proletariado. Sobre esse ponto, e para terminar, quero apresentar uma prova atual, recorrendo a uma pequena passagem da revista parisiense *Commune.*[25] Essa publicação organizou uma pesquisa de opinião sobre o tema: "Para quem escreve?". Cito a resposta de René Maublanc, assim como as observações de Aragon que se seguiram: "Sem dúvida que escrevo", diz Maublanc,

---

[25] Essa revista (*Commune. Revue Littéraire Française pour la Défense de la Culture*), publicada em Paris de 1933 a 1937 como órgão da Associação de Escritores e Artistas Revolucionários (AEAR), foi fruto do espírito da Frente Popular na França, como também de outras organizações surgidas na década de 1930: o Instituto para o Estudo do Fascismo, a Associação para a Defesa dos Escritores Alemães Exilados (SDS), o Congresso para a Defesa da Cultura, em 1935, a própria AEAR, etc. Sobre as organizações e a política cultural da Frente Popular na França, pode-se ver o livro de Arno *Münster Antifaschismus, Volksfront und Literatur. Zur Geschichte der französischen Vereinigung revolutionärer Schriftsteller und Künstler* [Antifascismo, Frente popular e literatura. Para a história da Associação Francesa de Escritores e Artistas Revolucionários], Berlim, Verlag für das Studium der Arbeiterbewegung (VSA), 1977.

René Maublanc: escritor francês (que não figura nos dicionários de literatura correntes), também autor, com Félix Armand, de uma edição de textos do socialista utópico francês Charles Fourier, sobre a qual Benjamin escreve de forma muito favorável em 1937 (vd. *Gesammelte Schriften* III, p. 509-511). (N.T.)

"quase exclusivamente para um público burguês. Em primeiro lugar, porque me vejo forçado a isso" – e aqui Maublanc lembra as suas obrigações profissionais como professor num ginásio –, "em segundo lugar, porque, tendo uma origem burguesa e sendo oriundo de um meio burguês, tendo naturalmente a dirigir-me à classe a que pertenço, que melhor conheço e que melhor posso compreender. Mas isso não quer dizer que eu escreva para agradá-la ou para apoiá-la. Por um lado, estou convencido de que a revolução proletária é necessária e desejável, por outro, penso que ela vai ser tanto mais rápida, fácil, bem-sucedida e menos sangrenta, quanto mais fraca for a resistência burguesa... O proletariado precisa de aliados vindos do campo burguês, exatamente como no século XVIII a burguesa precisou de aliados do campo feudal. Gostaria de me contar entre esses aliados".

Acerca disso observa Aragon: "O nosso camarada aborda aqui um problema que é o de um grande número de escritores de hoje. Nem todos têm a coragem de olhá-lo de frente... São raros aqueles que têm uma noção tão clara da sua situação como René Maublanc. Mas é precisamente a esses que se tem de exigir ainda mais. Não basta enfraquecer a burguesia a partir de dentro, temos de combatê-la *com* o proletariado... Antes de René Maublanc e de muitos dos nossos amigos entre os escritores que ainda estão indecisos temos o exemplo dos escritores soviéticos que, provenientes da burguesia russa, se tornaram, contudo, pioneiros da construção do socialismo".

Interrompo aqui a citação de Aragon. Como se tornaram eles pioneiros? Com certeza não sem lutas muito duras e discussões extremamente difíceis. As reflexões que aqui apresentei tentam fazer o balanço dessas lutas. Apoiam-se no conceito ao qual o debate em torno da atitude dos intelectuais russos deve a sua clarificação decisiva: o conceito de especialista. A solidariedade do especialista com o proletariado – é por aí que começa essa clarificação – só pode ser indireta. Por mais atitudes que tomassem, os Ativistas e os representantes da Nova Objetividade não puderam eliminar o fato de que mesmo a proletarização do intelectual raramente faz dele um proletário. Por quê? Porque a classe burguesa lhe concedeu, sob a forma da cultura, um meio de produção que, devido ao privilégio dessa cultura, o torna solidário com ela, e mais ainda a ela com ele. É, por isso, perfeitamente correto o que, num outro contexto, declara Aragon:

"O intelectual revolucionário revela-se primeiramente e sobretudo como traidor da classe de onde provém". Essa traição consiste, no caso do escritor, num comportamento que faz dele, de fornecedor do aparelho de produção, um engenheiro que vê a sua tarefa na adaptação desse aparelho aos objetivos da revolução proletária. É uma forma indireta de intervenção, mas que contudo liberta o intelectual daquela tarefa meramente destrutiva a que Maublanc e muitos camaradas julgam ter de confiná-lo. Será que ele consegue incentivar a socialização dos meios intelectuais de produção? Será que vê possibilidades de organizar os trabalhadores intelectuais no próprio processo de produção? Será que tem propostas para transformar a função do romance, do drama, do poema? Quanto melhor ele for capaz de orientar a sua atividade para essa tarefa, tanto mais correta será a tendência e necessariamente mais elevada a qualidade técnica do seu trabalho. E, por outro lado, quanto mais exatamente ele conhecer o seu lugar no processo de produção, menos pensará em se fazer passar por intelectual no sentido de "homem do espírito". O espírito que se faz ouvir em nome do fascismo *tem* de desaparecer. O espírito que, confiando na sua própria força milagrosa, vai ao seu encontro, há de desaparecer. Porque a luta revolucionária não se trava entre o capitalismo e o espírito, mas sim entre o capitalismo e o proletariado.

Fragmentos de estética

Pintura e gravura[1]

Um quadro pede para ser exposto na vertical diante de quem o vê. No chão, um mosaico está na horizontal a seus pés. No que se refere a essa diferença, e sem sequer pensar nela, é costume olhar para uma gravura como se olha para um quadro. No entanto, quando se trata da gravura, há de se fazer uma distinção muito importante e profunda: poderá contemplar-se o estudo para uma cabeça, uma paisagem de Rembrandt, como se se tratasse de um quadro, ou, quando muito, deixá-los numa posição neutra, na horizontal. Em contrapartida, vejamos o que se passa com os desenhos infantis. Se os colocarmos à nossa frente em posição vertical, iremos na maior parte dos casos contra o seu sentido mais íntimo, e o mesmo se passa com os desenhos de um Otto Groß,[2] que temos de colocar horizontalmente

---

[1] Sobre este fragmento e o texto seguinte ("Sobre a pintura, ou sinal e mancha"), ver o comentário pormenorizado de Maria Filomena Molder, "Notas de leitura sobre um texto de Walter Benjamin", em: *Matérias sensíveis*, Lisboa, Relógio d'Água, 1999, p. 18-33. (N.T.)

[2] *Otto Groß* (1877-1920): médico psicanalista, escritor anarquista da boêmia de Berlim, em cujas ruas acabaria por morrer em fevereiro de 1920. Figura hoje esquecida, mas muito presente nos debates e na cena artística do Expressionismo, referido com admiração por contemporâneos como Max Weber, Kafka e o próprio Freud, e transformado em personagem de romances por vários autores da época. O seu internamento, por intervenção do pai, influente psicólogo e criminologista de Graz, num manicômio austríaco em 1913, suscitou uma onda de reações que ficou conhecida como "o caso Groß". Caso visto como paradigmático dos conflitos de época entre artistas e burgueses, filhos e pais, psicanálise e psiquiatria. Para além disso, Otto Groß tem uma ligação estreita com Carl Gustav Jung, com quem faz análise, antecipa a orientação culturalista da psicanálise, que se dá tardiamente em Freud, e também, em muitas décadas, a orientação decididamente social e mesmo revolucionária da psicanálise com

sobre uma mesa. Estamos perante um problema muito profundo da arte e do seu enraizamento no mito. Poderíamos falar de dois cortes através da substância do mundo: o corte longitudinal da pintura e o corte transversal de certas gravuras. O longitudinal parece ter uma natureza expositiva, contém, de certo modo, as coisas; o transversal é simbólico, contém os sinais. Ou será apenas o *nosso* modo de leitura que nos leva a colocar a página na horizontal à nossa frente? E haverá, porventura, também uma posição vertical nos primórdios da escrita, por exemplo gravada na pedra?[3] O que importa aqui, naturalmente, não é apenas o simples resultado exterior, mas o espírito: a questão de saber se o problema deve ser desenvolvido a partir da proposição simples de que a posição do quadro é a vertical e a do desenho a horizontal, apesar de isso poder ser observado, através dos tempos, em relações metafísicas diversas.

Os quadros de Kandinsky: coincidência de evocação e manifestação.

Wilhelm Reich e Herbert Marcuse. Sobre Groß pode ler-se: Emanuel Hurwitz, *Otto Groß. Paradies-Sucher zwischen Freud und Jung* [O. Groß. Em busca do paraíso, entre Freud e Jung], Zurique/Frankfurt/M., 1979; Thomas Anz, *Phantasien über den Wahnsinn* [Fantasias sobre a loucura], Munique, Hanser, 1980, p. 160-168; e a antologia de textos de Groß reunidos por Kurt Kreiler (Ed.), *Otto Groß. Von der geschlechtlichen Not zur sozialen Katastrophe* [O. G. Da miséria sexual à catástrofe social], Frankfurt/M., 1980. (N.T.)

[3] A questão da horizontalidade ou verticalidade da escrita é colocada também por Benjamin num dos textos de *Rua de mão única*, "Revisor tipográfico ajuramentado", no qual opõe a leitura horizontal do livro à vertical do jornal ou do reclame no mundo moderno. (N.T.)

Sobre a pintura, ou sinal e mancha[4]

A. O sinal

A esfera do sinal abrange diversos domínios, que se caracterizam pelas diferentes significações que neles assume a linha. Essas significações são: a linha da geometria, a linha dos caracteres escritos, a linha do desenho ou da gravura, a linha do sinal absoluto (a linha mágica *enquanto tal,* independentemente daquilo que representa).

a), b) Não consideramos, no contexto que aqui nos ocupa, a linha da geometria e a dos caracteres escritos.

c) A linha do desenho/da gravura. Essa linha é determinada pelo contraste com a superfície; este contraste não se limita a ter nela apenas um significado visual, tem também um significado metafísico.

---

[4] Este pequeno texto coloca um problema de tradução que me parece insolúvel. De fato, a ligação etimológica entre os termos alemães para "pintura" (*Malerei*) e "mancha" (*Mal*), este último também traduzível por "estigma" ou "marca" – sem com isso resolver o problema –, não é reconstituível em português. Benjamin tem a vantagem de se poder servir, como lembra Maria Filomena Molder, dos "nós que a língua alemã consente e prodigaliza", sugerindo desde logo ao seu leitor "a transição sem sobressalto que vai de *Mal* a *Malerei*" (*op. cit.*, p. 22, 27). Semanticamente, o verbo "pintar" (*malen*) e o substantivo "pintura" (*Malerei*) integram, desde a sua raiz gótica, e mesmo indo-europeia, o sentido original de *Mal,* quer como "mancha, mácula, estigma, sinal, marca, pecado", quer como "marco" (antigo alto alemão *meil*, para ambos os sentidos). O sentido germânico original de "pintar" (antigo alto alemão *malon, malen*; gótico *meljan*) cobre todos os campos da representação visual, gráfica e escrita, a que o texto de Benjamin se refere: o verbo significava "prover de sinais, ornamentar, representar a cores", mas também "escrever". Maria Filomena Molder já usou, na tradução e no comentário desse texto, o termo "mancha" para o intraduzível *Mal*. Qualquer outra tradução portuguesa traria o estigma da insuficiência. Mantenho, por isso, a tradução já proposta no seu livro *Matérias sensíveis*, p. 14 e segs. (N.T.)

De fato, o fundo tem uma relação de subordinação face à linha. A linha do desenho/da gravura marca a superfície, determinando-a, na medida em que a subordina a si como seu fundo. Por sua vez, uma linha desenhada também só existe sobre esse fundo, de tal modo que, por exemplo, um desenho que cobrisse totalmente o seu fundo deixaria de o ser. Isso significa que ao fundo está destinado um lugar preciso, indispensável ao sentido do desenho, de tal modo que no seu interior duas linhas só podem determinar a sua relação recíproca por relação também com o fundo comum; trata-se, nesse caso, de um fenômeno no qual se torna particularmente clara a diferença entre a linha do desenho/da gravura e a linha geométrica. A linha desenhada confere identidade ao seu fundo. A identidade própria do fundo de um desenho é completamente diferente da da superfície branca do papel onde se encontra, à qual provavelmente essa noção de identidade devia ser recusada, se quiséssemos entendê-la como uma sucessão de ondas brancas (eventualmente não perceptíveis a olho nu). O desenho puro não alterará a função graficamente determinante do sentido do seu fundo pelo fato de deixá-lo em branco; daqui resulta que, em determinadas circunstâncias, a representação de nuvens e do céu em desenhos poderá ser arriscada, e mesmo pedra de toque da pureza do seu estilo.

d) O sinal absoluto. Para compreender o sinal absoluto, ou seja, a essência mitológica do sinal, teríamos de saber alguma coisa sobre a esfera do sinal a que nos referimos no início. De qualquer modo, essa esfera não é provavelmente nenhum *medium*, mas representa uma ordem que, atualmente, é quase certo que desconhecemos de todo. Uma coisa, porém, parece evidente: a oposição entre a natureza do sinal absoluto e a da mancha absoluta. Essa oposição, de uma importância metafísica *enorme,* está ainda por encontrar. O sinal parece ter uma relação mais acentuadamente espacial e uma ligação à pessoa, a marca (como veremos adiante) tem um significado mais temporal, excluindo mesmo tudo o que se refira à pessoa. São sinais absolutos: o sinal de Caim, o sinal com o qual foram assinaladas as casas dos israelitas por altura da décima praga do Egito, o sinal, provavelmente semelhante, na história de *Ali Babá e os quarenta ladrões;* com as necessárias reservas podemos, referindo-nos a esses casos, pressupor que o sinal absoluto tem um significado predominantemente espacial e pessoal.

B. A mancha

a) A mancha absoluta. Na medida em que é possível saber alguma coisa sobre a natureza da mancha absoluta, ou seja, sobre a essência mítica da mancha, isso será importante para toda a esfera da mancha, por oposição à do sinal. A primeira diferença fundamental reside no fato de o sinal ser uma marca que se imprime, enquanto a mancha, pelo contrário, é algo que se manifesta. Isso nos diz que a esfera da mancha é a de um *medium*. Enquanto o sinal não surge predominantemente no que é vivo, mas é também aposto a edifícios inertes ou árvores, a mancha manifesta-se sobretudo no vivo (as chagas de Cristo, o rubor, talvez a lepra, o sinal de nascença). Não existe oposição entre mancha e mancha absoluta, pois a mancha é sempre absoluta e, ao manifestar-se, não se assemelha a nenhuma outra coisa. Um traço muito particular da mancha, que lhe advém da sua radicação no vivo, é a sua ligação frequente à culpa (o rubor) ou à inocência (as chagas de Cristo); mesmo nos casos em que a mancha se manifesta nas coisas inanimadas (o halo de raios solares na peça de Strindberg *Advento),* ela é muitas vezes um sinal de advertência de culpa. Nesse sentido surge em simultâneo com o sinal (em Belsazar[5]), e a grandiosidade dessa aparição assenta, em grande parte, na união dessas duas configurações, só atribuível a Deus. Sendo a relação entre culpa e expiação mágica em termos de tempo, essa magia *temporal* manifesta-se de preferência na mancha, no sentido em que a resistência do presente, enquanto momento inserido entre passado e futuro, é neutralizada, e essas duas dimensões do tempo se abatem sobre o pecador, aliando-se de forma mágica. Mas a mancha enquanto *medium* não tem apenas essa significação temporal; assume também outra, que se manifesta de forma particularmente perturbante no afluir do rubor ao rosto e dissolve a personalidade em determinados elementos primitivos. E isso nos leva, de novo, à relação íntima entre mancha e culpa. O sinal, no entanto, manifesta-se, não raras vezes, como algo que distingue a pessoa; e também essa oposição entre sinal e mancha parece pertencer à

---

[5] *Belsazar:* o rei da Babilônia que blasfema contra Jeová e profana os vasos sagrados num banquete. O castigo divino vem com a inscrição de palavras de fogo na parede e com a morte violenta do rei nessa mesma noite. Heinrich Heine tratou o assunto na balada "Belsazar" na sua primeira coletânea de poemas, *Buch der Lieder* [Livro de canções], publicado em 1827. (N.T.)

ordem metafísica. No que se refere à esfera da mancha *em absoluto* (i.e., ao *medium* da mancha em absoluto), a única coisa que pode ser conhecida nesse contexto terá de ser dita depois de feitas as considerações sobre a pintura. Mas, como já se disse, tudo o que se refere à mancha absoluta é de grande importância para o *medium* da mancha em geral.

b) A pintura. O quadro não tem fundo. E uma cor também nunca se sobrepõe à outra, revela-se, quando muito, no *medium* dessa outra cor. E também isso não é muitas vezes perceptível, de onde se poderia concluir que, em princípio, não é possível distinguir, em certos quadros, qual é a cor de fundo e qual a de superfície. Essa questão, porém, não tem sentido. Na pintura não há fundo, na pintura não há linha desenhada. A delimitação recíproca das zonas de cor (composição) num quadro de Rafael não assenta na linha desenhada. Esse erro deve-se, em parte, à interpretação estética do fato, puramente técnico, de os pintores comporem os seus quadros pelo desenho antes de os pintarem. Mas a essência dessa composição nada tem a ver com o desenho. O único caso em que a linha e a cor se encontram é o da aquarela, em que os contornos do lápis são visíveis e a cor é aplicada em transparência. Nesse caso, o fundo conserva-se, apesar de colorido.

O *medium* da pintura é designado como a mancha em sentido estrito, pois a pintura é um *medium,* uma mancha desse tipo, uma vez que não conhece, nem fundo, nem linha desenhada. O problema da obra pictórica só se coloca àquele que tem consciência da natureza da mancha em sentido estrito, mas que, por isso mesmo, se surpreenderá por encontrar no quadro uma composição que não pode explicar com referência ao desenho. Acontece, porém, que a existência de uma tal composição não é uma aparência, não é por acaso nem por engano que o observador de um quadro de Rafael, por exemplo, depara na mancha com configurações de pessoas, árvores, animais. E isso se explica pelo seguinte: se o quadro fosse apenas mancha, seria, por isso mesmo, completamente impossível nomeá-lo. Mas, na verdade, o verdadeiro problema da pintura encontra-se na premissa de que o quadro é realmente mancha e, vice-versa, de que a mancha em sentido estrito só se encontra no quadro, e ainda de que o quadro, na medida em que é mancha, só é mancha no próprio quadro, mas que, por outro lado, o quadro, precisamente na medida em que é nomeado, se relaciona *com qualquer coisa que ele próprio não é,* ou seja, com qualquer coisa que não é mancha. É a composição que torna possível essa relação com aquilo que dá nome ao quadro, com o que é transcendente à mancha. Ela representa a entrada de um poder superior no *medium* da mancha, poder esse que, mantendo por essa via a sua neutralidade, ou seja, não desfazendo de modo nenhum a mancha por meio do desenho, encontra nela o seu lugar sem a desfazer – isso porque tal poder, sendo incomensuravelmente superior à mancha, não lhe é hostil, mas aparentado com ela. Esse poder é a palavra-de-linguagem, que se estabelece no *medium* da linguagem pictórica, que como tal é invisível e se manifesta apenas na composição. É a composição que dá nome ao quadro. De acordo com o que se disse, torna-se evidente que a mancha e a composição são elementos de todo o quadro que reivindique o seu direito a ser nomeado. Mas um quadro que não fizesse isso deixaria de o ser, entrando assim no *medium* da mancha em absoluto, coisa que nós, no entanto, não temos capacidade de representar.

As grandes épocas da pintura distinguem-se, segundo a composição e o *medium,* pela palavra e pela mancha em que essa palavra entra. É evidente que, quando falamos de mancha e palavra, não se trata da possibilidade de quaisquer combinações arbitrárias. Seria perfeitamente imaginável, por exemplo, que nos quadros de Rafael tenha entrado na mancha predominantemente o nome, e nos dos pintores de hoje a palavra judicativa. A composição, ou seja, a nomeação, é determinante para o reconhecimento da conexão entre o quadro e a palavra; mas em geral o lugar metafísico de uma escola de pintura ou de um quadro deve ser determinado a partir do tipo de mancha e de palavra, pressupondo, por isso, uma diferenciação elaborada dos tipos de mancha e de palavra, de que mal ainda se descortinam as primícias.

c) A mancha no espaço. A esfera da mancha manifesta-se também em configurações espaciais, do mesmo modo que o sinal, numa determinada função da linha, tem indubitavelmente um significado arquitetônico (portanto, também espacial). Tais manchas no espaço estão já visivelmente articuladas, através da significação, com a esfera da mancha; mas só uma investigação mais rigorosa poderá determinar de que modo isso acontece. Essas manchas surgem sobretudo em forma de monumentos funerários ou pedras tumulares, dos quais, naturalmente, e num sentido mais exato, apenas as criações arquitetônica e plasticamente informes serão manchas.

Carta de Paris (2)

Pintura e fotografia

Quando, aos domingos e dias feriados, com tempo razoável, se dá um passeio pelos bairros parisienses de Montparnasse e Montmartre, deparamos, em ruas mais amplas, aqui e ali com biombos que, alinhados ou combinados em pequenos labirintos, têm penduradas pinturas destinadas à venda. Encontram-se aí os temas do salão burguês: naturezas-mortas e paisagens marítimas, nus, pintura de gênero e interiores. O pintor, que não raras vezes se apresenta em estilo romântico, com chapéu de aba larga e casaco de veludo, está sentado ao lado dos quadros numa cadeira articulada. A sua arte dirige-se à família burguesa em passeio, que provavelmente se deixa impressionar mais pela sua presença e pela sua indumentária exuberante do que pelos quadros expostos. Apesar disso, estaríamos talvez superestimando o engenho especulativo desses pintores se pensássemos que colocam a sua pessoa ao serviço da angariação de fregueses.

Não é certamente nesses pintores que pensamos a propósito dos grandes debates que, nos últimos tempos, têm surgido sobre a situação da pintura,[1] porque o que eles fazem só tem a ver com a pintura enquanto arte na medida em que também a sua produção é cada vez mais destinada ao mercado em sentido lato. Mas os pintores de mais renome não precisam se expor eles próprios no mercado. Têm à sua disposição *marchands* e salões de arte. Ainda assim, os seus colegas ambulantes dão a ver alguma coisa mais do que a pintura no seu estado

---

[1] *Entretiens. L'art et la réalité. L'art et l'état.* [Com contribuições de Mario Alvera, Daniel Baud-Bovy, Emilio Bodrero et al.], Paris, Institut Internationale de Coopération Intellectuelle, 1935; *La querelle du réalisme.* Deux débats par l'Association des peintures et sculptures de la maison de la culture [Com contribuições de Lurçat, Granaire, et al.], Paris, Éditions Socialistes Internationales, 1936.

de máxima humilhação. Mostram como se generalizou a mediocridade no uso da paleta e do pincel, e, nessa medida, acabaram por ter o seu lugar nos referidos debates. Esse lugar foi-lhes concedido por André Lhote, que escreveu: "Quem se interesse por pintura hoje em dia, mais tarde ou mais cedo começa a pintar... Mas, a partir do dia em que um amador começa a pintar, a pintura deixa de exercer sobre ele aquela espécie de fascínio religioso que ela própria tem face à esfera profana" (*Entretiens*, p. 39). Se nos orientarmos pela ideia de uma época em que alguém se pudesse interessar pela pintura sem que lhe passasse pela cabeça pôr-se também a pintar, caímos no âmbito corporativo. E, como muitas vezes acontece aos liberais – e Lhote é um espírito liberal no melhor sentido da palavra –, é o fascista que leva o seu pensamento até ao fim. Assim, ouvimos Alexandre Cingria dizer que a desgraça começou com a extinção das corporações, ou seja, com a Revolução Francesa. Segundo ele, depois dessa extinção, os artistas, desprezando toda e qualquer disciplina, comportaram-se "como animais selvagens" (*Entretiens*, p. 96). E quanto ao público, os burgueses, "depois de 1789 os ter posto fora de uma ordem construída politicamente sobre a hierarquia e espiritualmente sobre a ordem intelectual universal", perderam "cada vez mais a capacidade de compreender aquela forma de produção desinteressada, falsa, amoral e inútil que determina as leis artísticas" (*Entretiens,* p. 97).

Como se vê, o fascismo falou abertamente no congresso de Veneza. Era óbvio que esse congresso se passava na Itália, tal como não deixou margem a dúvidas o fato de o de Paris ter sido convocado pela Maison de la Culture. Isso quanto à rotina oficial desses eventos. Mas quem se der ao trabalho de ler atentamente os discursos encontrará no de Veneza (que foi um congresso internacional) reflexões pesadas e pensadas sobre a situação da arte, ao passo que no de Paris nem todos os participantes conseguiram libertar os debates de lugares-comuns. Significativo é o fato de dois dos mais importantes oradores de Veneza terem participado também do congresso de Paris e se sentirem em casa na sua atmosfera, a saber Lhote e Le Corbusier. O primeiro aproveitou a ocasião para fazer uma retrospectiva do encontro de Veneza. "Nessa altura", disse, "éramos uns sessenta, que se reuniram para esclarecer algumas dessas questões. Não ousaria afirmar que um único entre nós o tenha conseguido realmente" (*La querelle,* p. 93).

É lamentável que a União Soviética não tenha estado representada em Veneza e que a Alemanha apenas tenha enviado uma pessoa, muito embora ela fosse a de Thomas Mann. Mas seria errado pensar que as posições mais progressistas ficaram por isso por preencher. Escandinavos como Johnny Roosval, austríacos como Hans Tietze, para não falar dos dois franceses referidos, ocuparam, pelo menos em parte, tais posições.[2] Em Paris, a vanguarda foi, de qualquer modo, dominante, sendo representada por pintores e escritores em partes iguais. Deste modo foi possível acentuar a necessidade de a pintura recuperar uma comunicação sensata com a palavra falada e escrita.

A pintura separou-se desta, sendo vista como uma especialidade, e caiu nas mãos dos críticos de arte. O que está na base desta divisão do trabalho é o desaparecimento da solidariedade que em tempos ligou a pintura com os interesses públicos. Courbet foi talvez o último pintor em quem transparece ainda essa solidariedade. A teoria da sua pintura não se limitou a dar resposta a problemas pictóricos. Nos impressionistas, o jargão dos *ateliers* já abafou a autêntica teoria, e a partir daí há uma evolução permanente até uma fase em que um observador inteligente e informado poderá ser levado a formular a tese de que a pintura "se tornou uma questão esotérica e museológica, e que deixou de existir interesse por ela e pelos seus problemas". Ela seria "quase só um resquício de tempos passados, e deixar-se prender por ela um infortúnio pessoal".[3] A culpa de tais ideias é menos atribuível à pintura do que à crítica de arte, que só aparentemente serve ao público: na verdade, serve ao comércio da arte. Não conhece conceitos, mas tão somente um jargão que vai mudando de estação para estação. Não é por acaso que Waldemar George, durante anos considerado o crítico parisiense de referência, se tenha apresentado em Veneza como fascista. O seu palavreado esnobe só poderá impor-se

---

[2] Por outro lado, foi possível encontrar em Veneza posições obsoletas, de caráter literalmente museológico, vindas de épocas enterradas. Assim, por exemplo, Salvador de Madariaga: "A verdadeira arte é o produto de uma combinação, possível em diversas relações, do pensamento com o espaço; e a falsa arte é o resultado de uma tal combinação, mas em que o pensamento prejudica a obra" (*Entretiens*, p. 160).

[3] Hermann Broch, *James Joyce und die Gegenwart* [James Joyce e o presente]. Discurso nos 50 anos de Joyce, Viena/Leipzig/Zurique, 1936, p. 24.

enquanto durarem as formas atuais do comércio da arte. Percebe-se assim que ele tenha chegado a esperar a salvação da pintura francesa por ação de um *Führer* que terá de vir (cf. *Entretiens,* p. 71).

O interesse do debate veneziano reside naqueles que se esforçaram por expor, sem compromissos, a crise da pintura, e isso se aplica especialmente a Lhote. A sua constatação de que "estamos perante a questão de saber o que é um quadro *útil*" (*Entretiens*, p. 47) mostranos onde temos de procurar o ponto nevrálgico do debate. Lhote é pintor e teórico da pintura. Enquanto pintor, é discípulo de Cézanne; como teórico, situa-se no círculo da *Nouvelle Revue Française*. De modo nenhum se situa na ala mais à esquerda, o que mostra que não é só aí que se sente a necessidade de refletir sobre a "utilidade" de um quadro. Honestamente, esse conceito não pode se referir à utilidade que o quadro possa ter para a pintura ou para a fruição artística. (Pelo contrário, é ele que ajudará a decidir da natureza dessa utilidade.) De resto, o conceito de utilidade deve ser definido no sentido mais amplo possível. Colocaríamos obstáculos a nós mesmos se quiséssemos apenas levar em conta a utilidade mais imediata que uma obra e o seu tema podem ter. A história mostra que a pintura muitas vezes levou a cabo determinadas tarefas sociais por meio de efeitos de natureza mediata. O teórico da arte Tietze, de Viena, chamou a atenção para isso, ao definir do seguinte modo a utilidade de um quadro: "A arte ajuda a entender a realidade... Os primeiros artistas, que impuseram à humanidade as primeiras convenções da percepção do rosto, prestaram-lhe um serviço semelhante ao dos gênios da pré-história que formaram as primeiras palavras" (*Entretiens*, p. 34). Lhote segue a mesma linha, nos tempos históricos, e afirma que a cada nova técnica corresponde uma nova óptica. "Sabemos dos delírios que acompanharam o nascimento da perspectiva, a descoberta decisiva do Renascimento. O primeiro a encontrar as suas leis foi Paolo Uccello, que se sentiu tão incapaz de controlar os seus sentimentos que acordou a mulher a meio da noite para lhe comunicar a grande boa nova." E prossegue: "Poderia comentar as várias etapas da evolução da percepção do rosto, dos primitivos até hoje, servindo-me do simples exemplo do prato. O primitivo o desenharia, como a criança, em forma de círculo, o homem do Renascimento em forma oval e o moderno, que poderia ser representado por Cézanne..., como figura extraordinariamente complexa, de que podemos ter uma ideia imaginando a parte inferior da oval rasa e um dos seus lados inchado" (*Entretiens*, p. 38). Se a utilidade de tais conquistas da pintura – talvez se pudesse objetar isso – servisse não à percepção, mas apenas à sua reprodução mais ou menos sugestiva, essa utilidade seria legitimada então num domínio exterior ao da arte. De fato, uma tal reprodução atua através de vários canais – o do desenho industrial e o da imagem publicitária, o da ilustração para fins de divulgação ou científicos – sobre o nível de produção e o nível cultural da sociedade.

O conceito elementar que assim podemos formar da utilidade de um quadro foi significativamente ampliado pela fotografia. Essa forma mais ampla é a sua forma atual. O debate contemporâneo atingiu o seu clímax nos momentos em que, integrando a fotografia na análise, esclarece a sua relação com a pintura. Se é certo que isso não aconteceu em Veneza, já em Paris Aragon fechou essa lacuna. E, como mais tarde referiu, foi precisa alguma coragem para fazê-lo. Uma parte dos pintores presentes recebeu como uma ofensa a proposta de basear uma reflexão sobre a história da pintura na história da fotografia. "Imagine-se um físico", conclui Aragon, "que se sente ofendido porque lhe falam de química".[4]

Há oito ou dez anos começou a investigar-se a história da fotografia. Dispomos de uma série de trabalhos, quase todos ilustrados, sobre os seus começos e os seus mestres.[5] Mas estaria destinada a uma publicação recente a tarefa de tratar o assunto em relação com a história da pintura. O fato de essa tentativa ter sido feita no espírito do materialismo dialético permite-nos confirmar de novo os aspectos altamente originais que esse método é capaz de revelar. O estudo de Gisèle Freund *La photographie en France au dix-neuvième*

---

[4] Louis Aragon, "Le réalisme à l'ordre du jour", *in: Commune*, Set. 1936, 4ª série, n. 37, p. 23.

[5] Cf., entre outros: Helmuth Theodor Bossert e Heinrich Guttmann, *Aus der Frühzeit der Photographie – 1840-1870* [Dos primórdios da fotografia – 1840-70], Frankfurt/M., 1930; Camille Recht, *Die alte Photographie* [A fotografia antiga], Paris, 1931; Heinrich Schwarz, *David Octavius Hill. Der Meister der Photographie* [David Octavius Hill. O Mestre da Fotografia], Leipzig, 1931; e ainda duas fontes importantes: Disdéri, *Manuel opératoire de photographie*, Paris, 1853, e Nadar, *Quand j'étais photographe*, Paris, 1900.

siècle[6] coloca a ascensão da fotografia em relação com a ascensão da burguesia, e exemplifica essa relação, de forma particularmente feliz, com a história do retrato. Partindo da técnica do retrato mais comum no antigo regime, a preciosa miniatura de marfim, a autora mostra os diversos processos que, por volta de 1780, ou seja, sessenta anos antes da invenção da fotografia, apontavam para a aceleração e o barateamento e, assim, para uma massificação da produção de retratos. A sua descrição do *physiognotrace* como processo intermédio entre a miniatura e a fotografia é uma verdadeira descoberta. Mostra-se, em seguida, como a evolução técnica alcança com a fotografia um nível adequado ao da evolução social, e assim o retrato se torna acessível a largas camadas da população burguesa. Evidencia-se ainda o modo como os miniaturistas foram as primeiras vítimas da fotografia entre os pintores. E por fim expõe a controvérsia que opõe a pintura à fotografia em meados do século.

---

[6] Gisèle Freund, *La photographie en France au dix-neuvième siècle*, Paris, 1936. A autora, uma emigrante alemã, doutorou-se na Sorbonne com esse trabalho. Quem assistiu às provas públicas, que constituem a parte final do exame, ficou com uma forte impressão de abertura e liberalidade por parte dos examinadores. Apontemos apenas uma reserva metodológica a esse livro de grande mérito. A autora escreve: "Quanto maior o gênio do artista, tanto melhor a sua obra reflete, precisamente devido à originalidade da sua concepção, as tendências da sociedade sua contemporânea" (FREUND, p. 4). O que nessa frase dá o que pensar não é a tentativa de descrever o alcance artístico de uma obra relacionando-a com a estrutura social do tempo que a viu nascer; problemático é apenas o pressuposto de que essa estrutura se manifesta sempre sob o mesmo aspecto. Na verdade, o seu aspecto mudará com as várias épocas que sobre ela pousam o olhar. Definir a importância de uma obra de arte com referência à estrutura social da sua época tem muito mais a ver com a capacidade da obra para abrir as portas da época do seu nascimento a outras, mais afastadas e estranhas, para determinar a sua repercussão a partir da história. Essa capacidade foi demonstrada, por exemplo, pelo poema de Dante para o século XII, pela obra de Shakespeare para o período elisabetano. O esclarecimento dessa questão metodológica é tanto mais importante quanto a fórmula de G. Freund conduz diretamente a uma posição que encontrou a sua mais drástica e ao mesmo tempo mais problemática expressão em Plekhanov, que afirma: "Quanto maior é um escritor, tanto mais forte e claramente o caráter da sua obra depende do da sua época, ou, *em outras palavras* (grifo meu), tanto menos é possível encontrar na sua obra aquele elemento que se poderia designar de 'pessoal'" (G. Plekhanov, "Les jugements de Lanson sur Balzac et Corneille", in *Commune*, dez. 1934, série 16, n. 2, p. 306).

No domínio da teoria, essa controvérsia concentrou-se na questão de saber se a fotografia era uma arte. A autora chama a atenção para a estranha constelação que surge a quem procure responder a essa questão. Constata como era elevado o nível artístico de uma série de fotógrafos dos primeiros tempos, que trabalharam sem quaisquer pretensões artísticas e cujos trabalhos visavam apenas a um limitado círculo de amigos. "A pretensão de fazer da fotografia uma arte foi colocada precisamente por aqueles que fizeram da fotografia um negócio" (FREUND, p. 49). Por outras palavras: a pretensão da fotografia a ser uma arte é contemporânea da sua aparição como mercadoria.

A situação tem a sua ironia dialética: o processo que, mais tarde, estava destinado a pôr em causa o próprio conceito de obra de arte, forçando o seu caráter de mercadoria por meio da reprodução, define-se como um processo artístico.[7] Essa evolução mais tardia começa com Disdéri, que sabia que a fotografia é uma mercadoria. Mas ela partilha essa qualidade com todos os produtos da nossa sociedade (também o quadro é uma mercadoria). Além disso, Disdéri reconheceu os serviços que a fotografia é capaz de prestar à economia de mercado. Foi o primeiro a utilizar o processo fotográfico para lançar no mercado bens que tinham mais ou menos sido retirados de circulação, a começar pelas obras de arte. Disdéri teve a inteligente ideia de solicitar o impressionante monopólio que lhe permitiu ser ele a reproduzir fotograficamente as obras de arte reunidas no Louvre. Desde então, a fotografia não cessou de tornar vendáveis inúmeras

---

[7] Outra constelação irônica no mesmo domínio é a seguinte. A câmera fotográfica, enquanto ferramenta altamente padronizada, não é muito mais favorável à expressão de particularidades nacionais, sob a forma dos seus produtos, do que uma máquina de laminação. Torna a produção de imagens, a uma escala nunca antes conhecida, independente de convenções e estilos nacionais. Com isso, inquietava os teóricos, presos a convenções e estilos. A reação não se fez esperar. Já em 1859 lemos, na crítica a uma exposição de fotografia: "O caráter nacional específico de cada país evidencia-se claramente nas suas obras... Nunca um fotógrafo francês se poderá confundir com um seu colega inglês" (Louis Figuier, *La photographie au salon de 1859*, Paris, 1860, p. 5). É a mesma a posição de Margherita Sarfatti, mais de sessenta anos depois, no congresso de Veneza: "Um bom retrato fotográfico evidenciará à primeira vista não a nacionalidade do fotografado, mas do fotógrafo" (*Entretiens*, p. 87).

parcelas do campo da percepção óptica. Conquistou para a circulação das mercadorias objetos que antes praticamente não existiam nela.

Essa fase da evolução está já fora dos limites que Gisèle Freund traçou para a sua investigação, que trata sobretudo da época em que a fotografia inicia o seu cortejo triunfal. É a época do *juste milieu*. A autora caracteriza o seu ponto de vista estético, e na sua exposição surge um pormenor com valor quase anedótico: para um dos mestres mais festejados de então, o objetivo supremo da pintura era a representação exata das escamas de peixe. Essa escola viu os seus ideais serem realizados pela fotografia de um dia para o outro. Um pintor coevo, Galimard, dá conta disso de forma ingênua ao escrever, num artigo sobre os quadros de Meissonier: "O público não irá nos contradizer se expressarmos a nossa admiração pelo artista de fina sensibilidade que este ano nos ofereceu um quadro que, no que se refere à fidelidade ao real, é capaz de competir com as daguerreotipias".[8] A pintura do *juste milieu* só estava à espera de ir a reboque da fotografia. Por isso, não espanta que ela não tenha tido qualquer significado, pelo menos no bom sentido, para o desenvolvimento da técnica fotográfica. Quando encontramos algum sinal da sua influência, deparamos com as tentativas de certos fotógrafos para, recorrendo a adereços e cenários que acumulavam nos *ateliers,* imitar os pintores de temas históricos que na altura, por ordem de Louis-Philippe, enchiam de frescos as paredes de Versailles. Não havia sequer pudor em fotografar o escultor Calímaco olhando para uma folha de acanto e inventando o capitel coríntio; armava-se a cena em que "Leonardo" pinta a *Mona Lisa,* que depois era fotografada. A pintura do *juste milieu* encontrou em Courbet o seu contraponto; com ele, inverteu-se por algum tempo a relação entre o pintor e o fotógrafo. O seu célebre quadro *A vaga* corresponde à descoberta de um tema fotográfico pela pintura. A época de Courbet não conheceu nem a fotografia de grande formato nem o instantâneo. A sua pintura mostra-lhe o caminho, fornece o equipamento para uma viagem de descoberta por um mundo de formas e estruturas que só alguns lustros mais tarde foi possível passar para a chapa.

O lugar especial de Courbet explica-se pelo fato de ter sido o último a tentar superar a fotografia. Os que vieram depois procuraram

---

[8] Auguste Galimard, *Examen du Salon de 1849*, Paris, s.d., p. 95.

fugir do seu caminho, com os impressionistas à cabeça. O quadro pintado foge à fundamentação no desenho, e com isso escapa de certo modo à concorrência da câmera. A prova é dada pelas experimentações com que a fotografia do Fim-de-Século tenta, por sua vez, imitar os impressionistas. Recorre à goma bicromatada, e sabe-se a que ponto ela desceu com esse processo. Aragon captou de forma muito crítica a situação: "Os pintores... viram na máquina fotográfica um concorrente... Tentaram fazer as coisas de modo diferente, e essa foi a sua grande ideia. Ignorar assim uma importante conquista da humanidade tinha de ter como consequência um comportamento reacionário. Com o correr do tempo, os pintores – e isso se aplica sobretudo aos mais dotados – tornaram-se uns autênticos ignorantes".[9]

Aragon continuou a questionar-se sobre a história recente da pintura num escrito de 1930 que intitulou "O desafio da pintura".[10] Quem desafia é a fotografia. O texto ocupa-se da mudança que levou a pintura, que antes evitava o confronto com a fotografia, a enfrentá-la. O modo como o fez é exemplificado por Aragon com recurso às obras dos seus amigos surrealistas de então. Recorria-se a diversos procedimentos. "Colava-se um fragmento de fotografia num quadro ou num desenho; ou então se desenhava ou pintava-se qualquer coisa sobre uma fotografia" (ARAGON, p. 22). São também referidos outros processos, como o tratamento de reproduções às quais, por meio de recortes, se dá a forma de coisas que não são as representadas (pode recortar-se uma locomotiva de uma folha sobre a qual foi representada uma rosa). Nesse processo, cuja ligação ao Dadaísmo é evidente, Aragon julgou encontrar a garantia da energia revolucionária da nova arte, que confrontava com a tradicional: "Na pintura há muito tempo que os artistas se acomodaram; lisonjeiam o conhecedor culto que paga as obras. A pintura é um artigo de luxo... Nas novas experiências vemos como os artistas podem se libertar da sua domesticação pelo dinheiro. Essa técnica da colagem é pobre de meios, e o seu valor será ainda desconhecido por muito tempo" (ARAGON, p. 19).

---

[9] *La querelle*, p. 64. Cf. a tese maldosa de Derain: "O grande perigo para a arte é o excesso de cultura. O verdadeiro artista é um homem não culto" (*La querelle*, p. 163).

[10] Louis Aragon, *La peinture au défi*, Paris, 1930.

Isso se passava em 1930. Hoje, Aragon já não escreveria essas linhas. A tentativa dos surrealistas de dominar "artisticamente" a fotografia falhou. O erro dos fotógrafos comerciais, com o seu credo pequeno-burguês que deu o título à conhecida coletânea de fotografias de Renger-Patzsch "O mundo é belo", foi também o deles. Ignoraram a força de impacto social da fotografia, e com isso a importância da inscrição, que, como um rastilho, leva a centelha crítica até ao aglomerado de imagens (como podemos ver, de forma exemplar, em Heartfield). Aragon ocupou-se recentemente de Heartfield[11] e também não deixou de aproveitar a oportunidade para apontar o elemento crítico da fotografia. E hoje descobre esse elemento até na obra, aparentemente formalista, de um virtuoso da câmara como Man Ray. Com Man Ray, avançou Aragon no debate de Paris, a fotografia consegue reproduzir os processos da pintura mais moderna. "Quem não conheça os pintores a que Man Ray alude não estará em condições de valorizar condignamente o seu trabalho" (*La querelle,* p. 60).

Poderemos nos despedir dessa vibrante história do encontro da pintura com a fotografia com a simpática fórmula proposta por Lhote? Para ele é indiscutível "que a tão falada substituição da pintura pela fotografia pode ocupar o lugar destinado a executar aquilo a que se podia chamar "os assuntos correntes". E então a pintura ficaria com o domínio do puramente humano, eternamente intocável" (*La querelle,* p. 102). Infelizmente, essa construção não é mais do que uma armadilha que se fecha atrás do pensador liberal e o entrega sem resistência ao fascismo. Muito mais longe alcançava o olhar de um pintor de ideias tão desajeitado como Antoine Wiertz, que, há quase cem anos, a propósito da primeira exposição fotográfica universal, escrevia: "Há alguns anos, para glória da nossa época, nasceu uma máquina que diariamente é o assombro dos nossos pensamentos e o terror dos nossos olhos. Antes ainda de ter passado um século, essa máquina será, para a pintura, o pincel, a paleta, as tintas, o talento, a experiência, a paciência, a destreza, a segurança, o colorido, o verniz, o modelo, a perfeição, a quinta-essência... Não se acredite que a daguerreotipia veio para matar a arte... Quando a daguerreotipia,

---

[11] Louis Aragon, "John Heartfield et la beauté révolutionnaire", *in: Commune,* Maio de 1935, n. 2, p. 21.

essa criança gigante, crescer, quando se desenvolver toda a sua arte e a sua força, então o gênio irá agarrá-la pelo pescoço e exclamará: 'Vem cá! Agora és minha! Vamos trabalhar juntas'".[12] Quem tiver diante dos olhos essas grandes telas de Wiertz sabe que o gênio de que ele fala é um gênio político. A pintura e a fotografia, é o que ele pensa, serão fundidas um dia no lampejo de uma grande inspiração social. Essa profecia continha uma verdade; mas uma tal fusão não se deu em obras, e sim em mestres que pertencem à geração de Heartfield e passaram de pintores a fotógrafos pelo caminho da política.

Essa mesma geração deu-nos pintores como Georges Grosz ou Otto Dix, que trabalharam com o mesmo objetivo. A pintura não perdeu a sua função. O que não podemos é barrar a perspectiva que nos dá a ver essa pintura, como faz, por exemplo, Christian Gaillard: "Se os temas das minhas obras fossem de natureza social", escreve ele, "eu teria de ser visualmente tocado por eles" (*La querelle,* p. 190). Trata-se de uma formulação muito problemática para os contemporâneos de Estados fascistas em cujas cidades e aldeias dominam "a paz e a ordem". Não será que ele devia experimentar em si o processo inverso? Não deveria a sua receptividade à temática social transformar-se em inspiração visual? Foi assim com os grandes caricaturistas, cujo saber político passou para a sua percepção fisionômica de forma não menos profunda que a experiência tátil para a percepção do espaço. Esse caminho foi apontado por mestres como Bosch, Hogarth, Goya, Daumier. "Entre as mais significativas obras da pintura", escreve René Crevel, recentemente falecido, "contaram-se sempre aquelas que, precisamente por mostrarem um mundo em decomposição, acusavam aqueles que eram responsáveis por isso. De Grünewald a Dalí, do Cristo apodrecido ao burro apodrecido,[13] sempre a pintura soube encontrar novas verdades que não eram apenas verdades da pintura" (*La querelle,* p. 154).

É natural, na situação da Europa ocidental, que a pintura tenha um efeito destruidor e purificador, precisamente quando se entrega de forma autêntica à sua causa. Talvez num país que ainda[14] tem liberdades

---

[12] A.I. Wiertz, *Œuvres littéraires*, Paris, 1870, p. 309.

[13] Um quadro de Dalí.

[14] "Ainda": por ocasião da grande exposição de Cézanne, o jornal parisiense *Choc* resolveu acabar com o que chamou o *bluff* Cézanne. Dizia que a exposição tinha

democráticas isso não seja tão evidente como naqueles em que o fascismo domina. Nestes há pintores proibidos de pintar (e raramente foram os temas, quase sempre o modo de pintar, que provocaram essa proibição – de tal modo o fascismo é afetado pelo seu modo de ver a realidade). Esses pintores são visitados pela polícia, que quer verificar se eles não pintaram mais nada desde a última rusga. E eles trabalham de noite, de janelas fechadas. Para eles, a tentação de pintar "segundo a natureza" é mínima. E as pálidas faixas de terra dos seus quadros, povoadas de espectros ou de monstros, não são imitações da natureza, mas espelhos do Estado de classes. Desses pintores não se falou em Veneza, e infelizmente também em Paris não se falou deles. Eles sabem o que é hoje útil num quadro: todo e qualquer sinal, público ou secreto, que mostre que o fascismo encontra no homem barreiras tão inultrapassáveis como as que encontrou em todo o globo terrestre.

---

sido organizada pelo governo francês de esquerda "para arrastar para a lama o pensamento artístico do seu povo e de muitos outros". Isso é a crítica. Mas há também pintores preparados para tudo. Alinham com Raoul Dufy, que escreve que, se fosse alemão e tivesse de celebrar o triunfo de Hitler, o faria como certos pintores da Idade Média, que pintaram grandes quadros religiosos sem serem necessariamente crentes (cf. *La querelle*, p. 187).

Sobre a situação da arte cinematográfica russa[1]

---

[1] Para se ter uma visão de conjunto dos pontos de vista de Benjamin sobre a nova Rússia soviética, depois da sua visita a Moscou em 1927, é recomendável ler este texto sobre o cinema pós-revolucionário em articulação com o longo capítulo "Moscou" das *Imagens de pensamento* (Autêntica, 2013, p. 19-50) e com o *Diário de Moscou* (no original em: *Gesammelte Werke* VI, p. 292-409). (N.T.)

É mais cômodo ver as melhores obras da indústria cinematográfica russa em Berlim do que em Moscou. O que chega a Berlim já é uma seleção que em Moscou nós próprios teremos de fazer. E não é fácil pedir conselho a alguém, porque a relação dos russos com o seu próprio cinema é muito pouco crítica (sabe-se que o grande êxito de *O Encouraçado Potemkin*[2] se decidiu na Alemanha). A razão dessa falta de segurança no juízo crítico está na falta de termos de comparação com o que acontece no resto da Europa. Raramente se veem na Rússia bons filmes estrangeiros. A política de aquisições do governo parte do princípio de que o mercado russo é tão importante para as firmas internacionais concorrentes que elas têm de fornecê-lo com amostras propagandísticas a preços reduzidos. Deste modo ficam, naturalmente, de fora os bons filmes, que custam caro. Para os artistas russos a desinformação que daqui resulta tem as suas vantagens junto ao público. Iljinski trabalha com uma cópia muito pouco rigorosa de Chaplin e é visto como cômico, mas só porque Chaplin é um desconhecido aqui.

A situação interna russa esmaga o filme médio de forma mais séria e generalizada. Não é fácil conseguir cenários adequados, porque a escolha dos assuntos está sujeita a um controle apertado. A literatura desfruta na Rússia de maior liberdade em relação à censura. Já o teatro é observado com muito mais atenção, e o cinema ainda com maior rigor. Essa escala é proporcional à escala das respectivas massas de espectadores. Com o regime atual, as melhores produções são as que tratam episódios da Revolução Russa; os filmes que remetem para épocas mais recuadas constituem a mediania sem interesse; e as comédias não têm qualquer significado, à luz de padrões europeus. O cerne de todas

---

[2] Filme de Sergei Eisenstein, de 1925. (N.T.)

as dificuldades atuais dos produtores de cinema russo está no fato de o espaço público os acompanhar cada vez menos naquela que é a sua área por excelência, o filme político sobre o período da guerra civil. O período político-naturalista do cinema russo alcançou o seu apogeu há cerca de ano e meio com uma avalanche de dramas de morte e terror. Tais temas perderam, entretanto, a sua força de atração. Por toda a parte só se ouve falar da necessidade de apaziguamento interno. O cinema, o rádio, o teatro, abandonam toda a espécie de propaganda.

A tentativa de abordar assuntos mais pacíficos levou a que se lançasse mão de um processo tecnicamente curioso. Como raramente é permitida, por razões políticas e artísticas, a filmagem dos grandes romances russos, retiraram-se deles determinadas figuras conhecidas, "montando-as" numa ação atual e livremente concebida. Vão-se buscar personagens de Puschkin, Gogol, Gontcharov, Tolstói, muitas vezes mantendo-lhes os nomes. Esse novo cinema russo busca de preferência a Rússia oriental, distante. "Para nós" – é o que se quer dizer com isso – "não há aí nenhum 'exotismo'". Esse conceito é, na verdade visto como ingrediente da ideologia contrarrevolucionária de um povo colonizador. À Rússia não interessa o conceito romântico de um "Oriente distante". Está ligada a ele pela proximidade e pela economia. Ao mesmo tempo, essa atitude quer dizer: nós não estamos dependentes de países e paisagens estrangeiras, sendo a Rússia, como é, o sexto continente! Temos na nossa própria terra tudo o que existe na Terra.

Acaba, assim, de sair mais uma epopeia cinematográfica da nova Rússia, com o título *O sexto continente*. Mas o diretor Vertov[3] não conseguiu executar a tarefa principal de mostrar, em imagens representativas, toda a gigantesca transformação operada na Rússia. A colonização cinematográfica da Rússia falhou, mas resultou brilhantemente a sua demarcação em relação à Europa. É com ela que se inicia esse filme. Em frações de segundos, seguem-se imagens de lugares de trabalho (pistões em funcionamento, carregadores na colheita, transportes) e de lugares de lazer do capital (bares, boates, clubes). Retiraram-se alguns segmentos mínimos (por vezes apenas detalhes de uma mão que acaricia ou de pés dançando, um fragmento de penteado ou de um pescoço com um colar) de filmes de temática social dos últimos anos, montando-os de tal modo

---

[3] Dziga Vertov: ver nota 30 na p. 31. O filme *O sexto continente* é de 1926. (N.T.)

que eles são inseridos continuamente entre imagens de proletários que trabalham em condições duras. Infelizmente, o filme deixa rapidamente esse esquema, para se voltar para uma descrição dos povos e das regiões da Rússia cuja relação com a sua base de produção econômica é sugerida de forma muito nebulosa. Percebe-se que há ainda um tatear inseguro, e um único aspecto basta para mostrá-lo: acompanhando imagens de guindastes, alavancas e transmissões, uma orquestra toca motivos do *Tannhäuser* e do *Lohengrin*. Apesar de tudo, as imagens caracterizam bem a intenção de fazer filmes sem qualquer aparato decorativo ou teatral, baseando-os simplesmente na própria vida. Trabalha-se com esse aparato mascarado. Enquanto os primitivos assumem determinadas poses diante de um boneco, são realmente filmados só algum tempo depois, quando julgam que tudo já terminou. O novo princípio do "Libertemo-nos da máscara!" em nenhum outro lugar foi levado tão longe como no cinema russo. Por isso, em nenhum outro lugar a importância da estrela de cinema é tão diminuta. Não se procuram atores que sirvam para sempre, mas os tipos exigidos caso a caso. Vai-se mesmo mais longe. Eisenstein, o diretor do *Potemkin*, prepara um filme sobre a vida dos camponeses no qual não haverá um único ator.

Os camponeses não são apenas um dos mais interessantes temas do filme cultural russo, mas também o seu público mais importante. Procura-se levar até eles, através do cinema, conhecimentos históricos, políticos, técnicos e de higiene. Mas todos estão ainda muito perplexos perante as dificuldades que esse processo encerra. O modo de ver as coisas dos camponeses é radicalmente diferente do das massas urbanas. Chegou-se, por exemplo, à conclusão de que um público camponês não é capaz de apreender *duas séries simultâneas de acontecimentos,* e não há filme que não as contenha às centenas. Só consegue seguir uma única sequência de imagens, que tem de se desenrolar cronologicamente diante dele, como as imagens dos cantores de cordel nas feiras. Depois de se ter constatado repetidas vezes como certas passagens que se pretendiam sérias tinham sobre esse público um efeito irresistivelmente cômico, e vice-versa, que passagens cômicas os emocionavam seriamente, começou-se produzir filmes especialmente para os cinemas ambulantes que por vezes chegavam aos mais remotos lugares da Rússia, a povos que nunca tinham visto cidades nem modernos meios de transporte. O projeto de levar até essas comunidades o cinema e o rádio é uma das mais grandiosas experiências sobre a psicologia dos povos que agora está em curso nesse imenso laboratório que é a Rússia. É claro que nesses cinemas de província são os filmes de esclarecimento político que ocupam o primeiro lugar. Em primeiro plano encontram-se filmes sobre práticas como o combate às pragas de gafanhotos, o uso de tratores, a cura do alcoolismo. Mas muita coisa apresentada no programa desses cinemas ambulantes é incompreensível para as grandes massas, e serve de material de formação para os mais avançados: membros dos sovietes de aldeia, correspondentes camponeses, etc. Pensa-se atualmente, nesse contexto, na fundação de um "Instituto para o Estudo do Espectador", para analisar, de um ponto de vista experimental e teórico as reações do público.

Uma das grandes palavras de ordem recentes, com efeitos sobre o cinema, foi: "Olhemos para as aldeias!". Aqui, como na literatura, a política fornece os mais fortes impulsos, com as diretivas que o Comitê Central do partido dá mensalmente à imprensa, essa aos círculos, os círculos aos teatros e cinemas, como num sistema de revezamento. Mas também pode acontecer que tais palavras de ordem causem sérias dificuldades. Um exemplo paradoxal é o da palavra de ordem "industrialização". Dado o grande interesse que aqui se verifica por todos os aspectos da técnica, pensar-se-ia que o filme burlesco seria muito apreciado. Na verdade, essa paixão exclui, por enquanto, que tudo o que tenha a ver com a técnica possa ter efeitos cômicos, e as comédias excêntricas importadas da América foram um *fracasso* gigante. O novo russo é incapaz de compreender um ponto de vista irônico e cético em relação à técnica. Outro domínio que o cinema russo desconhece são os assuntos e problemas da vida burguesa, ou seja, acima de tudo: *não se suportam os dramas amorosos no cinema. A ênfase dramática, ou trágica, posta nas coisas do amor é vista com desprezo em toda vida da Rússia de hoje.* Os suicídios provocados por amores traídos ou infelizes são tratados pela opinião pública comunista como se dos mais grosseiros excessos se tratasse.

Todos os problemas que se encontram atualmente no centro das discussões são para o cinema – tal como para a literatura – problemas de conteúdo. A nova era da paz civil trouxe um período difícil. O cinema russo só poderá se assentar numa base segura quando a situação da sociedade bolchevista (e não apenas da esfera política) for suficientemente estável para poder aguentar uma nova "comédia social", novos papéis e novas situações-tipo.

Réplica a Oscar A. H. Schmitz[1]

---

[1] Oscar Schmitz era crítico do jornal *Die literarische Welt*, em cujas páginas teve lugar a polêmica com Benjamin, na edição de 11 de março de 1927. Ver referência ao texto de Schmitz no Comentário, p. 268. (N.T.)

Há réplicas que são quase uma ofensa ao público. Não se deveria deixar ao critério dos leitores o juízo sobre argumentações inconsistentes e lacunares? Neste caso, eles nem precisariam ter visto o *Potemkin*. Exatamente como Schmitz, que também não precisaria tê-lo visto, porque aquilo que ele hoje sabe sobre o filme já qualquer crônica jornalística lhe disse. Mas o filisteu da cultura é assim mesmo: os outros leem o anúncio e sabem com o que contam, mas ele tem de ter "opinião própria", avança e acha que assim pode chegar a transformar a sua perplexidade em conhecimento objetivo. Engana-se! É possível falar objetivamente sobre o *Potemkin,* do ponto de vista tanto da política como do cinema. Schmitz não faz nem uma coisa nem outra. Fala da sua última leitura. Não admira que os resultados sejam nulos. Querer avaliar a apresentação, baseada em princípios claros e formalmente rigorosa, de uma movimentação de classe segundo os padrões do romance social burguês atesta uma ingenuidade que nos deixa sem palavras. Mas o mesmo não se passa com os ataques à arte de tendência. Nesse ponto, para o qual ele recorre por assim dizer à artilharia pesada do arsenal da estética burguesa, já valerá a pena falar claro. E perguntar: para que serve toda aquela lamentação a propósito do desfloramento político da arte, quando se vai atrás de todas as sublimações, resíduos e complexos libidinosos de uma produção artística com dois mil anos de existência? Quanto tempo irá ainda a arte ser a filha de família que conhece de cor e salteado os cantos mais mal-afamados, mas nem quer ouvir falar de política? Não serve de nada, porque ela sempre ouviu falar de política. É lugar-comum dizer que toda obra de arte, toda época artística, tem tendências políticas, pela simples razão de que elas são configurações históricas da consciência. Mas, do mesmo modo que os estratos de rocha mais profundos só se mostram nos pontos de fratura, também a formação profunda a que se chama "tendência" só pode ser vista nos pontos de fratura da história da arte (e das obras). As revoluções técnicas: são estes os pontos de fratura da evolução artística, nos quais as tendências, ciclicamente, livremente expostas, por assim dizer, se manifestam. Com cada nova revolução técnica, a tendência transforma-se de elemento muito oculto da arte em elemento manifesto. E com isso chegamos, finalmente, ao campo do cinema.

O cinema representa um dos mais poderosos pontos de fratura das formações artísticas. Com ele nasce realmente *uma nova região da consciência*. Ele é, para ser breve, o único prisma no qual se abre ao homem de hoje o seu mundo mais próximo, os espaços em que vive, trabalha e se diverte, e isso de uma forma inteligível, com sentido, apaixonante. Em si mesmos, esses escritórios, quartos mobilados, tabernas, ruas de grandes cidades, estações e fábricas, são feios, inapreensíveis, desesperadamente tristes. Mais ainda: eram e pareciam ser assim, até aparecer o cinema e dinamitar todo esse mundo concentracionário com o explosivo do décimo de segundo, de tal modo que agora empreendemos longas viagens aventurosas por entre as suas ruínas dispersas. O espaço de uma casa, de um quarto, pode conter em si dezenas de episódios surpreendentes, os mais estranhos nomes para esses episódios. Não é tanto a sequência contínua das imagens, mas mais a mudança súbita dos lugares que permite dominar um ambiente, de outro modo inacessível, e extrai da mais pequena habitação burguesa a mesma beleza que admiramos num Alfa-Romeo. Até aqui, tudo está bem. As dificuldades aparecem só quando entra em cena a "ação". O problema de uma ação cinematográfica eficaz foi tão raramente resolvido como os problemas formais abstratos que resultam dessa nova técnica. *Uma coisa,* sobretudo, fica demonstrada: os progressos importantes, elementares, da arte não consistem nem em novos conteúdos nem em novas formas – a revolução da técnica antecipa-se a ambos. Mas o fato de ela não ter encontrado no cinema nem forma nem conteúdo que no fundo lhe correspondam não acontece por acaso. De fato, está provado que os jogos formais e da intriga, privados de tendência, só caso a caso permitem resolver aquele problema.

A superioridade do cinema revolucionário russo, tal como a do filme burlesco americano, vem do fato de ambos, cada um a seu modo, terem partido de uma tendência, à qual voltam sempre, de forma consequente. Também o filme burlesco é tendencioso, embora de modo menos evidente. Os seus dardos são atirados contra a técnica. Mas esse cinema só é cômico pelo fato de o riso que desperta pairar sobre o abismo do horror. O reverso desse desencadear ridículo dos efeitos da técnica é a precisão mortífera das esquadras em manobras, mostradas de forma implacável em *O Encouraçado Potemkin*. O cinema burguês internacional não conseguiu ainda encontrar um esquema ideológico consequente, e essa é uma das causas da sua crise. De fato, a cumplicidade da técnica cinematográfica com o meio, que é a sua razão de ser real, não se compadece com a glorificação do burguês. O proletariado é o herói daqueles espaços a que o burguês se entrega no cinema, de coração palpitante, porque tem de fruir a "beleza", mesmo quando ela lhe fala da destruição da sua classe. O proletariado, porém, é um coletivo, tal como esses espaços são espaços do coletivo. E só aí, no coletivo humano, o cinema pode levar a cabo aquele trabalho prismático que iniciou no meio ambiente. O *Potemkin* teve um impacto epocal tão grande precisamente porque mostra isso de uma forma nunca antes tão evidente. Aqui, pela primeira vez, o movimento de massas assume o caráter totalmente arquitetônico, e por isso nada monumental (como nas produções da UFA[2]), que lhe dá o direito de ser tratado pelo cinema. Nenhum outro meio poderia representar esse coletivo em movimento. E mais: nenhum outro poderia comunicar a beleza do movimento do terror e do pânico que há nele. Tais cenas são, desde o *Potemkin,* privilégio indestrutível da arte cinematográfica russa. Do mesmo modo que esse filme mostra o bombardeamento de Odessa, um outro mais recente (*Mat,* "A Mãe"[3]), registra, através de um *pogrom* contra operários de uma fábrica, os sofrimentos das massas urbanas como se fossem os passos inscritos no asfalto das ruas.

---

[2] UFA: *Universum Film-Aktiengesellschaft,* produtora de cinema alemã fundada em 1917 e que dominou a cena cinematográfica alemã e europeia durante os anos 1920, ligada a nomes como E. Lubitsch e G. W. Pabst. Durante os anos do nazismo e da Guerra, a produtora UFA foi colocada totalmente ao serviço do cinema da propaganda nacional–socialista. (N.T.)

[3] Filme de Vsevolod Pudovkin, de 1926. (N.T.)

Coerentemente, *O Encouraçado Potemkin* foi feito numa perspectiva coletivista. O cabecilha dessa revolta, o capitão-tenente Schmidt, uma das figuras lendárias da Rússia revolucionária, não entra no filme. Trata-se, se quisermos, de uma "falsificação da história", mas não tem qualquer influência sobre o juízo que se faça sobre essa obra. E, por outro lado, por que as ações de um coletivo hão de não ser livres e as do indivíduo livres? Essa abstrusa forma de determinismo permanece, em si, tão insondável como no seu significado para o debate.

Naturalmente que também o adversário tem de se adaptar ao caráter coletivo das massas amotinadas. Não faria qualquer sentido opor a elas indivíduos diferenciados. O médico de bordo, o capitão, têm de ser tipos. Tipos de burgueses, apesar de Schmitz nem querer ouvir falar disso. Chamemos-lhes então tipos de sadistas que foram chamados a assumir o poder por meio de um aparelho malévolo e perigoso. E com isso estamos de novo perante uma formulação política. Não se pode fugir dela, porque é verdadeira. Nada mais vão do que as objeções que querem ver aí "casos individuais". O indivíduo poderá ser um caso individual, mas não a ação desenfreada dos seus diabólicos propósitos, que são parte da natureza do Estado imperialista e, adentro de certos limites, do Estado em absoluto. Sabemos que existe um grande número de fatos que só ganham sentido e relevo quando os destacamos da observação isolada. São os fatos que alimentam a estatística. O fato de o senhor X se suicidar em março pode não significar nada no âmbito do seu destino individual, mas torna-se extraordinariamente interessante quando se sabe que nesse mês a curva anual dos suicídios alcança o seu ponto máximo. Do mesmo modo, as ações sádicas do médico de bordo serão, na sua vida, apenas um caso isolado, talvez não tenha dormido bem, ou então tenha encontrado um ovo estragado no café da manhã. A coisa só se torna interessante quando se leva em conta a relação da posição de médico com o poder do Estado. Sobre isso, muitos puderam fazer estudos extremamente exatos nos últimos anos da Grande Guerra, e o mísero sadista do *Potemkin* só pode ser para eles objeto de compaixão, quando comparam a sua ação e o seu justo castigo com o trabalho de carniceiro que milhares de colegas seus – sem castigo – prestaram há poucos anos a aleijados e doentes nos quartéis-generais.

O *Potemkin* é um grande filme, daqueles que só raramente acontecem. Só a coragem do desespero poderia polemizar precisamente contra uma obra como essa. Há muita má arte de tendência também no campo socialista. Obras dessas são determinadas por efeitos previsíveis, contam com reflexos já gastos, utilizam modelos estafados. Mas esse filme está cimentado na ideologia, exatamente calculado em todos os seus pormenores, como o arco de uma ponte. Quanto mais violentos forem os golpes que sobre ele são desferidos, tanto mais belo é o som que dele vem. Só aqueles que o abanam com dedinhos enluvados não ouvem nem movem nada.

Teatro e rádio

"Teatro e rádio": para os mais incautos, talvez essas duas instituições não sugiram um sentimento de harmonia. É certo que a concorrência não é, nesse caso, tão feroz como entre o rádio e a sala de concertos. Apesar disso, conhece-se bem, por um lado, a atividade cada vez mais alargada do rádio, por outro, a crescente decadência do teatro, para se poder pensar que seria possível, à partida, um trabalho conjunto dos dois. E no entanto ele existe, há bastante tempo. Essa colaboração só podia ser – para antecipar já esse aspecto – de ordem pedagógica, e foi iniciada com particular empenho pela Rádio do Sudoeste Alemão (*Südwestdeutscher Rundfunk*). Ernst Schoen, o seu diretor, foi um dos primeiros a dedicar a sua atenção aos trabalhos que Bert Brecht e os seus colaboradores literários e musicais apresentaram à discussão nos últimos anos. Não será por acaso que essas peças – *O voo dos Lindbergh, A peça didática de Baden, O que diz sim, O que diz não* e outras[1] – têm, por um lado, uma orientação claramente pedagógica, e por outro estabelecem de forma original uma ligação entre o teatro e o rádio. Os alicerces assim construídos em breve dariam frutos. Foi possível, por um lado, divulgar nas rádios escolares séries de construção semelhante – por exemplo a peça radiofônica *Ford,* de Elisabeth Hauptmann –, e por outro tratar de problemas da escola e da educação, da técnica do sucesso, das dificuldades do casamento, de forma casuística, usando um exemplo e o seu contrário. Foi também aquela estação de Frankfurt (associada à de Berlim) que estimulou esse tipo de "modelos radiofônicos", cujos autores são Walter Benjamin e Wolf

---

[1] As peças de Brecht foram publicadas em 1930 (as duas primeiras) e 1931 (as duas últimas) na série dos *Versuche*, na editora berlinense Gustav Kiepenheuer. (N.T.)

Zucker.[2] Uma atividade tão ampla legitimará uma aproximação mais detalhada dos fundamentos desse trabalho sistemático, assegurando ao mesmo tempo a sua clarificação em face de possíveis equívocos.

Ao refletirmos sobre essas coisas de forma rigorosa, não podemos ignorar aquilo que é mais óbvio nesse contexto, nomeadamente a questão da técnica. Para isso, é recomendável pôr de lado toda a espécie de preconceitos, para constatar sem rodeios: em relação ao teatro, o rádio não só apresenta a técnica mais moderna como também a mais arriscada. Ele não tem atrás de si, como o teatro, uma época clássica; as massas a que chega têm uma dimensão muito maior; por fim, e acima de tudo, os elementos materiais sobre os quais se apoia a sua aparelhagem, e os intelectuais que sustentam a sua forma de apresentação, associam-se de forma íntima para servir ao ouvinte. E quais são as contrapartidas que o teatro pode oferecer? A utilização de um suporte vivo, e mais nada. Talvez a questão essencial para o desenvolvimento do teatro, na situação de crise em que se encontra, seja a seguinte: que significa nele o recurso à pessoa viva do ator? Dois pontos de vista se oferecem a partir daqui, o retrógrado e o progressista, que se distinguem claramente um do outro.

O primeiro não vê quaisquer razões para dar importância à crise. Para ele, a harmonia do todo é e será intocável, e o Homem é o seu grande representante. Vê-o no auge do seu poder, como senhor da criação, como personalidade (ainda que ele seja o mais miserável dos trabalhadores assalariados). O seu âmbito é o círculo da cultura atual, e ele o domina em nome do "humano". Esse teatro, altivo, seguro de si, que dá tão pouca importância à sua própria crise como à do mundo, esse teatro da grande burguesia (cujo celebrado magnata, não o esqueçamos, se retirou há pouco[3]), quer se volte para peças do

---

[2] As peças radiofônicas (*Hörmodelle*) de Benjamin e W. Zucker, que podem ser encontrados na edição original em *Gesammelte Schriften* IV/2, p. 628-720, são as seguintes: *Gehaltserhöhung?! Wo denken Sie hin!* [Aumento de ordenado? Onde é que julga que está?], *Was die Deutschen lasen, während ihre Klassiker schrieben* [O que os alemães liam enquanto os seus clássicos escreviam], *Radau um Kasperl* [Algazarra com o Roberto] e *Lichtenberg* (sobre o célebre aforista alemão do século XVIII). (N.T.)

[3] O "magnata" só pode ser o grande diretor, produtor e empresário teatral Max Reinhardt (1873-1943), que, entre 1902 e 1928, adquiriu e geriu, em Berlim e

mundo da miséria, seguindo os modelos recentes, quer se sirva de *libretti* de Offenbach, concebe-se e realiza-se sempre em termos de "símbolo", "totalidade", "obra de arte total".

Esse teatro de que falamos é o teatro da cultura e do entretenimento. Por mais opostos que pareçam, esses dois tipos são apenas fenômenos complementares da esfera de uma classe saturada para quem tudo aquilo em que a sua mão toca se transforma em estímulos. Mas é em vão que esse teatro de maquinarias complicadas e gigantescos elencos de figurantes tenta concorrer com as atrações do cinema de massas, é em vão que o seu repertório se estende a todos os tempos e todos países, enquanto o rádio e o cinema, com um aparato muito menor, encontram nos seus estúdios lugar para o velho teatro de sombras chinês e para as novas experiências surrealistas: a concorrência com o mundo tecnicamente dominado pelo rádio e pelo cinema não tem qualquer perspectiva de sucesso.

Outra coisa é o confronto crítico com esses novos meios. É isso o que sobretudo se espera do teatro progressista. Brecht, o primeiro a desenvolver uma teoria desse teatro, designa-o de épico. Esse "teatro épico" é totalmente sóbrio, nomeadamente em relação à técnica. Não é esse o lugar para explanar a teoria do teatro épico,[4] muito menos para explicar de que modo a sua descoberta e o seu trabalho sobre o material gestual é apenas uma reconversão dos métodos, decisivos no rádio e no cinema, da montagem, transpondo-os do âmbito do acontecer técnico para o do humano. Por agora, bastará dizer que o princípio do teatro épico, tal como o da montagem, se apoia na interrupção. A diferença é que esta não tem aqui caráter de estímulo, mas função pedagógica. Faz parar a ação que está a decorrer, obrigando com isso o ouvinte a tomar posição sobre o acontecimento e o ator em relação ao seu papel.

Viena, treze teatros com capacidade para muito mais de dez mil espectadores. Todas essas casas de espetáculos – entre elas algumas famosas, como o cabaré "Schall und Rauch", os teatros de Berlim "Deutsches Theater" e "Volksbühne" e o vienense "Theater in der Josefstadt" – foram compulsivamente cedidas "ao povo alemão" depois da tomada do poder por Hitler em 1933. Reinhardt emigrou para os Estados Unidos, mas a sua ligação ao mundo do grande teatro tinha chegado ao fim. (N.T.)

[4] Benjamin desenvolverá mais a teoria do teatro épico nos ensaios que dedica a Brecht, nomeadamente nas duas versões de "O que é o teatro épico?", a incluir em próximo volume desta edição. (N.T.)

O teatro épico opõe à obra de arte total dramática o laboratório dramático. Volta a recorrer, de modo novo, à velha grande oportunidade do teatro – a exposição do presente. No centro das suas experiências está o homem no meio da nossa crise atual. É o homem eliminado pelo rádio e pelo cinema, o homem, para me exprimir de forma algo drástica, como a quinta roda no carro da sua técnica. E esse homem reduzido, neutralizado, é submetido a determinadas provas, avaliado. O resultado é este: os acontecimentos não são mutáveis quando alcançam o clímax, pela virtude ou pela força de decisão, mas apenas no seu curso mais rotineiro, pela razão e pelo hábito. O sentido do teatro épico é o de construir aquilo que na dramaturgia aristotélica se designa de "ação" a partir dos mais ínfimos elementos dos modos de comportamento.

Assim, o teatro épico opõe-se ao teatro de convenção: no lugar da cultura coloca a prática, no lugar da distração o agrupamento. Quanto a este último, qualquer um que tenha seguido a evolução do rádio poderá constatar o esforço recente no sentido de agregar, em agrupamentos mais coesos, grupos de ouvintes com afinidades provenientes da sua camada social, dos seus interesses e do meio em que vivem. Também o teatro épico procura trazer a si núcleos de interessados que, independentemente da crítica e da propaganda, pretendem ver tratados numa série de ações (no sentido atrás explicitado), por um núcleo de atores treinados, os seus próprios interesses, incluindo os políticos. Curiosamente, essa evolução levou a que peças antigas (Eduardo II, A ópera de três vinténs) fossem submetidas a intervenções radicais, enquanto outras, atuais, são objeto de controvérsia (*O que diz sim, O que diz não*). Talvez isso sirva para esclarecer o que queremos dizer quando afirmamos que o lugar da cultura (dos conhecimentos) é aqui ocupado pela prática (o juízo crítico). O rádio, que tem obrigação de recorrer ao patrimônio cultural do passado, fará isso de preferência em adaptações que não se limitem a ir ao encontro das exigências da técnica, mas também das de um público que é contemporâneo da sua técnica. Só assim conseguirá libertar a aparelhagem da auréola de uma "gigantesca empresa de instrução popular" (na expressão de Schoen), para reduzi-la a um formato na escala da dignidade humana.

O lugar social do escritor
francês na atualidade

Quando a guerra deflagrou, em 1914, estava no prelo um livro de Guillaume Apollinaire, *Le poète assassine*.[1] Alguém chamou a Apollinaire o Bellachini[2] da literatura. O estilo da sua escrita e da sua existência fornecia todas as teorias e todas as palavras de ordem em voga na altura. Ele ia buscá-las à sua vida como um mágico que tira da cartola o que lhe pedem: bolos de ovos, peixes dourados, vestidos de baile, relógios de bolso. Enquanto esse homem viveu – e morreu no dia do armistício – não houve moda radical e excêntrica, na pintura ou na escrita, que ele não tivesse criado ou, pelo menos, lançado. Nos começos da sua carreira divulgou, com Marinetti, os lemas do Futurismo; depois propagandeou Dadá, a nova pintura, de Picasso a Max Ernst, e por fim o Surrealismo, ao qual deu o nome. No conto que dá o título ao livro, "O poeta assassinado", Apollinaire inclui um artigo, naturalmente apócrifo, que diz ter sido publicado "em 26 de janeiro desse ano" no jornal *Die Stimme* [A Voz], em Adelaide, na Austrália, escrito por um químico alemão. No artigo pode ler-se:

"A verdadeira fama abandonou a poesia, para se voltar para a ciência, a filosofia, a acrobacia, a filantropia, a sociologia, etc. Hoje em dia, os poetas só servem para receber dinheiro que, aliás, não merecem, porque quase não trabalham e a maior parte deles (com exceção dos cabaretistas e alguns outros) não tem qualquer talento, e, portanto, qualquer desculpa. E quanto àqueles que são mais ou menos

---

[1] A edição que Benjamin usa, e de que parece tirar as citações a seguir (respectivamente das p. 98 e 101), é a segunda ("Nouvelle édition"), Paris, 1927. (N.T.)

[2] *Bellachini*: nome artístico do mágico Samuel Berlach (1828-1885), de origem polaca, e o mais popular do século XIX na Alemanha. (N.T.)

dotados, esses ainda são mais perniciosos, porque não recebem nada nem se ocupam de coisa nenhuma, e cada um deles faz mais barulho do que um regimento inteiro... Toda essa gente já não tem qualquer direito a existir. Os prêmios que lhes são atribuídos foram roubados aos trabalhadores, aos inventores, aos sábios, aos filósofos, aos acrobatas, aos filantropos, aos sociólogos, etc. Os poetas têm impreterivelmente de desaparecer. Licurgo já os tinha expulso da república, agora temos de os escorraçar de toda a terra".

E diz-se ainda que o autor fez publicar na edição da tarde uma adenda em que escrevia:

"O mundo tem de escolher entre a sua vida e a poesia; se não forem tomadas medidas drásticas contra essa última, a civilização afundar-se-á. Não pode haver hesitações. A nova era começará já amanhã. Não vai haver mais poesia..., os poetas serão dizimados".

Ninguém diria que essas palavras foram escritas há vinte anos. Não quero com isso dizer que essas duas décadas não tenham deixado marcas nelas. Mas a sua obra consistiu em revelar, a partir de um capricho, de uma improvisação petulante, a verdade que nelas estava contida. A paisagem que essas palavras iluminaram como um relâmpago – naquela altura ainda uma paisagem distante –, nós a conhecemos entretanto mais de perto. É a situação social do imperialismo, na qual a posição dos intelectuais se tornou cada vez mais difícil. A razia operada entre eles pelos poderosos assumiu formas em nada menos implacáveis do que na descrição de Apollinaire. As tentativas desde então feitas para determinar a função do intelectual na sociedade dão testemunho da crise em que ele vive. Não são muitos os que tiveram a coragem e a perspicácia de reconhecer que o saneamento realizado, se não sobre a sua situação econômica, pelo menos sobre a moral, tem como pressuposto uma transformação radical da sociedade. Se esse ponto de vista aparece hoje, de forma inequívoca, em André Gide e alguns outros mais novos, o seu valor será tanto maior quanto mais exatamente tomarmos consciência da difícil situação que lhe deu origem.

O relâmpago da profecia de Apollinaire deixou uma atmosfera abafada. É a atmosfera que se solta da obra de Maurice Barrès, cuja influência sobre os intelectuais do período antes da guerra foi decisiva. Barrès era um niilista romântico. A desorganização dos intelectuais que o seguiram devia ter alcançado um grau elevado no momento em que neles encontraram eco as máximas de um homem que declarava: "Quero lá saber da veracidade das doutrinas! O que eu aprecio nelas é o entusiasmo". Barrès acreditava profundamente nessa ideia e confessou que "tudo vai dar no mesmo, à exceção do impulso que nos vem, e aos nossos correligionários, de certas ideias; para aqueles que conquistaram o ponto de vista correto das coisas só existem espetáculos grandiosos, mas não grandes acontecimentos". Quanto mais entramos no mundo das ideias desse homem, tanto mais estreita parece a sua afinidade com as doutrinas que o presente produz, um pouco por toda a parte. É o mesmo niilismo como ideologia de base, o mesmo idealismo dos gestos e o mesmo conformismo, que constitui a resultante de niilismo e idealismo. Do mesmo modo que, em La Rochefoucauld, a educação apenas serve para ensinar a um homem como se deve comer um pêssego com bons modos, assim também todo o aparato de ideias romântico, e no fim das contas também político, que Barrès mobiliza para "propagar o culto da terra e dos mortos" serve apenas para "transformar sensações caóticas em sensações mais cultivadas". Nunca essas sensações cultivadas escondem a sua origem num esteticismo que é apenas o reverso do niilismo. E do mesmo modo que o nacionalismo italiano se vê hoje como herdeiro da Roma imperial, e o alemão do paganismo germânico, assim também Barrès acha que chegou a hora "da reconciliação entre os deuses vencidos e os santos".[3] O que ele quer é salvar, tanto as fontes puras e as fundas florestas como as catedrais de França, a favor das quais interveio em 1914 num texto célebre em que escrevia: "E para manter intacta a espiritualidade da raça, exijo um pacto entre o sentimento católico e o espírito da terra".[4]

Barrès alcança a sua influência mais profunda com o romance *Les déracinés*,[5] que descreve o destino de sete personagens da Lorena que vão estudar para Paris. Sobre esse romance fez o crítico Thibaudet o seguinte comentário, bem elucidativo:

---

[3] Maurice Barrès, *La grande pitié des églises de France*, Paris, 1914, p. 342 segs. (N.T.)

[4] M. Barrès, *op. cit.*, p. 343. (N.T.)

[5] Maurice Barrès, *Les déracinés*, Paris, 1897 (primeiro volume da trilogia *Le roman de l'énergie nationale*). (N.T.)

"Acontece, de forma aparentemente natural, que quatro dos sete conseguem vingar e continuam a ser pessoas honestas: aquelas que têm dinheiro. Dos dois que recebem uma bolsa de estudo, porém, um deles se torna chantagista e o outro assassino. E não é por acaso. Barrès quis dar a entender que a condição essencial da honradez é a independência, ou seja, a fortuna."[6]

A filosofia de Barrès é uma filosofia da herança. De fato, o pesado romance em que lhe deu forma é, numa das suas personagens principais, um estudo que Barrès realizou à imagem de um dos seus mestres, Jules Lagneau. Os dois, que também não se entendiam na vida real, tinham uma situação social que os opunha radicalmente. Lagneau era de fato um desenraizado. Nasceu em Metz, e a família, que em 1871[7] se tinha posicionado do lado da França, ficou arruinada. A França era, para o jovem Lagneau, em todos os sentidos o oposto de uma herança. Com vinte anos, o filósofo teve de garantir o sustento da família, enquanto Barrès recebe a sua herança aos vinte anos, uma herança que lhe permitiu ter tempo necessário para escrever *Le culte du moi*.[8]

Lagneau deixou pouca obra escrita, mas é uma referência na história das ideias das últimas décadas. Esse mestre formou dois discípulos, dois intelectuais cuja obra de certo modo abarca plenamente todo o âmbito da ideologia burguesa na França. O que a obra de Barrès foi para a ideologia de direita, foi a do outro discípulo, Émile Chartier, para a da esquerda. A profissão de fé política de Alain, *Éléments d'une doctrine radicale*[9] – o que, nesse caso, significa uma doutrina do partido radical –, representa uma espécie de testamento de Lagneau. No que se refere à sua classe dirigente, os radicais são um partido de professores das universidades e outros. Lagneau era um representante típico da sua atitude: "Recusamos toda a busca ansiosa de popularidade,

---

[6] Albert Thibaudet, *La république des professeurs*, Paris, 1927 (Lés *écrits*, vol. 4), p. 130 e segs. (N.T.)

[7] A data assinala o fim das guerras franco-prussianas, que culminaram com a vitória alemã na batalha de Sedan, perto da cidade de Metz, em 1870, e levaram à fundação do primeiro Reich alemão no ano seguinte. (N.T.)

[8] Maurice Barrès, *Le culte du moi. Examen des trois idéologies*, Paris, 1892. (N.T.)

[9] Alain [Émile Chartier], *Éléments d'une doctrine radicale,* Paris, 1925 ("Les documents bleus", n. 24). (N.T.)

todo o orgulho em apresentar qualquer coisa; e recusamos também a mínima inautenticidade, e não criamos nem alimentamos, pela palavra ou pela escrita, ideias errôneas sobre aquilo que poderia ser". E acrescenta: "Não acumularemos nenhum tesouro: prescindimos de poupanças, de previdência para nós ou para os nossos. A virtude de que morreremos não precisa de recomendações".[10] Os traços desse tipo de intelectual – independentemente de se inspirarem mais ou menos na vida – representam um ideal tão preciso e enraizado das camadas burguesas dirigentes na "República dos professores", que não se afigura supérfluo iluminá-los da forma mais nítida possível. Poderá servir um parágrafo de Jacques Chardonne em que esse tipo de intelectual burguês é mesmo apresentado como o intelectual pequeno-burguês por excelência. O fato de essa descrição ser obviamente exagerada e estereotipada torna-a ainda mais útil para o nosso propósito:

"O burguês – falamos do pequeno-burguês no sentido antes apontado – é um artista. É uma criatura culta, mas suficientemente independente dos livros para ter ideias próprias; conheceu, por experiência própria ou de perto, riquezas suficientes para já não pensar nelas; é profundamente indiferente a coisas indiferentes, talhado para a pobreza como nenhum outro. Sem preconceitos, por mais nobres que sejam, sem ilusões nem esperanças. O primeiro a exigir justiça para os outros quando é preciso, o primeiro, se preciso for, a suportar a sua aplicação. Não espera mais nada nesta terra, onde tudo lhe foi dado menos o salário justo, nem espera nada do além. E apesar disso gosta dessa vida tão modesta e é capaz de gozar o que ela tem de bom sem dela se queixar. A terra que produziu tais seres não falhou a sua tarefa. O caminho que leva a essa sabedoria de vida não é mau. Por isso, ainda há esperança para os deserdados. Por isso não se pode negar a ninguém antecipadamente aquilo que a sociedade pode dar a um homem".

O radicalismo enquanto partido político levou Barrès à letra. Esses problemas são colocados do mesmo modo, mas responde no sentido oposto. Opõe o direito da criança ao direito hereditário dos tradicionalistas, o mérito pessoal do indivíduo e o êxito nos exames aos privilégios do nascimento e da riqueza. "E por que não?", conclui Thibaudet, "A civilização chinesa manteve-se durante milênios graças à sua

---

[10] As duas citações provêm de Thibaudet, *op. cit.*, p. 146-147. (N.T.)

examinocracia." A comparação com a China, por mais estranha que pareça, pode ser esclarecedora. A ela recorrem há muito vários ensaístas. Paul Morand também se arriscou por aí e falou das semelhanças flagrantes entre os chineses e os pequeno-burgueses de França. Em ambos viu "um sentido fanático da poupança, a arte de melhorar constantemente as coisas e assim prolongar a expectativa de vida..., desconfiança, uma amabilidade de séculos, xenofobia profunda- mente arraigada, mas passiva, conservadorismo interrompido por fortes agitações sociais, falta de senso comum e tenacidade dos velhos, que ultrapassaram as doenças. É caso para pensar que as velhas civilizações se parecem umas com as outras". A base social sobre a qual cresceu o maior partido de França – o radical – não se identifica certamente com a estrutura global do país. Mas as organizações e os clubes – chamados *cadres* – de que esse partido dispõe por todo o país, constituem sem dúvida a atmosfera em que prosperaram as mais importantes ideologias da *intelligentsia,* e na qual só as mais progressistas vingaram. O livro publicado há três anos por André Siegfried com o título *Tableau des partis en France*[11] é um valioso instrumento para o estudo desses *cadres.* Alain de modo nenhum é o seu dirigente máximo, mas é com certeza o mais inteligente intérprete destes grupos. Define a sua ação como "uma luta permanente dos pequenos contra os grandes".[12] E, de fato, alguém afirmou que todo o programa econômico do radicalismo consiste em tecer uma auréola em volta da palavrinha "pequeno": proteger o pequeno agricultor, o pequeno comerciante, o pequeno proprietário, a pequena poupança.

Isso quanto a Alain, que é mais intérprete do que lutador. É da natureza da base social em que se desenrola a ação do intelectual burguês o fato de qualquer ação mais determinada ameaçar logo resvalar para o sectarismo e o romantismo. Exemplos disso são as ideologias de Benda e Péguy.

O livro de Benda *La trahison des clercs*[13] caiu há cinco anos num contexto intelectual criado por Barrès e Maurras e sancionado pela

---

[11] André Siegfried, *Tableau des partis en France*, Paris, 1930 (Écrits, vol. 6). (N.T.)

[12] A citação é de Alain, *op. cit.*, p. 42 e segs. (N.T.)

[13] Julien Benda, *La trahison des clercs.* Paris, 1927. As considerações que se seguem sobre esse livro de Benda são autocitação modificada, proveniente da resenha escrita por Benjamin em 1928: cf. *Gesammelte Schriften* III, p. 111-112. (N.T.)

evolução do pós-guerra. Benda ocupa-se nesse livro da posição assumida pelos intelectuais em relação à política nas últimas décadas. E afirma: desde sempre, desde que existem intelectuais, a sua função no âmbito da história universal foi a de propagar os valores universais e abstratos da humanidade, liberdade, justiça e humanitarismo. Agora, porém, começaram, com Maurras e Barrès, com d'Annunzio e Marinetti, com Kipling e Conan Doyle, com Rudolf Borchardt e Spengler, a trair os bens que séculos tinham posto à sua guarda. Duas coisas se evidenciam nessa nova virada. Por um lado, a incomparável atualidade que a política ganhou para os literatos. Para onde quer que se olhe, só se veem romancistas politizados, poetas politizados, historiadores politizados, críticos politizados. Mas o mais incrível e inaudito não é apenas a paixão política. Mais estranha e mais sinistra é a orientação que ela assume nas palavras de ordem de intelectuais que defendem a causa das nações contra a da humanidade, dos partidos contra a justiça, do poder contra o espírito. As amargas necessidades do real, as máximas da política realista já antes tinham sido defendidas pelos *clercs,* mas nem um Maquiavel pretendeu apresentá-las tão pateticamente como imperativos morais.

A posição de Benda é ditada pelo catolicismo. A tese de fundo do seu livro afirma formalmente uma dupla moral: a do poder para os Estados e povos, a do humanismo cristão para os intelectuais. E ele se queixa muito menos do fato de as normas cristãs e humanitárias não terem influência decisiva sobre os acontecimentos do mundo do que de uma situação em que elas têm de renunciar a tal pretensão, porque os intelectuais que as representaram se passaram para o lado do poder. Não podemos deixar de admirar o virtuosismo com que Benda não vai além da superfície do problema. A decadência do intelectual livre é economicamente determinada, se não de forma exclusiva, pelo menos decisiva. Os autores têm tão pouco a percepção dessa base econômica da sua crise como da científica, a do abalo do dogma de uma investigação sem pressupostos. E não parecem perceber que a dependência dos intelectuais em relação aos preconceitos políticos de classes e povos é apenas uma tentativa, na maioria das vezes mais fatídica e mais míope, de sair das abstrações idealistas para voltarem a aproximar-se, mais do que nunca, da realidade. Mas esse movimento acabaria por revelar-se violento e crispado. E, em vez de buscar uma forma adequada, de voltar atrás, de entregar os literatos de novo ao isolamento do idealismo utópico, isso denuncia uma mentalidade profundamente romântica, que nem o apelo aos ideais da democracia consegue esconder. Benda ainda há pouco manifestou uma tal mentalidade no *Discours à la nation Européenne,* no qual descreve, em estilo convincente, o continente unido, mas com modelos econômicos que continuam a ser os velhos. Essa Europa "será uma Europa mais científica do que literária, mais intelectual do que artística, mais filosófica do que pitoresca. E para muitos de nós isso será uma amarga lição. De fato, o poeta é muito mais atraente do que o sábio, o artista muito mais fascinante do que o pensador! Mas vamos ter de ser comedidos: a Europa será séria, ou não será nada. Será muito menos divertida do que as suas nações, que por seu lado já o eram menos do que as suas províncias. Temos de escolher entre pôr a Europa em ordem ou permanecer eternamente infantis. As nações serão amáveis Clorindas, felizes por sentirem que representaram seres sensuais, apaixonadamente amados. Mas a Europa será como aquela jovem sábia do século XIII, que ensinava Matemática na universidade de Bolonha e se apresentava com máscara aos seus alunos, para não os perturbar com a sua beleza".[14]

Não é difícil descobrir nesta Europa tão utópica uma cela de convento transformada e amplificada, a cujo isolamento se remetem "os homens do espírito" para tecerem o texto de um sermão, insensíveis à ideia de que esse sermão, a ser lido, o será perante bancos vazios. Por isso Berl tem certamente razão ao dizer: "A traição dos homens do espírito? Não estará Benda, ao usar a palavra *clercs,* a pensar nos padres, que cuidam das almas e dos seus bens terrenos? Não fala aqui a nostalgia do convento, dos beneditinos, uma nostalgia tão forte no mundo moderno? Continuaremos a carpir essa nostalgia?".[15]

O "homem do espírito" que Benda assim exorciza para enfrentar a crise, depressa revela a sua verdadeira natureza, a da aparição invocada do anacoreta, do clérigo medieval na sua cela. Mas não

---

[14] Julien Benda, *Discours à la nation Européenne.* Paris, 1933 (Les *essais,* vol. 8), p. 70 e segs. (N.T.)

[15] Emmanuel Berl, *Mort de la pensée bourgeoise. Premier pamphlet: La littérature,* Paris, 1929 (Écrits, vol. II, i), p. 32. (N.T.)

faltaram também tentativas de dar vida a esse fantasma do "homem do espírito". Ninguém mais do que Charles Péguy se esforçou para lhe dar corpo de carne e osso, apelando às forças da terra e da fé para indicar ao intelectual o seu lugar na nação e na história, sem – como fez Barrès – prescindir daqueles traços que ele herdou da Revolução Francesa: a marca libertária, anarquista. Péguy caiu no início da guerra. Mas a sua obra ainda hoje é importante, pela clareza e pela energia com que procurou definir a função do intelectual. De fato, somos tentados a crer que Péguy corresponde à imagem que Benda fazia do *clerc trahissant,* do homem do espírito como traidor. Mas essa aparência não é sustentável.

"Pode dizer-se de Péguy o que se quiser, mas nunca que ele foi um traidor. E por quê? Porque uma atitude só se torna traição quando é ditada pela preguiça ou pelo medo. A traição dos homens do espírito está no servilismo com que se submetem a vagas intuições e a preconceitos. Não encontramos nada disso em Péguy. Era nacionalista, e no entanto colocou-se do lado de Dreyfus. Era católico, mas excluído da comunhão."[16]

E se Berl, aludindo ao título de um livro de Barrès, caracteriza um certo tipo de literatos com as palavras "inimigo das leis, sim, mas amigo dos poderosos",[17] a ninguém isso se aplica menos do que a Péguy. Nasceu em Orleães e "aí cresceu, segundo a descrição que os Tharauds fazem das origens do amigo, num ambiente de civilização antiga, cuja cor original era marcada por tradições locais e uma herança de séculos, sem qualquer elemento estrangeiro (ou quase), no seio de uma população que estava perto da terra e tinha uma índole meio camponesa... Em suma, cresceu rodeado por um mundo antigo, um mundo de antanho muito mais próximo da França do antigo regime do que da atualidade".[18]

A grande tentativa reformadora de Péguy manteve em tudo a marca das suas origens. Ainda antes de lançar os *Cahiers de la Quinzaine* para divulgar as suas ideias, assumindo o papel do seu próprio editor

---

[16] Benjamin monta, nesta citação, três passagens do livro de Berl citado, *op. cit.,* p. 45, 49, 50. (N.T.)

[17] Berl, *op. cit.,* p. 50. (N.T.)

[18] Cf. Jérome et Jean Tharaud, *Notre cher Péguy,* vol. I, Paris, 1926, p. 19. (N.T.)

e impressor, já na École Normale ele prezava muito conscientemente as tradições nacionais. A geração a que pertencia deu à França, pela primeira vez desde o Renascimento, grandes escritores de origem camponesa, com a correspondente linguagem e mentalidade: Claudel, Jammes, Ramuz. "Péguy foi o primeiro exemplo escandaloso de um aluno da École Normale que não reteve nada de um estilo culto, clássico, tradicional."[19] O estilo de Péguy vem muito mais da terra, e foi comparado, pelas frases longas e ásperas que o constituem, aos sulcos longos e ásperos da terra lavrada à espera da semente.

Assim, as forças a que Péguy apelava para criar o tipo do intelectual revolucionário tinham origens pré-revolucionárias. André Siegfried lembra que "o camponês, o artesão francês, são uma tradição medieval; e se olharmos bem para o fundo de nós mesmos, teremos de concluir, quer queiramos ou não, que tudo o que temos de mais importante se formou já antes da revolução. Não somos um país jovem".[20] É preciso ter isso presente para compreender o apelo de Péguy, que não é dirigido, como hoje acontece por toda a parte, à juventude, mas aos de quarenta anos. A tarefa revolucionária que lhes atribuía não era a de uma atitude defensiva, num espírito definido por Alain, ao dizer que "a atitude da esquerda é a de uma instância de controle";[21] pelo contrário, incitava os seus correligionários ao ataque, um ataque não dirigido apenas aos governantes, mas também a toda uma série de acadêmicos e intelectuais que traíram o povo de onde vêm. E escrevia: "Vou fundar o grande partido dos de quarenta anos. Há pouco tempo, alguém me incluiu sem contemplações nessa categoria, lançou-me com veemência para a classe dos quarentões. E eu aproveitei. Um velho político aproveita tudo. Vou fundar o partido dos de quarenta anos".[22] Isso se passou em 1914. Mas aqueles a quem Péguy apelava com essas palavras tinham vinte anos em 1894, o ano em que Dreyfus foi condenado e humilhado. A luta por Dreyfus foi

---

[19] Citação condensada e adulterada do livro de Thibaudet, *op. cit.*, p. 83. (N.T.)

[20] Siegfried, *op. cit.,* p. 10. (N.T.)

[21] Cit. por Thibaudet, *op. cit.,* p. 171. (N.T.)

[22] Charles Péguy, *Œuvres en prose 1909-1914.* Avant-propos et notes par Marcel Péguy, Paris, 1957 (Bibliothèque de la Pléiade, vol. 122), p. 838 ("Victor-Marie, comte Hugo"). (N.T.)

para a geração de Péguy aquilo que a Grande Guerra seria para os mais novos. Mas Péguy procurou distinguir nessa causa duas vertentes – e nisso se revela já aquilo que o defraudaria, e aos seus amigos, do fruto da sua vitória. Fala de "dois casos Dreyfus, um bom e outro mau. Um é o puro, o outro o abjeto. Um é religioso, o outro político".[23] E Péguy recusou de forma decidida a luta política pela causa de Dreyfus; opôs-se aos seus defensores da esquerda, acusando-os de "demagogia *à la* Combes",[24] e mudou de campo no momento em que os vencedores se voltaram contra as ordens religiosas. Por isso, para o tribunal da história, não foi Péguy, mas Zola, quem apresentou o testemunho dos intelectuais no caso Dreyfus.

Não é só nesse aspecto que Zola continua a ser, ainda hoje, a referência dominante para avaliar o que se conseguiu. Isso se aplica em especial a uma boa parte da literatura. Como se sabe, a obra de Zola não se fundamenta diretamente numa teoria política. Trata-se, porém, de uma teoria no pleno sentido do termo, na medida em que o Naturalismo determinou não apenas o objeto do romance de Zola e a sua forma, mas também algumas das suas ideias fundamentais – nomeadamente a que se propõe representar os fatores hereditários e a evolução social de uma única família. Contra isso, o romance social, que hoje goza da simpatia de não poucos autores de esquerda, caracteriza-se por não ter qualquer fundamento teórico. As figuras do chamado *roman populiste,* como notou um crítico benevolente, de tão impessoais e simples que querem ser, ficaram iguais às dos contos de fadas mais incaracteristicamente populares, e a sua capacidade expressiva é tão limitada que trazem à lembrança o balbucio dessas figuras esquecidas, semelhantes a marionetes. É a velha e fatal confusão – que aparece talvez pela primeira vez em Rousseau – segundo a qual a vida interior dos deserdados e oprimidos se caracteriza por uma simplicidade muito particular, a que se gosta de acrescentar um toque edificante. É óbvio que o que fica de tais livros é muito pouco.

---

[23] Trata-se de fato de uma citação sobre Péguy, em Thibaudet, *op. cit.,* p. 87 e segs. Vd. também a passagem semelhante em Péguy, *op. cit.,* p. 562 ("Notre jeunesse"). (N.T.)

[24] Citado também de Thibaudet, *op. cit.,* p. 88. *Émile Combes* (1835-1921) foi um político francês, senador radical, ministro da Instrução Pública e chefe do governo entre 1902 e 1905, de orientação fortemente anticlerical. (N.T.)

De fato, o *roman populiste* é muito menos um avanço da literatura proletária do que um retrocesso da burguesa. De resto, isso vai com as suas origens. A moda – ainda que não a designação do gênero – remonta a Thèrive, hoje crítico do jornal *Le Temps*. Por maior que seja, porém, o zelo com que se empenhou na defesa da nova tendência, é notório nos produtos dessa orientação – e nos do próprio crítico – que se trata de uma nova forma dos velhos impulsos filantrópicos. A única saída para esse gênero está naqueles assuntos que escondem, pelo menos em parte, a falta de perspicácia e de formação dos seus autores. Não é por acaso que o primeiro grande êxito do gênero – *Voyage au bout de la nuit,* de Céline[25] – tenha por tema o subproletariado (*Lumpenproletariat*). E nem o proletário marginal tem consciência de uma classe que lhe poderia conquistar o direito a uma existência humanamente digna, nem o autor que o descreve torna reconhecível essa falha do modelo. Por isso, a monotonia em que Céline envolve os acontecimentos tem um duplo sentido. Se, por um lado, consegue tornar evidente a tristeza e o vazio de uma existência em que se apagaram as diferenças entre dias úteis e feriados, ato sexual e vivência amorosa, guerra e paz, cidade e campo, por outro lado não tem o dom de mostrar aquelas forças cuja marca é a vida dos seus excluídos; e ainda menos consegue tornar visível o ponto em que poderia começar a sua reação. Por isso, nada de mais traiçoeiro do que a crítica com que Dabit – ele próprio um representante muito conceituado desse gênero – saúda o livro de Céline:

"Trata-se de uma obra em que a revolta não deriva de discussões de ordem estética ou simbólica, em que a questão já não é a arte, a cultura ou Deus, mas um grito de indignação contra as condições de vida a que os homens são capazes de submeter uma maioria de outros homens."

Bardamu – é esse o nome do herói do romance – "é feito daquela massa de que se fazem as massas – da sua covardia, do seu terror pânico, dos seus desejos, das suas violências". Até aqui, tudo estaria bem, se o que há de mais próprio da escola e da experiência revolucionária não consistisse precisamente na capacidade de reconhecer os estratos de classe nas massas e de lhes atribuir o respectivo valor.

---

[25] Acabado de editar em tradução alemã (Leipzig/Mährisch-Ostrau, Julius Kittls, 1933).

Se Zola pôde representar a França dos anos sessenta, foi porque a recusava. Recusava o planeamento urbano de Haussmann, e o palácio dos Paiva, e a oratória de Rouher. E se os romancistas franceses de hoje não são capazes de representar a França dos nossos dias, isso se deve ao fato de eles estarem dispostos a aceitar tudo o que se passa nela. Sobre isso escreve Berl:

"Imagine-se um leitor do ano 2200 que queira ter uma ideia do que foi a França dos nossos dias a partir dos nossos melhores romances. Nem chegaria a perceber a miséria da habitação. As crises financeiras dessa época passariam quase despercebidas. Os literatos, aliás, nem de longe pensam em se ocupar de coisas de dinheiro."[26]

O conformismo esconde aos seus próprios olhos o mundo em que vivem. E é um produto do medo. Eles sabem que, para a burguesia, a função dos intelectuais já não é a de representar os seus interesses mais humanos a longo prazo. Pela segunda vez na época da burguesia, a função dos seus intelectuais é militante. Mas se, entre 1789 e 1848, a intelectualidade teve um lugar decisivo na ofensiva burguesa, o que atualmente caracteriza a sua situação é a posição defensiva. Quanto mais ingrata for, em muitos casos, essa posição, tanto mais decididamente se exige dos intelectuais que sejam representantes de confiança de uma classe.

O romance põe essa última à prova de maneira excelente, de tal modo que as diversas atitudes com que o autor nele se ajusta à sociedade trazem qualquer coisa como um ponto de vista ordenador do caos da produção. Isso não significa, naturalmente, que essa produção queira ir, em termos de tendência, no sentido da burguesia. Pelo contrário: para uma vasta camada, é muito mais óbvia uma atitude aparentemente fria em relação a essa. A posição de um anarquismo humanista, que se julgou manter durante meio século – e, de certo modo, se manteve – está irremediavelmente perdida. Por isso emergiu a miragem de uma nova forma de emancipação, de uma liberdade entre as classes, precisamente a do subproletariado. O intelectual assume a imitação da existência proletária, sem com isso se ligar minimamente à classe operária. Busca, assim, um objetivo ilusório, o de uma existência entre as classes. E enquanto um Francis Carco se tornou o pintor

---

[26] Cf. Berl, *op. cit.*, p. 107. (N.T.)

sentimental, uma espécie de Richardson dessa nova liberdade, Mac Orlan é o seu moralista irônico, por assim dizer o seu Sterne.

Mas existem esconderijos mais remotos do conformismo. E como nem o maior dos escritores se pode apreender sem ter presentes as funções que a sua obra pode desempenhar na sociedade, e como, por outro lado, são precisamente os mais dotados que poderão sentir-se inclinados a furtar-se à consciência dessa função, nem que para isso tenham de fugir até ao inferno – assim sendo, é o momento para falar de Julien Green. Entre os mais jovens romancistas franceses, Green é sem dúvida um dos mais importantes, e empreendeu literalmente uma descida aos infernos. As suas obras são quadros noturnos das paixões. Ultrapassam em todos os sentidos os limites do romance psicológico. A linhagem desse escritor remonta aos grandes criadores e intérpretes católicos (e por via desses aos pagãos) da *passio:* a Calderón e, em última análise, a Sêneca. Por mais que o autor enterre as suas criaturas na mais profunda província, por mais subterrâneas que sejam as forças que as movem, nem sempre ele consegue protegê-las do nosso mundo de tal modo que não se espere também delas uma palavra a seu respeito. E aqui radica aquele silêncio que é expressão de conformismo. Permitam-me seguir o rasto desse comportamento na sua última obra, pelo menos porque o seu assunto proporcionou uma das maiores criações do autor.

Quando a ação começa, o herói de *Épaves*[27] encontra-se fazendo um passeio solitário ao fim do dia, seguindo os cais do Sena na capital. Num lugar isolado, em Passy, é testemunha involuntária de uma briga de uma mulher velha com um homem bêbado na margem do rio. É "uma cena familiar vulgar, mas o homem tinha bebido, e era evidente que a mulher temia que ele a lançasse ao rio".[28] E mais adiante lemos: "O homem agarrava-a pelo braço e sacudia-a, chamando-lhe todos os nomes. Mas ela não perde de vista Philippe – é esse o nome do herói – e grita-lhe: Meu senhor! Tinha uma voz rouca, mas tão baixa que ele ficou paralisado de susto. Ficou ali, sem se mexer." E depois

---

[27] Primeira edição, Paris, 1932. (N.T.)

[28] Todas as citações de Benjamin provêm da tradução alemã do romance: Julien Green, *Treibgut*. Trad. de Friedrich Burschell, Berlim, 1932, respectivamente p. 11 e 12. (N.T.)

recua, e toma o caminho de casa. "Chegou a casa praticamente à hora de costume." E é tudo. O livro de Green desenvolve-se no sentido de mostrar de que modo esse acontecimento irá começar a afetar o homem. Leva-o, como o autor supõe, ao conhecimento de si, obriga-o a olhar para a sua covardia, vai corroendo toda a sua vida, sobre a qual o Sena exercerá um poder cada vez mais misterioso. Mas ele não se entrega às suas águas. Precisamente porque o seu autor é um escritor como Green, esse romance oferece um exemplo implacável de como o conformismo é capaz de destruir uma grande concepção. Ninguém negará que o incidente que Green descreve no início do livro é típico das nossas grandes cidades. E por isso também ninguém contestará a ideia de que aquilo que ele contém e ensina não pode ser um contributo para o caráter psicológico daquele que deixa passar sem resposta o apelo da mulher. Mas é certamente uma contribuição para o seu caráter social, porque aquela testemunha involuntária que vira as costas a um incidente como esse é um burguês. Uma briga entre dois cidadãos dificilmente assumiria essa forma em plena rua. Aquilo que paralisa o herói de Green é o abismo que aí se abre diante do burguês; do outro lado, duas pessoas pertencentes à classe excluída se entregam à sua briga. Não pode ser atribuição da crítica avançar com suposições sobre o modo como o escritor deveria dar forma a esse sentido oculto da cena, que é o seu sentido mais intrínseco. A circunstância evidente que aqui abre os olhos do burguês sobre o abismo que cerca a sua condição de classe, essa mesma circunstância poderia muito bem fazê-lo cair na loucura que deslocaria o abandono e a solidão da sua classe para a sua existência individual. A incerteza sobre o destino da mulher que lhe pediu ajuda, e da qual ele nunca mais saberá nada, parece conter em Green o essencial dessa problemática.

O ponto de vista a partir do qual Green coloca as questões é tão retrógrado quanto o ponto de vista da maior parte dos romancistas quanto a questões técnicas:

"A maior parte dos autores tem uma fé inabalável, de fato inadmissível desde Freud, nas confissões das suas figuras, ou pelo menos assim parece. Não querem entender que o relato que alguém faz do seu próprio passado revela mais da sua situação atual do que da passada, que é objeto desse relato. E insistem em imaginar a vida de uma personagem de romance como uma evolução isolada, de antemão fixada num tempo vazio. Não se levam em conta os ensinamentos do behaviorismo, nem sequer os da psicanálise".[29]

A citação é de Berl. Numa palavra: o que caracteriza a situação atual da literatura francesa é o fato de começar a tomar corpo uma separação entre os intelectuais dominantes e os romancistas. As exceções – sobretudo as de Proust e Gide – confirmam a regra. Ambos transformaram de forma mais ou menos radical a técnica do romance. Mas nem Alain nem Péguy, nem Valéry nem Aragon se distinguiram no romance; e aqueles que temos de Barrès ou Benda são romances de tese. Mas há uma regra de ouro para a grande massa dos que escrevem: quanto mais mediano é um autor, tanto maior é o seu desejo de fugir à sua verdadeira responsabilidade de escritor, tornando-se romancista "poético".

Por isso, não é de todo descabida a questão de saber qual foi de fato a contribuição do romance da última década para a liberdade. A resposta dificilmente poderá ser outra que não a referência à defesa da inversão, pela primeira vez posta em prática por Proust na sua obra.[30] Mas, por mais que uma tal referência tenha sido incluída entre as parcas conquistas revolucionárias da literatura, isso não será suficiente para esgotar o sentido do que, na *Recherche,* significa a inversão. Esta surge, pelo contrário, em Proust porque é preciso afastar do seu mundo a mais remota e a mais primitiva lembrança das forças produtivas da natureza. O mundo que Proust apresenta exclui de si tudo o que tenha a ver com a produção. A atitude do *snob*, que nele é dominante, não é mais do que a observação consequente, organizada e rígida da existência do ponto de vista do puro consumidor. A sua obra esconde uma crítica implacável e penetrante da sociedade atual, e até agora ainda não foram lançadas as bases que permitam mostrá-lo. Apesar disso, uma coisa é clara: desde o nível da estrutura, que *funde* a escrita poética, as memórias e o comentário, até à sintaxe das frases sem fim (o Nilo da linguagem, que aqui alaga e fertiliza as margens da verdade), em tudo se sente a presença do escritor que,

---

[29] Berl, *op. cit.*, p. 89 e segs. (N.T.)

[30] Na parte que se segue, sobre Proust, há várias autocitações, do ensaio "Zum Bilde Prousts" [Para um retrato de Proust], *Gesammelte Schriften* II/1, p. 310-324 (a incluir em próximo volume desta edição). (N.T.)

tomando posição e justificando-se, se coloca permanentemente à disposição do leitor. Em caso algum um autor que não se considere acima de tudo um escritor pode querer ter repercussão pública. A França tem a sorte de neste país nunca se ter verdadeiramente instalado o confronto suspeito entre o "poeta" e o escritor. Hoje, mais do que nunca, é decisiva a ideia que o escritor tem do seu trabalho. Tanto mais decisiva quando é precisamente um poeta a tentar legitimar essa noção do trabalho do escritor.

Falamos de Paul Valéry.[31] É sintomática a sua importância para a função do escritor na sociedade. E essa importância sintomática está intimamente relacionada com a inquestionável qualidade da sua produção. Entre os escritores franceses da atualidade, Valéry é aquele que melhor domina a técnica do ofício, aquele que mais pensou a técnica da escrita. De tal modo que se poderia definir o lugar especial que ele ocupa dizendo que a escrita é para ele, em primeiro lugar, uma técnica.

Naturalmente, é importante que a escrita, entendida nesse sentido, inclua a poesia. Valéry destacou-se igualmente como ensaísta e como poeta, e em ambos os casos sempre deu conta da técnica que utiliza. Ele investiga de forma inquisitorial a inteligência de quem escreve, em particular dos poetas, exige a ruptura com a ideia generalizada de que a inteligência é óbvia em quem escreve, e muito mais ainda com aquela outra, bastante mais comum, que pressupõe que poesia e inteligência se excluem. Ele próprio possui uma inteligência de um tipo que não se compreende sem mais. Nada de mais estranho do que a sua manifestação sensível, o senhor Teste. Visto de fora, o senhor Teste é um pequeno-burguês, do ponto de vista das suas condições de vida, um reformado. Fica muito em casa, tem poucas relações sociais, a mulher ocupa-se dele. Monsieur Teste — nome que traduzido, lembre-se, significa o senhor Cabeça — é uma personificação do intelecto que em muitas coisas lembra o deus de que trata a teologia negativa de Nicolau de Cusa. Tudo o que podemos saber de Teste vai desaguar na negação. "Toda a emoção", explica ele, "todo

---

[31] Na parte que se segue, sobre Valéry, há várias autocitações, do ensaio "Paul Valéry. Zu seinem 60. Geburtstag" [Paul Valéry. No seu sexagésimo aniversário], *Gesammelte Schriften* II/1, p. 386-390 (a incluir em próximo volume desta edição). (N.T.)

o sentimento é sinal de um erro de construção e de adaptação."[32] No fundo, o senhor Teste até pode se sentir humano, mas aceitou a sabedoria de Valéry que diz que os pensa- mentos mais importantes são aqueles que contradizem o nosso sentimento. Assim sendo, ele é a negação do "humano": "Vê bem: vem aí o crepúsculo do impreciso, e não tardará a chegar a dominação do desumanizado, que nascerá da exatidão, do rigor e da pureza em tudo o que respeite aos homens."[33] No círculo dessa excêntrica criação de Valéry, paradigma do escritor puro, não entra o derrame emocional, o patético, o "humano". A ideia é a única substância a partir da qual é possível construir a per- feição. Segundo Valéry, "um escritor clássico é aquele que esconde ou absorve as suas associações de ideias".[34]

À escala da burguesia francesa, porém, Monsieur Teste repre- senta apenas a experiência que Valéry procurou em alguns grandes artistas nos quais ela surge numa escala humana. Nesse sentido se orienta um dos seus primeiros escritos, uma "Introdução ao método de Leonardo da Vinci". Este é aí apresentado como o artista que em nenhum momento da sua obra prescinde de, com rigor, tomar consciência do seu trabalho e dos seus métodos. De si próprio Valéry disse que dava mais importância a uma página mediana na qual pudesse justificar todas as palavras saídas da sua pena do que a uma obra perfeita devida aos poderes do acaso ou da inspiração. E num outro lugar escreve:

"O domínio das forças do acaso, dos deuses e do destino não é mais do que a manifestação da nossa decadência intelectual. Se ti- véssemos uma resposta para tudo – uma resposta exata, entenda-se –, tais forças não existiriam... Nós temos a noção exata disso, e é essa a razão por que, afinal, nos voltamos contra as nossas próprias pergun- tas. Mas esse é o começo necessário. Temos de dar forma, em nós mesmos, à pergunta que precede todas as outras e interroga o real valor de cada uma delas."[35]

---

[32] Paul Valéry, *Œuvres*. Ed. estabelecida e anotada por Jean Hytier, vol. 2, Paris, 1971 (Bibliothèque de la Pléiade, vol. 148), p. 866 ("Mauvaises pensées et autres"). (N.T.)

[33] *Op. cit.,* p. 621. (N.T.)

[34] *Op. cit.,* p. 563. (N.T.)

[35] *Op. cit.,* p. 647 e segs. (N.T.)

A relação estrita de tais pensamentos com o período heroico da burguesia europeia permite controlar a surpresa com que voltamos a encontrar aqui, nesse posto avançado do humanismo europeu, a ideia do progresso. E trata-se da mais convincente e autêntica ideia de progresso: a daquilo que é transponível para o método, uma ideia que corresponde de forma muito concreta ao conceito de construção em Valéry, do mesmo modo que rejeita o imperativo da inspiração. Um dos intérpretes de Valéry escreveu: "A obra de arte não é uma criação, é uma construção na qual a análise, o cálculo, a planificação desempenham os papéis principais". A última virtude do processo de investigação, a de levar o investigador para lá de si mesmo, afirmou-se na obra de Valéry. De fato, quem é esse Monsieur Teste senão o sujeito humano já pronto para ultrapassar o limiar histórico para além do qual o indivíduo harmoniosamente constituído, autossuficiente, se prepara para se transformar no técnico e no especialista disposto a integrar-se no lugar que lhe cabe num plano global? Valéry não conseguiu transpor essa ideia de planificação do domínio da obra de arte para o da comunidade humana. Aquele limiar não foi transposto, o intelecto continua a ser privado, e esse é o segredo melancólico do senhor Teste. Duas, três décadas antes, Lautréamont tinha dito: "A poesia deve ser feita por todos, não por um".[36] Essas palavras não chegaram a entrar na casa de Monsieur Teste.

O limiar que Valéry não ultrapassou foi há pouco tempo transposto por Gide, ao se associar ao movimento comunista. Isso é significativo para a evolução dos problemas da intelectualidade progressista de França, de que procuramos dar aqui uma imagem. Pode dizer-se que Gide não queimou nenhuma das etapas dessa intelectualidade nos últimos quarenta anos. A primeira poderia ser vista na crítica aos *Déracinés* de Barrès, que é mais do que uma rejeição desse hino ao apego à terra. Das quatro personagens principais do romance, com as quais Barrès exemplifica as teses do seu nacionalismo, Gide só manifesta interesse por aquela que desceu socialmente mais baixo e se transformou em assassino: "Se Racadot nunca tivesse deixado a Lorena", escreve Gide, "nunca teria se tornado um assassino; mas,

---

[36] Comte de Lautréamont (Isidore Ducasse), *Œuvres complètes. Les chants de Maldoror, Poésies, Lettres,* Paris, José Corti, 1973, p. 386. (N.T.)

se isso acontecesse, ele em nada me interessaria".[37] O ser "desenraizado" força Racadot a ser original, e esse é, segundo Gide, o verdadeiro objeto do livro. Sob o signo da originalidade começou Gide por procurar todo o espectro de possibilidades que trazia em si, por natureza e por formação; e quanto mais estranhas eram essas possibilidades, tanto mais radicalmente ele se esforçou por lhes dar – aos olhos de toda gente – um lugar na sua vida. E a última coisa que o poderia ter confundido nessa sua atitude foram as contradições. "Em cada caminho que escolhi", diz, "fui até o ponto extremo, para depois me poder voltar para o caminho oposto com a mesma força de decisão." Essa negação absoluta de qualquer mediania, essa profissão de fé nos extremos, é pura dialética, não como método de um intelecto, mas como respiração vital e paixão. Também o mundo, nos seus extremos, está ainda inteiro, é sadio, é natureza. E o que o leva para esses extremos não é a curiosidade ou o zelo apologético, mas a paixão dialética.

Alguém disse que Gide não era uma natureza rica. É uma observação que não só é certeira, como decisiva. A própria atitude de Gide trai uma consciência desse fato. No seu *Dostoiévski,* escreve:

"Nas origens de todas as grandes reformas morais deparamos sempre com um pequeno mistério fisiológico, uma insuficiência da carne, um desassossego, uma anomalia... O mal-estar de que padece todo o reformador é o da falta de equilíbrio interior. Para ele, os fatos, as posições, os valores morais são afetados por uma contradição interna, e ele se esforça por disfarçá-las; o que pede é um novo equilíbrio; a sua obra não é mais do que uma tentativa de substituir por uma nova ordem, à luz da lógica e da razão, a confusão que sente no seu íntimo".[38] Gide afirma noutro lugar: "Uma ação na qual eu não reconheça todas as contradições que em mim vivem é uma ação que me trai."

O ponto de vista presente nessas frases e noutras afins foi inúmeras vezes visto como suspeito. O crítico Massis diz que Gide é demoníaco. No entanto, mais elucidativo seria dizer que Gide não se

---

[37] André Gide, *Prétextes. Réflexions critiques sur quelques points de littérature et de morale.* Paris, 1903, p. 56. (N.T.)

[38] André Gide, *Dostoievsky (Articles et causeries)*, Paris, 1930, p. 265 e segs. (N.T.)

reclamou daquele demonismo que a burguesia tanto gosta de atribuir aos artistas, e que é a liberdade dos gênios. Do mesmo modo que Valéry integra toda a sua produção na sua vida intelectual, assim também Gide situa a sua no âmbito da vida moral. É a ela que ele deve a sua importância pedagógica. Depois de Barrès, é ele o grande chefe que a intelectualidade francesa encontrou. Malraux escreve:

"Talvez não seja muito correto ver André Gide como filósofo. Acho que ele é qualquer coisa de muito diferente: um conselheiro das consciências. Uma profissão extremamente importante, e rara... Maurice Barrès dedicou-se a ela durante muito tempo, e Gide também. Não é coisa pouca ser aquele que define as posições intelectuais de uma época. Mas, enquanto Barrès só soube dar conselhos, Gide apontou-nos o caminho para aquela dicotomia entre os nossos desejos e a nossa dignidade, as nossas ambições e a nossa vontade, e ensinou-nos a dominá-la ou a fazer uso dela... A consciência intelectual de metade daqueles a quem hoje se chama 'a juventude' foi despertada por ele".

A repercussão de que aqui se fala pode relacionar-se diretamente com uma determinada figura do romance *Les caves du Vatican*.[39] A obra saiu nas vésperas da guerra, quando a juventude era pela primeira vez varrida por ondas que mais tarde foram desaguar no Surrealismo, passando pelo Expressionismo e o Dadaísmo. Gide tinha todos os motivos para incluir no breviário de *Páginas escolhidas*[40] que pensava dedicar à juventude de França aquela página de *As caves do Vaticano* em que descreve como Lafcadio toma a decisão de se tornar um assassino. O jovem herói de Gide encontra-se no trem e sente-se incomodado pela feiura de um velho senhor que é o único passageiro além dele no vagão. E vem-lhe a ideia de se desfazer dele:

"Quem é que ia dar por isso? – disse ele. – Tenho essa fechadura dupla aqui mesmo à mão, é fácil dar-lhe a volta, e a porta, que se abriria de repente, o faria cair para a frente. Um empurrãozinho bastaria, e ele cairia na noite como uma massa inerte. Nem um grito se ouviria... A minha curiosidade não é tanto em relação aos acontecimentos, mas em relação a mim próprio. Muitos acham que são capazes de fazer qualquer coisa, mas quando chega o momento de

---

[39] Primeira edição, em dois volumes: Paris, 1914. (N.T.)

[40] Primeira edição: Paris, 1921. (N.T.)

agir recuam... É bem longo o caminho entre a intenção e o ato. E ninguém tem o direito de se arrepender dos seus atos; é como numa jogada de xadrez. Seja como for, se pudéssemos prever todos os perigos, o jogo deixaria de ter interesse."[41]

E lentamente, a sangue-frio, Lafcadio conta até dez, e depois empurra o seu companheiro de viagem, sem motivo, só por curiosidade em relação a si próprio. Lafcadio encontrou nos surrealistas os seus mais aplicados discípulos, que também começaram, tal como ele, com uma série de *actions gratuites* – escândalos sem sentido ou quase só por tédio. Mas a evolução que as suas atividades sofreram é bem adequada para, retrospectivamente, lançar luz sobre a figura de Lafcadio. De fato, mostraram cada vez mais interesse em harmonizar com as palavras de ordem da Internacional um certo tipo de atuações que, a princípio, talvez só passassem a fazer por razões lúdicas, por curiosidade. E se ainda houvesse dúvidas sobre aquele extremo individualismo sob cujo signo se iniciou a obra de Gide, elas perderam toda a legitimação perante as suas últimas confissões: estas mostram bem de que modo esse individualismo exacerbado, ao pôr à prova o meio que o rodeava, tinha de desembocar no comunismo.

"O que, ao fim de tudo, se torna mais evidente no espírito da democracia é o fato de ele ser associal."[42] Não foi Gide quem escreveu isso, mas Alain. Gide só mais tarde se encontrou com esse espírito da democracia; e foi já tarde que se sentiu preparado para o reconhecer. Os relatos que, depois de várias viagens ao interior de África, fez das condições de vida dos indígenas sob os regimes coloniais trouxeram alguma agitação aos meios políticos.[43] Se anos antes tinha causado escândalo por defender a causa dos pederastas,[44] agora ameaçava provocar tumultos ao se arvorar em advogado dos negros. Para ele, e para aqueles que o seguiam, foram afinal os fatores políticos que forneceram motivos para determinado tipo de posição. A guerra de

---

[41] André Gide, *Romans, récits et soties, œuvres lyriques*. Introd. de Maurice Nadeau, Paris, 1958 (Bibliothèque de la Pléiade, vol. 135), p. 828 e segs. (N.T.)

[42] Alain, *op. cit.,* p. 139. (N.T.)

[43] André Gide, *Le retour du Tchad,* Paris, 1928. (N.T.)

[44] André Gide, *Corydon. Quatre dialogues socratiques,* Paris, 1924 (com duas edições anônimas anteriores, Bruges, 1911 e 1920). (N.T.)

Marrocos teve uma importância especial nesse contexto, nomeadamente para as gerações mais novas.

O *Surrealismo*[45] poderia ter evitado muitas inimizades – das quais, aliás, retirou o máximo de dividendos que pôde – se as suas origens tivessem sido mais claramente políticas. Nada de mais falso. O Surrealismo cresceu no espaço apertado de um círculo literário à volta de Apollinaire. Aragon mostrou em 1924, com o seu *Vague de rêves,* como o núcleo dialético que se desenvolveu no Surrealismo tinha por fundamento uma substância insignificante e secundária. Nessa altura, o movimento abateu-se sobre os seus fundadores sob a forma de uma onda onírica inspiradora. A vida só lhes parecia digna de ser vivida se a soleira entre a vigília e o sono fosse pisada em cada um como se essa passagem fosse calcada por massas de imagens flutuando para lá e para cá; e a linguagem só parecia ser ela própria quando o som e a imagem, a imagem e o som, se interpenetravam com exatidão automática e de modo tão feliz que não restava qualquer espaço para o "sentido". "Ganhar as forças do êxtase para a causa da revolução" – era esse o seu projeto. Mas a evolução dialética desse movimento acabou por se realizar de tal modo que aquele espaço de imagens que eles tinham conquistado de forma tão ousada se revelou cada vez mais idêntico ao da prática política. Em qualquer caso, o ocorrido foi que os membros do grupo transformaram esse espaço na pátria de uma sociedade sem classes. Pode ser que a promessa de uma tal sociedade lhes tenha vindo menos do materialismo didático de um Plekhanov e de um Bukarine, e mais de um materialismo antropológico, já contido nas suas próprias experiências e nas anteriores, de Lautréamont e Rimbaud. Fosse como fosse, os princípios de ação e produção do grupo chefiado por Breton e Aragon foram-lhes ditados por esse universo de ideias, até que a evolução política lhes permitiu exprimirem-se de forma mais simples e concreta.

Desde o fim da guerra os intelectuais de esquerda e os artistas revolucionários ditam o tom para uma grande parte do público.

---

[45] Na parte que se segue, sobre o Surrealismo, há várias autocitações, do ensaio "Der Sürrealismus. Die letzte Momentaufnahme der europäischen Intelligenz" [O Surrealismo. O último instantâneo da intelectualidade europeia], *Gesammelte Schriften* II/1, p. 295-310 (a incluir em próximo volume desta edição). (N.T.)

Entretanto, ficou perfeitamente claro que essa aceitação pública não correspondia a uma repercussão social mais profunda. De onde se pode extrair uma conclusão: a de que, como diz Berl, "um artista que tenha revolucionado a arte não é por isso mais revolucionário do que Poiret, que revolucionou a moda".[46] Os mais avançados e ousados produtos da vanguarda em todas as artes sempre tiveram como público – na França e na Alemanha – apenas a grande burguesia. Se é certo que esse fato contém um juízo sobre o seu valor, não é menos certo que sugere a insegurança política dos grupos que estiveram por trás dessas manifestações. Foi sempre visível nas correntes literárias da terceira década do século a influência decisiva do anarquismo; e o caminho do Surrealismo, dos seus começos até hoje, foi marcado pela superação progressiva do anarquismo. A virada decisiva dá-se em meados dos anos 1920. Em 1926 Blaise Cendrars publicava *Moravagine*. O tipo do terrorista revolucionário que se apresenta nesse livro constituiu para os intelectuais de esquerda a imagem de um ideal de então, entretanto superado:

"A que impulso obedecíamos nós ao preparar o atentado contra o czar? Qual era o nosso estado de espírito? Muitas vezes me perguntei isso ao observar os meus camaradas... Tudo neles estava murcho e morto. Os sentimentos caíam como escamas, transformavam-se em lixo; os sentidos, duros e secos, eram incapazes de fruir fosse o que fosse e desfaziam-se em pó à mínima tentativa de o fazer. Cada um de nós estava chamuscado por um incêndio interior, e o nosso coração era apenas um monte de cinzas. A nossa alma estava devastada. Havia muito tempo que não acreditávamos em mais nada, nem sequer no nada. Os niilistas de 1880 eram uma seita de místicos, sonhadores, agentes de uma bem-aventurança geral. Mas nós estávamos nos antípodas desses alegres camaradas e das suas teorias impenetráveis. Éramos homens de ação, técnicos, especialistas, pioneiros de uma nova geração que se entregara à morte, arautos da revolução universal... Anjos ou demônios? Não, éramos, numa palavra, autômatos. Não nos abrigávamos na sombra de um anjo da guarda ou nas pregas do seu hábito, mas antes como que aos pés do nosso próprio duplo, que a pouco e pouco se soltava de nós para encontrar uma forma e

---

[46] Cf. Berl, *op. cit.*, p. 160 e segs. (N.T.)

um corpo próprio. Estranhas projeções de nós próprios, esses novos seres absorviam-nos de tal modo em si que nós, sem darmos por isso, vestíamos a sua pele e nos tornávamos iguaizinhos a eles; e os nossos últimos preparativos pareciam-se muito com a fabricação daqueles terríveis e altivos autômatos a que a magia dá o nome de terafins. Tal como eles, também nós nos decidimos a destruir uma cidade, a devastar um país e a triturar a família imperial entre as nossas assustadoras mandíbulas."[47]

A guerra civil na Rússia já pertence à história. Entretanto, rebentaram noutros lugares outras guerras civis. A atmosfera e as questões da guerra civil, mais do que o peso dos fatos da construção social na Rússia soviética, estão mais próximas da situação na Europa Ocidental, e esse fato corresponde não apenas à fase incipiente de formação política da *intelligentsia* literária do Ocidente, como também à globalidade da situação atual. A obra de Malraux é representativa desse estado de coisas. O cenário do seu último livro – e também do seu romance anterior, *Les conquérants*[48] – é a China das guerras civis. Em *A condição humana,* Malraux não se antecipa, nem ao historiador nem ao cronista. O episódio da sublevação revolucionária em Xangai, liquidada com êxito por Tchang kai Chek, não é transparente, nem econômica nem politicamente. Serve de pano de fundo do qual emerge um grupo de pessoas que participam ativamente nos acontecimentos. Por mais diferente que seja essa participação de caso para caso, por mais distintas que sejam essas pessoas pela sua natureza e a sua origem, por mais contraditórias que sejam as suas posições em relação à classe dominante, todos têm em comum o fato de provirem dessa classe. Trabalham para essa classe, ou contra ela; deixaram-na atrás de si ou foram escorraçados por ela; representam-na ou denunciam-na – mas ela está em todos eles até os ossos, e também nos revolucionários profissionais a quem é dado lugar de destaque no livro.

Malraux não enuncia isso explicitamente. Mas, ele o sabe? De qualquer modo, mostra-o, porque a sua obra vive apenas dessa secreta homogeneidade das figuras, uma obra carregada da tensão dialética de onde emerge a ação revolucionária dos intelectuais. O fato de estes

---

[47] Blaise Cendrars, *Moravagine. Roman,* Paris, 1926, p. 122-124 e 134. (N.T.)

[48] André Malraux, *Les conquérants ou le temps des troubles,* Paris, 1929. (N.T.)

terem abandonado a sua própria classe para fazerem sua a causa proletária não significa que essa última classe os tenha acolhido em si. Isso não acontece, e daí nasce a dialética em que se movem os heróis de Malraux. Vivem para o proletariado, mas não agem como proletários. Agem muito menos a partir de uma consciência de classe do que a partir da sua própria solidão. É esse o sofrimento a que nenhuma dessas pessoas consegue escapar, e é isso também que lhes confere dignidade. "Não há dignidade que não assente no sofrimento."[49] O sofrimento faz de nós solitários e alimenta-se da solidão que gera. Fugir desta é o objeto do esforço fanático daqueles que têm a palavra nesta obra. O lado patético deste livro está mais intimamente relacionado com o seu niilismo do que se poderia pensar.

A que necessidade humana corresponde a ação revolucionária? Essa pergunta só pode ser feita a partir da situação muito particular do intelectual. E corresponde, aliás, à sua solidão. Mas, na medida em que ele, com Malraux, a eleva a essência de uma "condição humana", isso o impede de ver outras condições totalmente diferentes e altamente dignas, das quais nasce a ação revolucionária das massas. As massas têm outras necessidades, as suas reações são diferentes, e só psicólogos primitivos as podem interpretar como primitivas. A análise de Malraux embate numa barreira ao chegar às ações das massas proletárias, cujo método de ensaio são as revoluções. Mas também a sua fábula, poderia objetar-se, para nesse limite. E é verdade. Mas não é óbvio que, perante uma matéria como essa, o autor tenha muita liberdade na construção da fábula. Poderá ele realmente retrair-se e não antecipar o historiador? Haverá uma escrita verdadeiramente revolucionária sem um caráter dialético?

O esclarecimento dessas questões, que a crise da literatura torna ainda mais evidentes, estava reservado ao Surrealismo. As condições para a solução deste problema – apesar de muito poucos, até agora, lá terem chegado – estavam criadas. Estavam dadas com a gênese do novo nacionalismo, que trouxe à luz os verdadeiros traços da imagem do "homem do espírito", tal como Barrès a havia esboçado. Surgiram com a crise do parlamentarismo, que tornou cada vez mais difícil o acesso dos jovens intelectuais aos *cadres,* cujo espírito é defendido por

---

[49] André Malraux, *La condition humaine,* Paris, 1933, p. 399. (N.T.)

Alain. Surgiram ainda no fato de o internacionalismo como questão cultural, tal como Benda o entende, estar prestes a passar por uma série de difíceis testes. Surgiram devido à rapidez com que a imagem de Péguy se tornou uma lenda, e à impossibilidade de encontrar nos seus escritos apoios para a situação com a qual se confrontam hoje os intelectuais. Surgiram também com a consciência que a pouco e pouco se transformou num imperativo para os mais responsáveis: a de que tinham de aprender a prescindir de um público com cujas necessidades os seus pontos de vista tinham deixado de ser harmonizáveis. Um poeta importante como Valéry fornece, no entanto, uma referência indireta a todas essas condições; e só é uma figura problemática por-que não teve a força necessária para esclarecer a contradição existente entre a sua técnica e a sociedade à disposição da qual a coloca. Essas condições prévias surgiram, finalmente, no exemplo de André Gide.

O decisivo em tudo isso é o fato de os surrealistas terem segui-do, para a solução desses problemas, um caminho que lhes permitiu explorar ao máximo as condições prévias atrás enunciadas. Imitaram, assim, das mais diversas maneiras o ato lúdico de Lafcadio, antes de se aventurarem por coisas mais sérias. Deram àquilo a que Valéry chama "poesia pura" um caráter mais definido através de certas ações em que usavam a poesia como chave para as psicoses. Colocaram o inte-lectual no seu lugar, na condição de técnico, reconhecendo o direito do proletariado a essa técnica, porque só esse exige o seu estágio mais avançado. Numa palavra – que é decisiva –, chegaram aonde chega-ram sem compromissos, com base no controle permanente das suas próprias posições. E chegaram lá enquanto intelectuais – e isso quer dizer: pelo caminho mais longo. De fato, o caminho do intelectual na sua crítica radical da ordem social é o mais longo, tal como o do proletariado é o mais curto. Daí a guerra que declararam a Barbusse e a todos aqueles que, em nome de um "ideário", estão dispostos a encurtar esse caminho. Por isso eles não têm lugar entre os que se entretêm a retratar os pobrezinhos.

O pequeno-burguês que se decidiu a levar a sério as suas aspira-ções libertárias e eróticas deixa de oferecer aquelas perspectivas idílicas que Chardonne tanto admira nele. Quanto mais ousado e decidido ele for na sua afirmação daquelas exigências, tanto mais certamente deparará com a política – por um caminho que é ao mesmo tempo o mais longo e o único que ele pode seguir. Nesse momento, deixará de ser o pequeno-burguês que era. Aragon lembra que "os escritores revolucionários de origem burguesa revelam-se, na sua essência e de forma decidida, como traidores da sua classe". Tornam-se políticos militantes, e enquanto tal são os únicos capazes de interpretar aquela obscura profecia de Apollinaire com que abrimos este ensaio. Sabem por experiência por que razão a obra dos poetas – a única a que ainda reconhecem esse nome – é perigosa.

Comentário

NOTA

Este comentário segue o da edição original alemã mais completa das Obras de Benjamin (*Gesammelte Schriften*, da responsabilidade de Rolf Tiedemann e Hermann Schweppenhäuser) e leva ainda em conta, no caso do ensaio "A obra de arte na época da possibilidade de sua reprodução técnica", a nova edição crítica (*Werke und Nachlaß. Kritische Gesamtausgabe*, vol. 16, ed. de Burkhardt Lindner, com Simon Broll e Jessica Nitsche, Frankfurt/Main, Suhrkamp Verlag, 2012). Adaptei os comentários ao destinatário de língua portuguesa e atualizei lacunas. As passagens em itálico provêm todas de textos e cartas de Benjamin.

As citações das Cartas no aparato crítico da edição alemã das Obras de Walter Benjamin referem ainda a edição em dois volumes, organizada por G. Scholem e Adorno (W. Benjamin, *Briefe* [Cartas]. Herausgegeben und mit Anmerkungen versehen von Gershom Scholem und Theodor W. Adorno. Frankfurt/Main, Suhrkamp Verlag, 1966). Foi, entretanto, editada a correspondência completa de Benjamin (*Gesammelte Briefe in sechs Bänden* [Correspondência Completa, em seis volumes], organ. de Christoph Gödde e Henri Lonitz [Arquivo Theodor W. Adorno], Frankfurt/Main, Suhrkamp Verlag, 1995-2000). Uma vez que é essa hoje a edição de referência para as Cartas de Benjamin, todas as citações no Comentário desta edição portuguesa remeterão para ela, indicando, no entanto, também a fonte na primeira edição das Cartas. Para isso, serão usadas as siglas Br. (= *Briefe*, para a edição de Scholem/Adorno, em dois volumes) e GB (= *Gesammelte Briefe*, para a edição completa), seguidas do número de página e, no caso desta última edição, também o do volume. Sempre que houver apenas a referência a GB, isso significa que a carta em questão não figura na edição de Scholem/Adorno. As referências à edição original das Obras (*Gesammelte Schriften*) utilizam a sigla GS, seguida do volume e do número de página.

A obra de arte na época da possibilidade de sua reprodução técnica
(quinta versão)
(p. 7-47)

Para esclarecer desde já a questão importante das várias versões deste ensaio, que a nova edição crítica das Obras e do Espólio de Benjamin (*Werke und Nachlaß*) cita como sendo cinco, diferentemente do que acontecia com a primeira edição das *Obras completas* (GS), que apenas contabilizava três, fornecem-se a seguir os dados mais importantes sobre a gênese e as versões disponíveis do texto.

A versão mais antiga do ensaio é um conjunto de anotações que constituem um esboço do ensaio (manuscritos 997-1023 do Arquivo Benjamin) e que datam de 1935. A partir de então terá sido redigida a primeira versão definitiva, datável de finais de 1935, conservada no Arquivo Benjamin sob a forma de um manuscrito completo e emendado. Essa versão alemã é agora designada por "segunda versão". Desse manuscrito terão sido feitos dois datiloscritos (a terceira versão), um dos quais foi enviado por Benjamin a Horkheimer e o outro a Bernhard Reich, para eventual publicação na revista de emigrados alemães *Das Wort,* o que acabaria por não acontecer. Nessa altura, no início de 1936, Benjamin decide publicar o ensaio, em tradução francesa, na *Zeitschrift für Sozialforschung*. O texto alemão que serviu de base a essa tradução foi um dos dois datiloscritos, mas com acréscimos e numerosas notas. Certo é que do trabalho de tradução resultou uma nova versão, tanto alemã como francesa, reconstituível a partir das sugestões de alterações feitas pela redação da *Revista de Investigação Social* em Nova Iorque, adiante referidas. O resultado foi a versão francesa impressa, e duas vezes revista, na *Zeitschrift für Sozialforschung* (vol. 5, n. 1, maio de 1936), que aqui será designada por "quarta versão".

Sabe-se que Benjamin trabalhou numa versão alemã definitiva (a quinta), como mostram alguns testemunhos a partir de março de 1936. Esse trabalho decorreu, em parte, em paralelo com a redação da versão francesa, sofreu várias modificações, e não deve ter sido concluído antes do verão de 1936 (a intenção era a da sua publicação numa das revistas de língua alemã editadas em Moscou, primeiro a *Internationale Literatur,* e depois *Das Wort).* A versão final data provavelmente da segunda metade de 1936, ou mesmo de 1937, dado que a primeira referência clara a essa versão definitiva é apenas de 1938, em carta a Gretel Adorno (mas mesmo nessa altura, e ainda em 1939, tratar-se-ia de um *work in progress,* como parece mostrar a carta a Gretel Adorno de fim de março/princípio de abril). O "original" alemão do ensaio sobre "A obra de arte..." que constituiu a base da primeira publicação em 1955 é a cópia do datiloscrito elaborado em Paris em 1937/38, de que Gretel Adorno datilografou uma outra cópia na primavera de 1938. Essa versão, antes designada de terceira, corresponde no essencial à quinta e última, na forma, na estrutura e no desenvolvimento da argumentação.

Primeiras anotações, primeira versão e começo do trabalho na versão francesa

Caro senhor Horkheimer,

Agradeço-lhe muito a sua carta de 18 de setembro [1935]. *Como deve calcular, foi uma grande alegria para mim. O número daqueles a quem posso apresentar o meu trabalho diminuiu bastante depois da emigração. Os anos e a situação em que me encontro levam, por outro lado, a que este trabalho ocupe um espaço cada vez maior na economia da minha vida. Daí o significado especial da sua carta. Precisamente porque a sua opinião sobre a sinopse* [d'*O livro das passagens,* com o título "Paris, capital do século XIX", que Benjamin escreve ao mesmo tempo que o ensaio sobre "A obra de arte..."] *é tão importante e me dá esperanças, o meu desejo seria o de nem fazer nesta carta qualquer referência à minha situação [...] E ela é tão difícil como o pode ser uma situação sem dívidas. Com isso, não quero atribuir-me qualquer espécie de mérito, mas apenas dizer-lhe que todo o auxílio*

que me possa conceder representará para mim um alívio imediato. Por comparação com as minhas despesas em abril, quando regressei a Paris, reduzi drasticamente o meu orçamento. Vivo num quarto alugado em casa de emigrantes. Além disso, consegui ter direito a um almoço organizado diariamente para intelectuais franceses. Mas, por um lado, esse direito é provisório, e por outro só faço uso dele nos dias em que não trabalho na biblioteca, porque o restaurante é bastante longe. Menciono ainda, de passagem, que tenho de renovar a minha Carte d'Identité, mas não disponho dos 100 francos necessários. Também a inscrição na Presse Étrangère, que me aconselharam a fazer por razões administrativas, teve de esperar até agora, porque me faltam os necessários 50 francos. O que há de paradoxal nessa situação é que o meu trabalho nunca esteve tão próximo de ter uma utilidade pública como agora. Nada me animou mais na sua última carta do que as sugestões que faz neste sentido. O valor do seu reconhecimento é para mim proporcional à perseverança com que me mantive fiel a esse trabalho nos melhores e nos piores dias, um trabalho que agora se configura num plano global que nos últimos tempos adquiriu uma forma decisiva (Br., 688 segs.; GB V, 177 segs.).
Essa carta, escrita em meados de outubro de 1935, mostra bem a situação desoladora em que Benjamin se encontrava em Paris – estava no terceiro ano da emigração –, e como ele, pondo de lado *a imagem histórica da matéria que agora estava provisoriamente fixada* [na sinopse d'*O livro das passagens*], em favor de reflexões mais construtivas (Br., 690; GB V, 178-179), tinha já dado forma escrita a essas reflexões num primeiro esboço do trabalho sobre "A obra de arte..." *Por muito provisórias que sejam essas reflexões na forma em que as fixei, posso afirmar que elas se orientam no sentido de uma teoria materialista da arte que vai muito mais longe do que a sinopse que conhece. Desta vez, trata-se de determinar o lugar exato no presente em que a minha construção histórica se relaciona com o seu ponto de fuga. Se o pretexto do livro é o do destino da arte no século XIX, esse destino tem alguma coisa a dizer-nos porque está contido no tique-taque de um mecanismo de relógio cujo bater das horas só se fez ouvir por nós. O que quero dizer é que a hora da verdade da arte soou para nós, e eu fixei as suas marcas numa série de reflexões provisórias a que dei o título de "A obra de arte na época da possibilidade de sua reprodução técnica". Essas reflexões procuram dar às questões da teoria da arte uma forma verdadeiramente atual, e a partir de dentro, evitando todas as relações não mediatizadas com a política. Essas reflexões, que praticamente não*

lançam mão de material histórico, não são ainda muito numerosas. [O manuscrito dessa primeira versão é caracterizado mais adiante, na p. 234 e segs.]. *Têm um caráter de considerações de princípio. Penso que teriam um lugar adequado na revista* [i.e., a *Zeitschrift für Sozialforschung*, editada pelo Instituto de Investigação Social, sob a direção de Max Horkheimer, desde 1932]. *No que a mim se refere, não preciso lhe dizer que preferia ver esses resultados do meu trabalho publicados na sua revista. Em caso algum o oferecerei para publicação sem antes ouvir a sua opinião.* (Br., 690 seg.; GB V, 179.) Benjamin resume de forma semelhante a Scholem, em finais de outubro de 1935, o trabalho que *verdadeiramente o ocupa, e que nos últimos tempos progrediu de forma decisiva a partir de algumas considerações de princípio no âmbito da teoria da arte. Juntamente com o esquematismo histórico que desenvolvi há uns quatro meses, elas constituirão, enquanto linhas de fundo sistemáticas, uma espécie de quadrícula em que todo o resto se inserirá. Essas reflexões fundamentam a história da arte no século XIX na consciência da sua situação atual, aquela que nós vivemos. Mantenho-as em segredo porque elas são muito mais suscetíveis de serem roubadas do que a maior parte das minhas ideias. A versão atual, ainda provisória, chama-se "A obra de arte na época da possibilidade de sua reprodução técnica"* (Br., 695; GB V, 190). Numa carta escrita na mesma época a Kitty Marx-Steinschneider,[1] Benjamin reflete sobre as circunstâncias maiêuticas aparentemente necessárias para fixar essas primeiras reflexões: *Nas últimas semanas tenho andado ocupado com a anotação de algumas ideias de fundo sobre a teoria da arte, cujo ponto de partida foi aquela conversa no bar, de manhã, com o seu marido* [Karl Steinschneider]. *Parece que essas reflexões, que tinham ficado escondidas nas madrugadas dos dias a decrescer, só se me tornaram claras ao serem atraídas para a luz do meio-dia* (Br., 697; GB V, 185). A referência às *últimas semanas* permite datar com precisão o primeiro esboço do ensaio: setembro/outubro de 1935. Numa outra carta, escrita também em finais de outubro (a Werner Kraft), Benjamin nomeia, em tom eloquente, o lugar histórico-filosófico a partir do qual faz essas

---

[1] Benjamin conheceu Kitty Marx (nascida em 1905 em Königsberg, casada em 1933 com Karl Steinschneider) antes que ela emigrasse para Jerusalém no início de 1933. Posteriormente, trocou com ela bastante correspondência, numa relação de amizade e intelectual. (N.T.)

considerações, e diz como pretende sustentá-las: *No que me concerne, procuro direcionar o meu telescópio, através dessa névoa do sangue, a uma miragem do século XIX que me esforço por pintar com os traços que ela terá numa época em que o mundo esteja liberto de magias. É claro que, primeiro, tenho de construir eu mesmo esse telescópio; e, ao fazê-lo, acho que serei o primeiro a encontrar alguns princípios fundamentais de uma teoria materialista da arte. Neste momento a estou desenvolvendo num breve ensaio programático* (Br., 698 seg.; GB V, 193). É muito provável que se trate da primeira versão definitiva do ensaio sobre "A obra de arte...", o que parece ser confirmado, a par das datas, pelo tipo de referências nas cartas seguintes. Oito semanas mais tarde, em 27 de dezembro de 1935, voltava a escrever a Werner Kraft: *Por fim, gostaria ainda de mencionar que terminei um trabalho programático sobre a teoria da arte, com o título "A obra de arte na época da possibilidade de sua reprodução técnica". Não tem qualquer relação, quanto à matéria, com o grande livro* [i.e., *O livro das passagens*] *de cujo plano lhe falei; mas tem uma ligação estreita com ele quanto ao método, já que todo o trabalho de perspectiva histórica, em particular quando pretende ser escrito do ponto de vista do materialismo histórico, tem de começar por fixar exatamente o lugar do presente nos objetos cuja história se pretende apresentar: neste caso, o destino da arte no século XIX* (Br., 700; GB V, 209). Encontra-se aqui claramente assinalada a ligação que Benjamin, nessa altura, estabelecia entre o trabalho sobre a reprodução das obras de arte e *O livro das passagens*. A data da gênese da primeira versão pode, assim, situar-se entre meados/ finais de outubro e fim de dezembro de 1935. No fim de janeiro de 1936, como se depreende de uma carta a Alfred Cohn, já tinham sido dados os primeiros passos com vista à publicação: *deve ser publicado na revista do Instituto* [de Investigação Social, encerrado pelos nazis em 1933 e refundado por Horkheimer em Nova Iorque em 1934], *e em língua francesa. A tradução será feita por um homem particularmente dotado* [i.e., Pierre Klossowski]; *o texto vai certamente sofrer com a tradução, mas, por outro lado, prefiro que o texto apareça em francês, tendo em vista a minha posição aqui* (Br., 702; GB V, 230). Essa passagem, e a que se segue, indica que Benjamin mandou datilografar a primeira versão definitiva do trabalho entre fim de dezembro de 1935 e fim de janeiro de 1936; uma cópia foi enviada a Horkheimer (o que explica a decisão de publicar uma versão francesa na *Revista de*

Investigação Social), e outra para Moscou: *De momento, o ensaio programático de que falei encontra-se em Moscou* [nas mãos de Bernhard Reich, de quem Benjamin esperava algum apoio para a publicação], *e estou ansioso por saber se o irão publicar na Rússia. É possível, mas eu ficaria mais espantado com uma decisão positiva do que negativa* (Br., 700; GB V, 231). O motivo de espanto pela positiva nunca chegou a ocorrer, como mostram os desenvolvimentos posteriores destas tentativas de publicação. Os dois datiloscritos aqui mencionados correspondem à terceira versão, terminada em dezembro de 1935, de que se conservou um manuscrito completo. As divergências significativas em relação à versão francesa publicada – e mais ainda em relação à versão alemã mais tardia, só publicada em 1955 na edição dos *Schriften* [Obras] – permitem confirmar que houve, entre o manuscrito da segunda versão e a impressão da versão francesa, uma outra versão datilografada, diferente, que resultou das primeiras discussões com Horkheimer e serviu de base à tradução francesa, com mais algumas alterações. Esse fato é confirmado por várias cartas dos dias e semanas seguintes. Em 29 de janeiro de 1936, três dias depois da carta a Werner Kraft atrás citada, Adorno escrevia num postal enviado de Londres a Benjamin: "Este postal tem uma finalidade: a de lhe pedir que me envie, assim que possível, uma cópia do seu trabalho tecnológico. Esse pedido é tanto mais premente quanto as passagens que Max [Horkheimer] me mostrou suscitaram em mim algumas reservas (para já, quanto à formulação) que só depois de ler todo o trabalho posso aceitar ou rebater. Por isso lhe agradeço desde já o envio" (carta de 29 de janeiro de 1936). Ainda antes de esse postal ter chegado a Paris, Benjamin escrevia a Werner Kraft (em 30 de janeiro): o ensaio sobre a reprodução *sairá primeiro em francês. Está neste momento nas mãos de um tradutor considerado muito bom; mas as dificuldades serão muitas também para ele. Ainda não sei onde publicar o texto alemão. De momento estou ocupado escrevendo uma série de notas a este ensaio* (Br., 705; GB V, 237). Essas notas serão provavelmente as que constam na versão francesa, no pé da respectiva página, sem correspondência no manuscrito da primeira versão alemã completa, que não tem notas de rodapé; mas uma parte dessas notas estava integrada no texto dessa primeira versão; o resto serão as notas da versão alemã seguinte (a terceira), que, na sua maior parte, não devem ter sido escritas antes de março. Isso é esclarecido pela carta de 7 de fevereiro, a Adorno, que responde ao postal de Londres: *Eu próprio senti desde o início a urgência de lhe enviar este trabalho. Quando ele, por assim dizer pela primeira vez, ficou concluído, o senhor estava em Frankfurt. Depois, dei-o a Max, na esperança de que o seu encontro lhe permitiria ter tempo suficiente para o ler. Quando Max me disse que não foi isso que aconteceu, os poucos exemplares de que dispunha já tinham destinatário. Mas dentro de dias receberá não apenas o original, mas também a tradução francesa que Pierre Klossowski fez, por mediação de Max. Achamos que está em boas mãos, já que ele preenche todas as condições, não apenas do ponto de vista da língua, mas também quanto aos pressupostos científicos necessários. Apraz-me comunicar-lhe que a conversa com Max sobre esse trabalho decorreu da forma mais produtiva e numa atmosfera amigável. Algumas das questões que V. já tinha suscitado pareceram-nos importantes. O resultado das nossas conversas, em que reconhecerá alguma coisa de seu, transparece um pouco em algumas, poucas, passagens reformuladas, mas sobretudo numa série de notas que representam cortes da infraestrutura político-filosófica das construções apresentadas no texto. Mas, além deste trabalho, as últimas conversas e os acordos feitos com Max permitiram que se realizasse aquilo que eu mais desejava e que a sua amizade ativa também tinha em vista. Depois das últimas palavras que trocamos aqui no Hotel Lutécia quando da sua passagem, não preciso lhe dizer o que para mim significa poder finalmente trabalhar sem as penosas preocupações de subsistência que me atormentavam. E agora que também V. estará mais próximo do trabalho do Instituto, só posso esperar coisas boas, sem otimismos levianos, quer das nossas perspectivas teóricas, quer dos problemas práticos relativos à minha situação. [...] Espero que saiba ler nas entrelinhas o agradecimento que a nossa relação me impede de lhe exprimir de forma mais direta* (GB V, 240-41). Benjamin refere-se aqui à segunda conclusão do trabalho, o que poderá querer dizer que da primeira vez se tratava da cópia do manuscrito, e da segunda do datiloscrito modificado depois da conversa com Horkheimer, a que se acrescentaram as seis notas atrás mencionadas. Aquilo a que Benjamin chama "original" deverá ser, segundo a nova edição crítica, a terceira versão (alemã), a partir da qual Klossowski, em colaboração com Benjamin, fez a tradução francesa. Mas também essa foi submetida a várias intervenções, até chegar à forma em que apareceu impressa na *Zeitschrift für Sozialforschung*.

Trabalho de tradução e alterações editoriais
na versão francesa

A história dessas alterações é complicada, e sobre ela dispomos de vários testemunhos pormenorizados. Em 25 de fevereiro de 1936, Raymond Aron, diretor da dependência parisiense do Instituto de Nova Iorque, escrevia num relatório a Horkheimer sobre a atmosfera da filial de Paris: "No seu conjunto, acho a situação atual excelente [...] Tudo vai bem desde que a atividade de cada um permaneça independente". No entanto, acrescentava: "Quando se coloca um problema, entra-se em discussões intermináveis que seria desejável evitar. Um exemplo: na segunda-feira, ao chegar ao escritório, mostram-me a primeira página do artigo de Benjamin traduzido. Reparo em duas frases obscuras, e sugiro que sejam corrigidas. O próprio Benjamin deseja que eu reveja todo o texto. É então que intervém o senhor Brill: muito compenetrado das suas responsabilidades, convencido da necessidade de enviar o original a Alcan [o editor da revista], começa por nos dar duas horas para a revisão do artigo. Tivemos de entrar numa penosa discussão para conseguirmos o prazo necessário de 24 horas. Tudo acabou bem e, uma vez mais, não faço quaisquer recriminações ao senhor Brill, cujas preocupações eram louváveis. Mas coloco a seguinte questão: não será conveniente que, em caso de dúvida, uma pessoa e apenas uma tenha o direito de tomar uma decisão sob sua exclusiva responsabilidade? Não tenho nenhum gosto especial pela autoridade, e se procurasse apenas a minha tranquilidade, deixava as coisas como estão, mas acho que é indispensável um "poder arbitral". Passamos a tarde a corrigir o artigo com o senhor Benjamin. É sem dúvida um trabalho notável, e não tenho qualquer reserva a fazer (respondo assim à pergunta que me fez antes da sua partida). Mas seria bom indicar à cabeça do artigo que se trata de uma tradução, de modo a que o leitor não atribua ao próprio autor as singularidades de um texto tão difícil" (carta de R. Aron a Horkheimer, de 25 de fevereiro de 1936). Pela mesma altura, Brill, secretário da dependência e o homem de confiança de Horkheimer em Paris, dava conta da situação do trabalho de tradução e da publicação do ensaio de Benjamin: "O original foi entregue a Alcan essa manhã. Foi um parto dificílimo. Ao falar consigo e ao aceitar o prazo de entrega, Klossowski não devia fazer a mínima ideia, nem da dificuldade do texto, nem das dificuldades da colaboração com o Dr. B[enjamin]. Coube a mim a desagradável tarefa de, nos últimos dez dias, andar dia e noite atrás deles, insistindo para que terminassem o trabalho. Agora está pronto, e ainda ontem à noite fiz alguns cortes com os quais B[enjamin] não concorda. Não posso lhe enviar uma cópia, porque só agora é que está a ser feita, e será expedida para Nova Iorque só na sexta-feira (excecionalmente num vapor alemão, já que o *Île de France* só larga no dia 4 de março). O senhor Benjamin afirma ter autorização especial da sua parte quanto ao último capítulo, de modo que não fiz qualquer alteração nele. Noto apenas que o senhor não me falou dessa autorização especial; também não a compreendo bem, porque este último capítulo não prima pela clareza. Imagino que o senhor B[enjamin] vai ficar muito chocado com os meus cortes, e peço-lhe para lhe fazer saber que, neste caso, os cortes foram feitos com indicações precisas da sua parte, ainda que com sentido provisório. De resto, é um belo trabalho, este de B[enjamin]" (carta de Hans Klaus Brill a Horkheimer, 26 de fevereiro de 1936). Do próprio Benjamin ficou-nos o seguinte relato final a Horkheimer, comentando essa fase do trabalho de tradução e redação, escrito um dia depois do enviado por Brill: *Dentro de um, no máximo dois dias, envio-lhe o manuscrito francês do meu ensaio. A conclusão, como o senhor Brill já lhe deve ter comunicado, atrasou-se muito, e eu pensaria duas vezes antes de solicitar a sua atenção para uma pequena retrospectiva da história desta tradução, se as experiências nela contidas não tivessem uma certa importância para a programada tradução do seu livro. [...] As experiências com Klossowski [representam] apenas metade do conjunto de fatos que deverão ser levados em conta na decisão da escolha da pessoa que traduzirá o seu livro. De resto, a primeira metade desse conjunto de circunstâncias ainda não é abarcável neste momento. Sei de que modo decorreu o trabalho com Klossowski; mas não sei ainda nada de definitivo sobre os seus resultados. Isso, só a recepção pelos leitores franceses o dirá, entre os quais alguns me são tão próximos que tratarei de chamar-lhes a atenção para o lado linguístico da questão. De qualquer modo, e quanto ao resultado do trabalho, duas coisas me parecem já claras: primeiro, que a tradução é de um grande rigor e reproduz o sentido do original de forma perfeitamente correta; segundo, que o texto francês* contém, em muitos aspectos, um tom doutrinário que, ao que me parece, só raramente se encontra no alemão. *Aron, que leu o manuscrito pouco antes da entrega e introduziu um certo número de correções, disse, com razão, que se tratava de uma tradução na qual era visível aqui e ali a mão do autor, e que isso constituía uma desvantagem. Por outro lado, não tenho dúvidas de que a minha colaboração era imprescindível. Os primeiros capítulos, que Klossowski traduziu sem antes conversar comigo, continham inúmeros equívocos e desfigurações. Tenho a certeza de que seria desejável e possível, mais tarde, apagar os vestígios dessa minha colaboração, indispensável numa primeira fase. Mas isso só poderia ser feito num processo de reelaboração que duraria semanas, ou mesmo meses. O erro de Klossowski foi o de supor que poderia traduzir o texto mais ou menos fluentemente, talvez com a ajuda de uma ou outra pergunta que me fizesse, ao ritmo normal de qualquer tradução. A primeira leitura superficial do texto alemão teria desde logo corrigido essa falsa impressão. O problema é que só depois da sua partida ele se lançou ao trabalho, ou então pensou que podia começá-lo sem essa primeira leitura. Por isso se comprometeu com prazos que depois, por mais boa vontade que houvesse, nunca poderiam ser cumpridos. Eu próprio, como deve ter reparado, fiquei inquieto com o atraso com que ele começou o trabalho; mas nem eu nem o senhor podíamos fazer nada a não ser confiar na aceitação de Klossowski. Quando se deu conta da natureza do texto e das dificuldades nada usuais da tradução, esforçou-se o máximo que pôde, mostrou a maior compreensão, e por isso a colaboração com ele, apesar da pressão do tempo, foi, de um modo geral, não só muito produtiva como também agradável. Apesar de toda a sua boa vontade, ainda não conseguiu terminar algumas das notas. Brill achou que vai ser possível incluir duas ou três na composição; espero que assim seja, de contrário seria uma coisa muito lamentável. Revi depois com Brill as formulações políticas por si assinaladas, alterando em algumas passagens a terminologia, noutras a expressão, especialmente no fim do primeiro capítulo, e cortando ainda algumas frases. O conceito de fascismo aparece, para além do último capítulo, sobre o qual falamos, apenas uma ou duas vezes. Pus a hipótese, com Aron, de indicar numa breve nota de redação que o ensaio foi traduzido do alemão. O senhor, melhor do que nós, poderá decidir se isso se justifica* (GB V, 243-245). Numa carta a Adorno, com a mesma data, lê-se: *Pensei enviar-lhe mais cedo estas linhas acompanhando o meu trabalho, mas não dispunha de nenhum exemplar alemão antes da conclusão da tradução francesa. Se este, que agora lhe mando, revela as marcas desse trabalho de tradução, só tenho de lhe pedir que me desculpe. Aliás, se esse trabalho de tradução pudesse ser considerado definitivo, receberia também o texto francês com o alemão. Mas, no pé em que estão as coisas, preciso ter ainda à mão o primeiro, apesar de já estar na tipografia, para fazer uma última revisão com o tradutor. [...] As duas semanas de trabalho intenso com o meu tradutor deram-me uma distância em relação ao texto alemão que geralmente só consigo ter ao fim de muito mais tempo. Não digo isso para o rejeitar, mas sim porque a esta altura descobri nele um elemento que gostaria que merecesse a sua atenção como leitor: precisamente a urbanidade antropofágica, um tato e um cuidado na destruição que, como espero, revela algo do amor àquelas coisas que a si lhe são tão familiares e que as liberta* (Br., 709; GB V, 248). Dois dias depois da primeira carta a Horkheimer, Benjamin envia uma segunda, quando, por acaso, reparou que haviam sido feitos cortes no texto, já em composição, além dos que ele próprio tinha consentido na revisão com Brill: *Na minha carta de anteontem dizia-lhe que fiz, com Brill, uma revisão da tradução tendo em vista algumas passagens politicamente questionáveis. Da minha breve informação pôde o senhor deduzir que eu achei que essa revisão fazia sentido e que estava convencido de que ela fora feita de acordo com Brill. Lamento agora ter de lhe comunicar que não foi isso o que aconteceu. Ao responder a um esclarecimento sobre aspectos técnicos (paginação), constatei que Brill, logo depois da nossa revisão, e em passagens que já tínhamos revisto, fez novos cortes à minha revelia e já nas provas diagramadas. Como o senhor ainda não pôde ler aqui o texto francês, aceitei naturalmente a sua sugestão de o dar a ler a um terceiro, leitor neutro, no que se refere ao uso de determinadas fórmulas. A intervenção de Brill parece-me não só ir contra os hábitos redatoriais da revista, como também afeta partes do texto original sobre as quais o senhor e eu estávamos de acordo. Trata-se sobretudo do primeiro capítulo. Sobre este capítulo, falamos pormenorizadamente e concordamos em fazer alterações na conclusão, o que, naturalmente, fiz. O objeto da intervenção de Brill não era, no entanto, esse, mas sobretudo a terceira frase do texto, que mais não faz do que reproduzir uma tese de O Capital. As intenções subjacentes a este corte revelaram-se de forma típica na conversa que teve comigo a propósito do 5º capítulo, onde se diz: "Quando, com o surto do primeiro meio de reprodução verdadeiramente revolucionário, a fotografia (em simultâneo com o irromper do socialismo), a arte sente a aproximação da crise, ... ela reage com a doutrina da arte pela arte".[2] Nessa frase, Brill queria a todo o custo suprimir o que está entre parênteses. Ora, o ponto de vista assumido no trabalho, que vê a história das técnicas de reprodução em íntima ligação com a das massas, não me permitia prescindir dessa frase. Por outro lado, a última reserva parece-me evidenciar um desconhecimento da matéria, que dificulta um trabalho redatorial com ele, para não falar já do método de, depois de um entendimento com o autor, querer introduzir, como fait accompli, alterações que tinham sido postas de lado no encontro com o autor. Não me sinto disposto a aceitar esse procedimento, tanto mais que a última palavra quanto às formulações a usar lhe cabe, naturalmente, a si. Todas as circunstâncias e toda a minha experiência mostram que não há possibilidade de desentendimento entre nós dois quanto a estas matérias, simplesmente porque o senhor dispõe sempre de sugestões alternativas e eu tenho sempre total compreensão quanto às condições em que o Instituto tem de trabalhar hoje em dia. Problemas como os que este ensaio coloca em algumas passagens surgiram também já antes, no ensaio sobre "O lugar social do escritor francês na atualidade", e eles foram resolvidos rapidamente e sem dificuldade, tal como aconteceu com vários momentos do texto agora em discussão, nas conversas que tivemos aqui em Paris. Sei bem, caro senhor Horkheimer, como deve estar ocupado com trabalhos importantes. Gostaria de fazer tudo o que estivesse ao meu alcance para não o sobrecarregar com pormenores redatoriais no que se refere aos meus trabalhos. Nesse caso particular, porém, peço-lhe que me dê a sua opinião sobre alguns pontos em questão. Brill não sabe, nem pode avaliar as intenções que o senhor associa à publicação desse ensaio em francês. Não estou a par de todas as passagens que Brill cortou sem meu conhecimento. No entanto, tenho a certeza de que, se este trabalho deve ter algum valor informativo para a vanguarda intelectual francesa, então o seu perfil político não pode ser desfigurado. Desse perfil fazem parte, tanto o primeiro como o último capítulo, que se correspondem na construção global do ensaio. Um acaso confirma a minha posição no que se refere aos leitores franceses. Acontece que Aron estava presente quando Brill avançou com as suas reservas sobre a terceira frase do primeiro capítulo. Aron, que nem sequer pertence à ala mais radical da intelectualidade local, opôs-se vivamente. Na sequência disso, talvez mais do que para ir ao encontro da minha própria recusa, Brill recuou,*

---

[2] A frase citada é da primeira versão completa do ensaio e não se encontra na que reproduzimos neste volume, a terceira e última. (N.T.)

mas apenas para mais tarde concretizar de outra forma as suas intenções. Peço-lhe insistentemente que me comunique o mais depressa possível a sua opinião sobre as passagens do manuscrito em discussão. As eventuais alterações na composição (reformulação do primeiro capítulo) poderão certamente ainda ser feitas (GB V, 250-252). Ainda antes de responder a Benjamin, Horkheimer apressou-se a esclarecer a situação com Brill e Aron. Escreveu a Brill de Nova Iorque em 6 de março, depois de ter recebido dele uma carta com data de 26 de fevereiro: "A resolução dos problemas surgidos com o ensaio de Benjamin será feita aqui pela redação, depois de lidas as provas. De qualquer modo, o senhor agiu de acordo com o combinado ao cortar as passagens que lhe pareceram problemáticas. Cabe agora a nós decidir até que ponto poderemos atender aos protestos do senhor Benjamin. Não me lembro nada de ter dado algum consentimento especial nesse sentido. O mesmo se aplica aos seus esforços para entregar a totalidade dos artigos à tipografia o mais rapidamente possível, depois do atraso com a tradução de Klossowski. Aron escreveu-me, dizendo que, por essa razão, o senhor só queria conceder duas horas para a revisão do ensaio, e que chamou a atenção para o fato de não estar decidido quem assumiria a responsabilidade em tais casos. É meu desejo que as coisas corram aí sem atritos, e por isso lhe respondi que, em caso de divergência de opiniões no que se refere à parte francesa da revista e às relações com os autores franceses, seria ele próprio a assumir a responsabilidade. Além disso, disse-lhe também que o senhor Pollock passará por Paris durante o mês de abril. É claro que disse ao senhor Aron que tinha combinado consigo que eventuais alterações por ele feitas poderiam ainda ser introduzidas nas provas. [...] Peço-lhe que me diga se Aron tem ou não conhecimento das alterações que o senhor fez no artigo de Benjamin e que suscitaram o protesto deste. Neste último caso, teremos de encontrar uma maneira diplomática de comunicar isso a ele. É possível que Aron argumente dizendo que eu próprio, quando aí estive, o autorizei a responsabilizar-se por artigos e resenhas em francês. Ora, é certo que eu recebi o seu *agrément* sobre o ensaio de Benjamin, mas não sei exatamente qual a versão que serviu de base a este *agrément*" (carta de Horkheimer a Brill, 6 de março de 1936). Na mesma altura seguiu uma carta de Horkheimer a Aron: "Os meus agradecimentos pelas suas linhas de 25 de fevereiro. A sua impressão positiva sobre a generalidade dos assuntos da nossa filial em Paris deixa-me satisfeito e é muito importante para mim. É claro que há pormenores que terão de ser ajustados, e espero que isso possa ser feito, pelo menos em parte, durante a visita do senhor Pollock a Paris em abril. Mas hoje não quero deixar de tomar posição sobre a situação desagradável que refere. Sugiro que, sempre que haja divergências de opinião quanto à parte francesa da revista e à ligação com intelectuais franceses, seja o senhor a assumir a responsabilidade, já que é o senhor a pessoa indicada para essas funções. Acredito que, como diz, não sinta qualquer atração pela autoridade, mas lembro-lhe que no nosso volume coletivo [*Studien über Autorität und Familie / Estudos sobre Autoridade e Família*,[3] Paris, Instituto de Estudos Sociais, 1936] chamamos várias vezes a atenção para o fato de a autoridade objetivamente fundamentada ser condição de toda a cooperação social. Na convicção de que o senhor possui plenamente essa autoridade objetiva, peço-lhe que aceite essa minha sugestão, pelo menos provisoriamente. Escreverei também ao senhor Brill neste sentido. Quanto ao caso especial a que se refere, devo dizer que a culpa recai, no essencial, sobre uma opinião minha. De fato, quando estive em Paris disse ao senhor Brill que – no caso de o senhor estar de acordo, no geral, sobre a publicação do ensaio de Benjamin – as alterações que surgissem poderiam eventualmente ser feitas nas provas. Como, devido à entrega tardia da tradução, o fechamento deste número, já de si bastante atrasado, iria ser ainda mais adiado, o senhor Brill lembrou-se das minhas indicações e recorreu a todo o seu zelo para não atrasar mais as coisas. Não tenho dúvidas de que a vossa colaboração futura será produtiva, tanto mais que agora as competências estão claramente atribuídas" (carta de Horkheimer a Aron, 6 de março de 1936). Ainda antes de as duas cartas de Horkheimer chegarem a Paris e a situação se clarificar, o conflito de competências

---

[3] Da "Parte geral" deste volume, da autoria de Max Horkheimer, existe tradução portuguesa: M. Horkheimer, *Autoridade e família*. Trad., introd., organ. e notas de Manuela R. Sanches e Teresa R. Cadete, Lisboa, Apáginastantas, 1983. Trata-se de uma editora que já não existe e que fundei, com colegas da Faculdade de Letras de Lisboa, em 1982. (N.T.)

desencadeado na redação pelo ensaio de Benjamin chegara a um ponto em que os mais diretamente envolvidos – Brill e Aron – não viram saída que não fosse comunicar claramente a Horkheimer, cada um convencido da sua legitimidade, a incompatibilidade momentânea das competências e das razões de cada lado. Com a mesma data, saíram de Paris duas cartas, uma de Brill, a outra de Aron. Brill escreve: "Como já receava, ofendi profundamente o autor com as correções que fiz ao ensaio de Benjamin, o que me é tanto mais desagradável quanto estimo muito o autor e a sua obra. Dirijo-me, por isso, a si com o pedido de explicar ao senhor Benjamin que eu, ao fazer os cortes, não tive quaisquer intenções críticas, e muito menos depreciativas, em relação ao trabalho dele. A carta que lhe é dirigida, que o senhor Aron hoje me ditou e que receberá juntamente com a minha, permite-me lhe explicar que também em relação ao senhor Aron não há da minha parte qualquer intenção de contornar ou ignorar a sua autoridade, perfeitamente indiscutível e clara na estrutura da revista. Se, neste caso em particular, não lhe dei conhecimento dos cortes que fiz, isso se deve ao fato de partir do princípio de que a sua revisão do texto de Benjamin se limitaria aos aspectos formais. Essa revisão formal já tinha sido feita e estava concluída pelas sete da tarde na véspera da data de entrega do original. Toda a minha preocupação se orientou no sentido de fazer chegar o manuscrito (que, de fato, já tinha ficado na redação tempo de mais) o mais rapidamente possível à tipografia. Era isso que me parecia ser o interesse da revista e do Instituto e que defendi com toda a veemência. Apenas isso, sem qualquer veleidade autoritária, que, pelo visto, o senhor Aron associa ao meu ato. O meu desejo é cumprir o meu dever, e o meu trabalho já me dá tanto que fazer que nem me passaria pela cabeça interferir no âmbito de trabalho do senhor Aron; para além disso, até agora me faltam as qualificações para isso. Se, por acaso, cometi algum erro – mas nada do que fiz foi feito sem a sua autorização –, isso só aconteceu com a intenção de melhorar o trabalho do Instituto, o que poderá ser confirmado pelo modo como desempenho as funções que aqui me cabem. Se cometi algum erro, aceitarei, naturalmente, todas as críticas; gostaria apenas que fizesse saber ao senhor Benjamin e ao senhor Aron, a quem remeterei cópia desta carta, que, ao agir como agi, não o fiz com qualquer arrogância e muito menos com qualquer intenção de ofender ou de ser menos objetivo" (carta de Brill a Horkheimer, 12 de março de 1936). Quanto à carta de Aron, nela se pode ler: "Acabo de saber, para surpresa minha e – permita-me que o diga francamente – com indignação o que se passou na redação com respeito ao artigo do senhor Benjamin. De fato, eu ignorava que o senhor Brill se achou no direito de suprimir passagens inteiras do ensaio, e que se esqueceu de me avisar, ou achou que não precisava fazê-lo. Não duvido de que tenha sido incumbido por si de fazer a revisão com o autor. De qualquer modo, teria sido pelo menos correto perguntar a minha opinião, correndo eventualmente o risco de ela não ser seguida, se ele tivesse um sentido mais empenhado da sua responsabilidade. Para já, o que há a fazer é reparar o erro, restabelecendo o texto primitivo e a divisão em parágrafos, parcialmente suprimida, porque a numeração já não correspondia à realidade. Estou disposto a pôr-me já em contato com o editor Alcan, de modo a que esse trabalho, talvez tecnicamente difícil, não signifique um atraso muito grande. Por mais lamentável que seja um novo atraso, tudo é preferível a desfigurar um trabalho tão notável como o de Benjamin. Gostaria ainda de acrescentar mais algumas palavras. Esse incidente dá ainda mais força às reflexões que lhe fiz chegar na minha carta pessoal. Penso ter, mais do que o senhor Brill, meios de avaliar a reação do público francês a um artigo escrito em francês. Apesar disso, não fui consultado, com o pretexto de que a carta com as ordens recebidas não exigia essa consulta. A situação atual parece-me, assim, novamente insustentável. A mistura de desejo de autoridade e de receio das responsabilidades só poderia dar maus resultados. É pelo menos necessário que todas as iniciativas, sobretudo de ordem intelectual, sejam rigorosamente controladas. Uma vez mais lhe escrevo com toda a franqueza e com a única intenção de prestar o melhor serviço ao Instituto. Conheço-o suficientemente bem para saber que nunca admitiu nem admitirá que se altere o texto de um autor sem o seu acordo. E quando se trata de um autor do gabarito de Benjamin, tal intervenção tem qualquer coisa de, ao mesmo tempo, lamentável e ridículo. Estou convencido de que lamenta, tanto como eu, um incidente em nada desculpável, ainda que devido a um excesso de zelo. Desculpe-me se tomo partido tão vivamente num assunto que não tem diretamente a ver com as minhas funções oficiais. Sempre pensei que a minha presença na redação me autorizava a tomar partido e a exprimir livremente a minha opinião" (carta de Aron a Horkheimer, em francês, de 12 de março de 1936). Entretanto, Benjamin tinha tomado conhecimento exato das alterações feitas por Brill, para lá das acordadas entre os dois. E exprime a sua consternação a Horkheimer, em carta de 14 de março: *Recebi, ao mesmo tempo que as notícias de Nova Iorque, as provas paginadas de Alcan. Tenho agora a noção exata da desmedida dos cortes feitos por Brill, bem como da medida da sua deslealdade. Eliminou, nas minhas costas, todas as passagens cuja manutenção tinha aceite na "negociação" comigo (entre outras, e para eliminar da Revista de Investigação Social a palavra "socialismo", o que estava entre parênteses na página 10 do manuscrito francês). Se esse comportamento ainda precisasse ser mais bem ilustrado quanto ao seu lado pessoal, isso foi feito por Brill ao dizer-me que, ao convocar-me para rever o manuscrito, já tinha ultrapassado as instruções que o senhor teria lhe dado. O corte total do primeiro capítulo desfigurou o trabalho, retirando-lhe as linhas-mestras que o orientam. Parto do princípio de que não se oporá à reintegração desse primeiro capítulo – ou com as variantes previstas por mim, a seu pedido, ou com outras. O resultado deste corte do primeiro capítulo foi que Alcan se desorientou na numeração dos capítulos – que Brill nem sequer reordenou com sentido! –, deixando-os sem numeração nas provas paginadas. Deste modo, todo o texto ficou totalmente incompreensível. Se as dificuldades técnicas das emendas necessárias, incluindo a reinserção do primeiro capítulo, forem demasiado complicadas, peço-lhe insistentemente que toda a composição seja retirada para entrar no número a seguir a esse. Pode imaginar como eu me sentiria infeliz. Mas talvez não fosse em vão, se Brill visse nisso uma indicação clara de que de futuro terá de se limitar a agir estritamente dentro dos limites que o senhor, como me disse antes, lhe traçou* (GB V, 260). Brill tinha entretanto recebido carta de Horkheimer e anunciava-lhe na resposta o entendimento a que tinha chegado com Aron: "Agradeço-lhe a sua carta de 6 de março. Entretanto, já recebeu a minha e a de Aron, com data de 12 de março. A cópia dessa minha carta teve em Aron o efeito desejado, ou seja, conversamos longamente e com toda a franqueza, e ele confessou que escreveu essa carta num acesso imediato de ira, e pediu-me, sem que eu lho sugerisse, para lhe comunicar este fato. Posso, por isso, assegurar-lhe hoje que as coisas correm sem problemas aqui no Instituto." O mesmo se não pode dizer do "caso Benjamin". B. irritou-se pessoalmente comigo devido aos cortes deliberadamente feitos, o que muito me custa, por duas razões: por um lado, admiro-o muito e considero o seu trabalho muito bom, naquilo que dele conheço; por outro, desagrada-me entrar em desentendimentos com um colaborador do Instituto. Penso que toda essa história poderá ser reposta no seu lugar com uma carta sua. Agradeço muito a sua opinião sobre este assunto" (carta de Brill a Horkheimer, 16 de março de 1936). Não teria sido necessário fazer ver a Horkheimer a necessidade de uma tal carta. Ainda antes de este pedido de Brill lhe chegar, escrevia ele, em 18 de março, de Nova Iorque a Benjamin: "Recebi as suas cartas de 27 e 29 de fevereiro e agradeço-lhe as informações que me dá. [...] Quanto às suas queixas sobre o senhor Brill, entendo perfeitamente o seu ponto de vista; por outro lado, como refere, tem consciência da nossa situação. Temos de fazer tudo o que esteja ao nosso alcance para evitar que a revista, que é um órgão científico, seja objeto de comentários políticos na imprensa. Isso seria uma séria ameaça ao nosso trabalho, neste e em muitos outros aspectos. Expliquei tudo isso ao senhor Brill e congratulo-me por ter encontrado nele alguém que pode desempenhar essas funções com grande senso de responsabilidade e capacidade de trabalho. É possível que, no seu afã de rigor, atue mais por excesso do que por defeito. Certamente não lhe censurará isso, tal como eu o não faço. No caso vertente, todas as dificuldades se devem ao fato de eu me ver obrigado a encarregar o senhor Brill da revisão do seu ensaio, que noutras circunstâncias seria feita pela redação. A razão já a conhece: o trabalho devia ser publicado no próximo número da revista. Sempre pensei, e continuo a pensar, que o seu ensaio contém uma mensagem fundamental, e concordo consigo em que, por vários motivos, deveria aparecer o mais depressa possível. Mas precisamente por se tratar de um texto com opiniões tão arriscadas, temos de nos reservar o direito de introduzir alterações. Quando a publicação não é tão premente, as passagens cortadas podem ser substituídas por outras, reescritas pelo autor. Um exemplo é o da primeira seção do seu trabalho. Depois de conversar várias vezes com todos os colaboradores daqui, chegamos à conclusão de que esse capítulo não pode aparecer. O fato de Brill o ter cortado não se deve a nenhuma arbitrariedade dele, mas resulta de uma observação que eu lhe fiz logo a seguir à primeira leitura. E não lhe comuniquei também a si a intenção de eliminar essa seção? Tenho a certeza de que falei nisso a Klossowski. A sua alusão à coincidência temporal da fotografia e do socialismo mantém-se. Porém mudamos uma série de outros aspectos de pormenor, especialmente no capítulo 20, que tanto nós como o senhor desejávamos manter. Junto a lista das alterações. Peço-lhe que se ocupe da correção do resumo, que agora se referirá às 19 seções mantidas. Ainda uma palavra sobre os "valores de eternidade". Essa passagem, sobre a qual falamos aí, é também equívoca em francês. Para não deixar a impressão errônea de que o próprio autor acredita em tais valores de eternidade, um erro que nem o final do ensaio poderia evitar, sugerimos que a expressão "valeurs éternelles" apareça entre aspas. Se não concordar, as coisas ficarão assim, mas consideramos a passagem muito problemática. Não me parece que seja necessária uma nota sobre a tradução, porque isso só iria suscitar uma série de conjecturas sobre as razões por que o ensaio não é publicado em alemão. Todas as explicações que dermos não excluirão essas conjecturas. Mas se achar que é mesmo necessário incluir uma nota, então sugiro que fique bem explícita a razão, nomeadamente que o trabalho corresponde mais a uma problemática francesa do que alemã. Peço-lhe que me diga com brevidade o que pensa" (carta de Horkheimer, 18 de março de 1936). A lista dos cortes e das alterações resultantes das discussões em Nova Iorque acompanha esta carta e tem o seguinte teor (os números de página e de linha referem-se ao datiloscrito da versão francesa, que se perdeu):

"Páginas 1/2 (seção I):

Deverão ser totalmente eliminadas, já que as considerações aí feitas podem ser entendidas como uma profissão de fé política.

Página 10 (seção V):

Linha 8 e linha 7 a contar de baixo: manter as aspas nas palavras "simultanément avec la montée du socialisme".

Página 21 (seção X):

Linha 4 a contar de baixo: substituir a palavra "réactionnaires" por "conservateurs".

Páginas 32/33 (seção XIV):

A partir da linha 2 a contar de baixo, pág. 32: eliminar, devido à formulação de implicações políticas muito atuais. Ademais, o tema do estado totalitário, já aludido na pág. 29, é retomado no capítulo final.

Página 41 (seção XVII):

Linhas 11 a 13: as palavras entre travessões, de "tension" a "critique", deverão ser eliminadas.

Página 45 (seção XVIII):

Na nota 2, última linha, as palavras "contre l'ordre social actuel" devem ser substituídas por "pour un ordre vraiment humain".

Página 49 (seção XX):

Na linha 3, as palavras "le fascisme" devem ser substituídas por "l'état totalitaire". Na linha 7, as palavras "ont un droit" devem ser substituídas por "tendent". Na linha 8, novamente "l'état totalitaire", em vez de "le fascisme".

Linha 10: o mesmo.

Linhas 12-14: eliminar toda a frase e a nota que lhe corresponde.

Nota 1, linha 3 a contar de baixo: depois da palavra "guerre" acrescentar a palavra "moderne".

Página 50, linha 3: o mesmo.

Linha 10: novamente "l'état totalitaire" em vez de "le fascisme".

Página 51, linha 10: substituir a palavra "impérialiste" por "moderne".

Linha 14: substituir "la guerre impérialiste" por "cette guerre".

Linha 6 a contar de baixo: substituir "le fascisme" por "la théorie totalitaire de l'état".

Página 52, linhas 3/4: substituir "le fascisme" por "les doctrines totalitaires".

Linha 4: substituir "Le communisme" por "Les forces constructives de l'humanité".

A contribuição de Adorno para a discussão das ideias

Adorno enviou de Londres, com data de 18 de março de 1936, uma carta a Benjamin na qual emite opinião a propósito do ensaio sobre a reprodução da obra de arte na sua versão francesa, que lhe deve ter sido enviado pelo próprio Benjamin. Reproduz-se a seguir essa carta na íntegra, como testemunho importante da discussão teórica que Benjamin teve com Adorno e Horkheimer, insuficientemente documentada no caso da discussão epistolar com o último (de fato, essa pode causar a impressão de que se tratou apenas de aspectos redatoriais e organizativos, sem discussão de ideias, que realmente teve lugar nos encontros pessoais entre Horkheimer e Benjamin). Eis o teor da longa carta de Adorno:

"Caro senhor Benjamin: se hoje me decido a enviar-lhe algumas notas sobre o seu extraordinário trabalho, isso de modo nenhum corresponde a uma crítica, nem sequer a uma resposta adequada. A pressão do trabalho que me caiu – o grande livro sobre a lógica, a conclusão da minha parte da monografia sobre Alban Berg, da qual só faltam duas análises, e a investigação sobre o jazz – têm tornado impraticáveis todas as tentativas de começar a escrever-lhe. Ainda mais se tratando de um trabalho em relação ao qual tomo plena consciência da insuficiência da comunicação por escrito – de fato, não há uma única frase que não gostasse de discutir pessoalmente consigo. Tenho esperança de que isso possa acontecer em breve, mas por outro lado não quero esperar mais tempo para lhe responder, ainda que de forma incompleta.

Permita-me, por isso, que me restrinja a um filão central. O que mais empenhadamente me atrai e merece a minha total aceitação neste trabalho é aquilo que me parece ser a afirmação das suas intenções iniciais – a construção dialética da relação entre mito e história – nos estratos de pensamento da dialética materialista: a autodissipação dialética do mito, aqui encarada como desencantamento da arte. Como sabe, há anos que a 'liquidação da arte' sustenta os meus ensaios no campo da estética e que a ênfase com que eu, sobretudo no domínio musical, defendo o primado da tecnologia deve ser entendida estritamente nesse sentido e no da sua 'segunda técnica'. E não me espanto por ambos encontrarmos aqui, expressamente, uma base comum; não me espanta, depois de o seu livro sobre o Barroco [*Origem do drama trágico alemão,* primeiro volume desta edição] ter levado a cabo a distinção entre a alegoria e o símbolo (na nova terminologia: 'aurático'), e *Rua de mão única* [no 2º volume desta edição] a demarcação entre a obra de arte e a documentação mágica. É uma bela confirmação – e espero que não seja imodéstia se disser: para nós dois – de um ensaio meu que não conhece, escrito há dois anos num volume de homenagem a Schönberg, onde desenvolvo considerações sobre a tecnologia e a dialética e sobre as novas relações com a técnica, que se encontram perfeitamente com as suas.

É essa comunicação que me fornece agora o critério das divergências que constato existirem, sem outra finalidade que não seja a de servir aquela 'linha geral' que tão claramente se define. Acho que posso começar por seguir o nosso velho método da crítica imanente. Naquelas suas obras, que a mais recente me parece seguir, distingue o conceito de obra de arte, enquanto construção, do símbolo e também do tabu mágico. Dá-me que pensar agora – e nisso vejo um resto sublimado de certos motivos brechtianos – o fato de V. transpor diretamente o conceito de aura mágica para a 'obra de arte autônoma' e atribuir a esta, de forma taxativa, uma função contrarrevolucionária. Não preciso lhe dizer que tenho plena consciência da presença do elemento mágico na obra de arte burguesa (tanto que procuro sempre desmistificar a filosofia burguesa do Idealismo, subordinada ao conceito de autonomia estética, como mítica no pleno sentido da palavra). Mas o que me parece é que o centro da obra de arte autônoma não se integra no lado mítico – perdoe este modo de dizer tópico –, sendo antes dialético em si mesmo: articula em si o mágico com o sinal da liberdade. Se bem me lembro, também V. um dia disse algo de semelhante a propósito de Mallarmé, e eu não poderia exprimir melhor o meu sentimento em relação a esse trabalho do que lhe dizendo que sempre desejei, como contraponto, um ensaio seu sobre Mallarmé, que, quanto a mim, é um dos mais importantes que a sua pena nos está devendo. Por mais dialético que seja esse seu trabalho, ele não o é no que se refere à própria obra de arte autônoma; não repara naquela que, para mim e a partir da minha relação com a música, é a experiência mais elementar e diariamente evidente: que precisamente a observância da maior coerência no que se refere aos princípios tecnológicos da arte autônoma transforma essa última e a aproxima, não da tabuização e da fetichização, mas do estado de liberdade e daquilo que, conscientemente, ela pode e deve fazer. Não conheço melhor programa materialista do que aquela frase de Mallarmé em que ele define a poesia como não inspirada, como feita de palavras; e os maiores exemplos da reação, como Valéry e Borchardt (este último com o trabalho sobre a

Villa,[4] que, apesar de uma frase incrível contra os trabalhadores, se poderia aceitar in extenso como materialista), dispõem, no âmago do seu trabalho, dessa matéria explosiva. Quando V. salva o filme kitsch, contra o 'de nível', ninguém mais do que eu estará de acordo consigo; mas também a arte pela arte precisaria de uma tal salvação, e basta pensar na frente unida, de Brecht ao 'Movimento da Juventude' (*Jugendbewegung*),[5] que a ela se opõe, para nos decidirmos a isso. V. fala do elemento lúdico e da aparência como elementos da arte; mas nada me diz por que razão esse elemento lúdico é dialético, e não igualmente a aparência – a aparência que V. salva em Otília, mas sem contemplações com Mignon e Helena.[6] Nesse ponto, a discussão resvala rapidamente para o político. Se V. dialetiza (e com razão) a tecnicização e a alienação, mas não faz o mesmo quanto ao mundo da subjetividade objetivada, politicamente isso significa nada mais nada menos do que atribuir ao proletariado (enquanto sujeito do cinema), sem mediação, uma capacidade que ele, para seguir o postulado de Lenin, não conseguirá concretizar a não ser pela teoria dos intelectuais como sujeitos dialéticos que pertencem à esfera das obras de arte que V. manda para o inferno. Veja se me entende. Não pretendo transformar a autonomia da obra numa reserva segura, e acredito, como V., que o momento aurático da obra de arte está desaparecendo; aliás, não apenas pela possibilidade de reprodução técnica, mas sobretudo pela realização do seu próprio princípio de

---

[4] *Villa* é o título de uma narrativa do autor alemão Rudolf Borchardt, publicada em 1908, e que a propósito da *villa* italiana desenvolve uma perspectiva histórica e de crítica social em que se confrontam modos de vida mediterrânicos e nórdicos. (N.T.)

[5] *Frente unida:* os movimentos de esquerda e de resistência aos fascismos (também designados de *Volksfront* = Frente Popular), muito ativos na Europa nos anos 1930 e durante a Segunda Guerra. A *Jugendbewegung* é um movimento de sinal oposto, nacionalista e ativista, muito presente no espaço alemão desde finais do século XIX e até à Guerra. Benjamin aproxima-se ainda, na juventude, desse movimento, em parte devido à influência do seu professor, e mentor do movimento, Gustav Wyneken, de cuja ação prática se demarca com uma carta importante em 1915 (sobre essa fase de Benjamin, ver: João Barrento: *Limiares. Sobre Walter Benjamin*. Florianópolis, Editora UFSC, 2013, p. 18-19). (N.T.)

[6] *Otília, Mignon e Helena:* personagens de obras de Goethe sobre as quais Benjamin escreveu ensaios, respectivamente dos romances *As afinidades eletivas* e *Os anos de aprendizagem de Wilhelm Meister,* e do *Fausto*. (N.T.)

'autonomia' formal (a teoria da reprodução musical, há anos planeada por Kolisch e por mim, tem como objeto precisamente este aspecto). Mas a autonomia, ou seja, a forma coisal da obra, não se identifica com o seu momento mágico: não se perdeu totalmente, nem a reificação do cinema, nem a da grande obra de arte. E se é burguês e reacionário negar aquela a partir do ego, também estamos nos limites do anarquismo se rejeitarmos essa no sentido do seu valor de uso imediato. *Les extrèmes me touchent,* tanto como a V.; mas só quando a dialética do que está em cima é equivalente à do que está em baixo, e não quando a primeira desaparece simplesmente. Ambas trazem os estigmas do capitalismo, ambas contêm elementos da transformação (mas nunca a média entre Schönberg e o cinema americano); ambas são as duas metades separadas da liberdade total, que não pode ser a adição das duas: sacrificar uma à outra seria romântico, ou romantismo burguês da manutenção da personalidade e todos esses truques mágicos, ou romantismo anárquico, na crença cega do poder autônomo do proletariado no processo histórico – de um proletariado que é, ele próprio, produto burguês. De certo modo, o seu trabalho parece-me sofrer dessa segunda forma de romantismo. Fez a arte sair dos recantos dos seus tabus – mas é como se temesse a barbárie que pode irromper daí (e quem, mais do que eu, poderia temê-la consigo?) e salva-se elevando aquilo que teme a uma espécie de tabuização inversa. O riso dos espectadores de cinema – já falei sobre isso com Max, e ele deve ter-lhe dito – é tudo menos bom e revolucionário, está cheio do pior sadismo burguês; o saber factual dos vendedores de jornais que discutem acontecimentos esportivos é para mim extremamente duvidoso; e a teoria da distração, apesar da sedução do seu efeito de choque, não me convence. Talvez apenas pela simples razão de que na sociedade comunista o trabalho será organizado de tal modo que as pessoas já não estarão tão cansadas nem tão estupidificadas que precisem da distração. Por outro lado, certos conceitos da práxis capitalista, como o dos testes, parecem-me estar eles próprios quase ontologicamente coagulados e funcionar como tabus, enquanto, a existir um caráter aurático, este se aplica em larga medida ao cinema, mas de forma que dá muito que pensar. E ainda, para acrescentar apenas mais um pormenor, que me parece mais uma total romantização: o pretender que o reacionário, por obra e graça de um conhecimento objetivo, se transforme em vanguardista diante de um filme de Chaplin. De fato, não considero esse cineasta favorito de Kracauer, nem mesmo depois de *Tempos modernos*, como vanguarda (as razões ficaram claramente expostas no meu trabalho sobre o jazz), nem acredito também que algum dos elementos que importam nesses filmes sejam verdadeiramente percebidos pelo público. Basta ouvirmos como e quando esse público ri ao ver esses filmes para sabermos como nos situar. Gostei muito do ataque a Werfel; mas se, em vez dele, tomarmos o Mickey Mouse como exemplo, as coisas complicam-se bastante mais, e coloca-se seriamente a questão de saber se da reprodução de cada indivíduo resulta de fato aquele *a priori* do cinema que V. reclama, ou se ela não faz antes parte daquele 'realismo ingênuo' sobre cujo caráter burguês tivemos opinião coincidente em Paris. Por fim, não será por acaso que a arte moderna – que opõe, enquanto aurática, à arte produzida pela técnica – apresenta, de um ponto de vista imanente, uma qualidade tão discutível como a de Vlaminck e Rilke. Com este, a esfera inferior tem argumentos fáceis; mas se os nomes fossem os de Kafka ou Schönberg, o problema assumiria logo outros contornos. A música de Schönberg não é com certeza aurática.

O que eu diria é que faz falta um pouco mais de dialética. Por um lado, dialetização total da obra de arte 'autônoma', que, pela sua própria tecnologia, se transcende em obra planeada; e por outro uma dialetização ainda mais forte da arte utilitária na sua negatividade, que V. de modo nenhum ignora, mas que surge referida através de categorias relativamente abstratas como a do 'capital cinematográfico', sem que seja pensada até ao fim em si mesma, concretamente como irracionalismo imanente. Quando, há dois anos, passei um dia nos estúdios de Neubabelsberg, o que mais me impressionou foi a parcimônia com que são utilizados os meios da montagem e outros, que V. destaca como progressistas; o que a produção cinematográfica faz é antes montar a realidade de forma infantil e mimética para depois a fotografar. O seu estudo subestima a tecnicidade da arte autônoma e superestima a da arte dependente de meios técnicos; estas seriam, em geral, as minhas principais reservas, que só se resolveriam por meio de uma dialética entre os extremos que V. separa. E isso significaria, do meu ponto de vista, a total liquidação dos motivos brechtianos aqui implícitos sob forma muito modificada; acima de tudo qualquer apelo ao caráter espontâneo de um qualquer contexto de recepção e à verdadeira consciência dos verdadeiros proletários que, comparados com os burgueses, não apresentam nenhum avanço a não ser o interesse na revolução, mas de resto não se libertaram de todos os vestígios da mutilação da consciência burguesa. Isso nos mostra, de forma inequívoca, qual é a nossa função; pessoalmente, tenho a certeza de que não é a de uma concepção ativista no sentido dos 'paladinos do espírito' (*die Geistigen*). Mas também não pode significar que possamos fugir às velhas tabuizações apenas nos entregando a outras – por assim dizer, com os referidos 'testes'. A finalidade da revolução é a eliminação do medo. Por isso, não precisamos nem ter medo dela, nem ontologizar o nosso medo. Não há idealismo burguês em nos declararmos solidários com o proletariado, com conhecimento ou sem tabus cognitivos, em vez de, como somos sempre mais tentados a fazer, transformar a nossa necessidade em mestra de engenhos do proletariado, que afinal tem as mesmas necessidades e precisa tanto de nós no seu processo de conhecimento como nós precisamos do proletariado para que a revolução possa ser levada a cabo. Desse modo de ver a relação dos intelectuais com o proletariado depende, quanto a mim, essencialmente a forma futura do debate estético, para o qual V. forneceu essa grandiosa conferência inaugural.

Perdoe a pressa destes apontamentos. Todo o resto só poderia deduzir-se melhor dos detalhes em que, sem magias de qualquer ordem, se esconde o bom Deus. Só a falta de tempo me leva a recorrer a uma grandeza de categorias que aprendi consigo a evitar de forma consequente. Para lhe poder dar pelo menos uma ideia das passagens concretas em que teria alguma coisa a discutir, deixei ficar na margem do manuscrito as minhas anotações espontâneas a lápis, embora algumas possam ser demasiado espontâneas para chegarem a ser um comentário. Peço-lhe que me desculpe também isso, tal como o caráter esquemático desta carta.

Parto no domingo para a Alemanha; é possível que conclua aí o trabalho sobre o jazz, coisa que não consegui fazer nesses dias em Londres. Mando-lho depois, sem qualquer carta a acompanhar, e peço-lhe que, depois de o ler (não serão mais que umas 25 páginas impressas), o mande imediatamente a Max. Sem certezas, porque não sei se conseguirei arranjar tempo, e muito menos se a natureza desse ensaio me permite enviá-lo da Alemanha sem correr riscos. Max deve ter-lhe dito que no centro desse trabalho está o conceito de *excentric*. Ficaria muito contente se ele pudesse ser publicado com o seu. Embora a temática seja modesta, penso que ele se encontraria com o seu no essencial e também formularia de forma positiva alguns dos problemas que hoje apresento pela negativa. Trata-se de um veredito final sobre o jazz, na medida em que até os seus elementos 'progressistas' (aparência de montagem, trabalho coletivo, primado da reprodução sobre a produção) são desmascarados como fachada de algo, no fundo, reacionário. Acho que consegui verdadeiramente decifrar o jazz e determinar a sua função social. Max gostou muito de o ler, e imagino que V. também vai gostar. Aliás, e quanto às nossas diferenças teóricas, tenho a impressão de que elas de fato não existem entre nós, mas que é meu dever não deixar cair a nossa ligação até que o sol de Brecht volte a afundar-se em águas exóticas. É nesse sentido que lhe peço que leia as minhas observações.

Mas não quero terminar sem lhe dizer que as poucas frases sobre a desintegração do proletariado enquanto 'massa' pela revolução se contam entre as mais profundas e poderosas páginas de teoria política que conheço desde que li *O Estado e a revolução*.[7]

Aceite a velha amizade do

Teddie Wiesengrund

Gostaria ainda de manifestar a minha concordância especial com a teoria do Dadaísmo. É um dos aspectos bem pensados e bem vistos do trabalho, como em tempos a 'retórica barroca' e o 'horror' no livro sobre o Barroco".

Da versão francesa à versão impressa

À carta com as sugestões de alterações da redação de Nova Iorque, que Horkheimer enviara a Benjamin em 18 de março, seguiu-se um dia depois uma outra, com a intenção de aliviar as tensões na filial de Paris, que não teriam surgido se todos os envolvidos pudessem comunicar diretamente, e não a tão grande distância. "Gostaria

---

[7] A obra de Lenin *O Estado e a revolução. A teoria marxista do Estado e as tarefas do proletariado na revolução,* publicada em 1917. (N.T.)

de acrescentar ainda algumas observações à minha carta do dia 18. Recebi hoje uma carta do senhor Aron, que ele próprio ditou ao senhor Brill [...] e na qual se queixa dele num tom extremamente apaixonado. A razão é o seu ensaio e as alterações nele introduzidas pelo senhor Brill. Sobre os fatos já lhe escrevi na minha carta anterior. Hoje quero apenas lhe dizer como lamento o modo com que o senhor Aron, certamente na defesa dos seus interesses, se dirige a mim e se queixa do nosso secretário, que agiu com a melhor das intenções, seguindo as minhas instruções. Desde a minha passagem por Paris que o senhor Aron mantém uma estreita relação com o Instituto. Não posso ainda ter uma opinião formada sobre o modo como, e até que ponto, ele está familiarizado com a nossa organização e o nosso trabalho, ou se o estará de futuro. Para mim, a colaboração do senhor Aron é sobretudo importante para conseguir trabalhos cientificamente valiosos e interessantes para os leitores franceses, a publicar nas seções de ensaios e resenhas da revista, e para chamar a atenção da área da sociologia na França para a nossa investigação, tal como ela se espelha, por exemplo, no volume coletivo que editamos. Ao mesmo tempo, parece-me muito importante que ele chame a atenção para determinados aspectos dos ensaios que possam parecer mais estranhos na França. Mas gostaria de continuar a reservar para mim as decisões sobre os princípios gerais do nosso trabalho de redação. De qualquer modo, lamento muito que se tenha criado, ainda que não por sua vontade, uma situação em que tenho de me defender de ataques do senhor Aron, que ele julgou por bem fazer para interceder por uma causa que é sua. Pela minha última carta pode ver que a nossa redação se identificou no essencial com o senhor Brill, o que me obriga a dar uma satisfação, não apenas a si, mas também ao senhor Aron. Não tenho ainda uma perspectiva clara sobre o transtorno que essa situação pode causar. Se refletir sobre toda essa problemática, provavelmente não poderá eximir-se também às fricções de uma constelação em que algumas frases suas politicamente mais agressivas foram defendidas por uma intervenção corajosa do senhor Aron, contra as nossas posições mais cautelosas. Apesar disso, parto do princípio de que não é sua intenção prolongar e agudizar mais essa situação. Pessoalmente, não vejo outra saída que não seja a de o senhor, por iniciativa própria, comunicar ao senhor Aron que aceitou as nossas propostas de alterações. Se, para além disso, quiser seguir o meu pedido pessoal, fale amigavelmente com o senhor Brill sobre tudo isso e dê-lhe a entender que as diferenças de opinião que surgem facilmente no início de novas estruturas organizativas não podem perturbar a solidariedade de fundo que é devida a ele enquanto representante dedicado dos interesses do Instituto. Uma boa oportunidade para isso será a da correção de provas do ensaio, porque é de todo o interesse que, juntamente com o senhor Brill, assegure a revisão por um colaborador francês com experiência" (carta de Horkheimer a Benjamin, 19 de março de 1936). Uma cópia dessa carta foi enviada a Brill, com a seguinte adenda: "Naturalmente que o senhor Benjamin me escreveu a propósito dos cortes feitos, e eu lhe respondi como pode ver pela cópia junta. Por favor, não mencione o envio desta cópia, e destrua-a depois de a ter lido. Ficamos muito descontentes aqui com a forma tecnicamente deplorável em que o artigo de Benjamin foi enviado à tipografia. Faltavam, em parte, os números das seções; por outro lado, Benjamin deve ter eliminado algumas notas, mas deixou ficar os números no texto. Isso para não falar da enorme quantidade de erros de ortografia. Se, de futuro, for enviado à tipografia algum original que nós não tenhamos visto antes, peço-lhe o favor de o controlar rigorosamente, para evitar perdas de tempo e custos com tais erros técnicos". Com a mesma data, Horkheimer envia ainda a Brill uma segunda carta comentando o assunto, dessa vez com cópia da sua carta para Aron: "Depois de receber a carta do senhor Aron escrevi a Benjamin, fazendo-lhe ver que lamento muito toda essa situação que afeta a relação dele com o Instituto, ao qual está ligado há muitos anos. Se pensar bem no assunto, ele não aprovará certamente o modo como o senhor Aron, cujo conhecimento da nossa organização, apesar de tudo, é mais recente, dirigiu-se a mim defendendo abertamente a causa de Benjamin. Acrescentei que, tal como se pode ver pela lista que juntei à minha última carta, a redação apoiou as suas intervenções no essencial, inclusivamente quanto aos conteúdos. Formalmente o senhor já tinha razão, uma vez que recebeu de mim próprio a incumbência de eliminar aquelas passagens que lhe parecessem mais inconvenientes. Junto cópia da minha carta ao senhor Aron, com o pedido de a destruir depois de lida. Contando o senhor agora com o nosso apoio, não lhe será difícil fazer o que for necessário para desanuviar a situação o mais depressa possível. Talvez possa falar sobre isso com o senhor [Rudolf] Schröder, que conhece bem o senhor Aron. E não deixe de frisar que a intervenção do senhor Aron neste caso foi particularmente infeliz. Se o senhor Benjamin tiver opiniões divergentes das nossas, o senhor Aron terá de perceber que a sua função não é a de o defender junto de nós. Não apenas no que se refere a esse ensaio de Benjamin, mas no que tem a ver com a sua existência atual, o Instituto não merecia ter sido criticado por causa dele. Talvez o senhor Schröder saiba como fazer ver isso a Aron. E lamento muito o fato de o senhor Aron ter resolvido ditar-lhe a si a última carta que me mandou." A carta de Horkheimer a Aron é do seguinte teor: "Recebi as suas linhas de 12 de março, e agradeço-lhe as informações que me dá. Sobre as questões essenciais, o melhor será conversar diretamente com o senhor Pollock. Hoje gostaria apenas de chamar a sua atenção para um aspecto que poderá ser útil na análise da situação. Naturalmente que achei importante que o ensaio do senhor Benjamin fosse lido por si, para que não surjam na parte francesa da revista formulações que considere indesejáveis, na base do seu conhecimento dos leitores franceses. Certamente não achará despropositado que a redação se reserve, em geral, o direito de alterar ou cortar expressões de um autor que do seu ponto de vista não sejam aceitáveis para o órgão do nosso Instituto, desde que seja dada ao autor, antes da impressão, a possibilidade de se manifestar. No caso de Benjamin foi isso que aconteceu. Quanto ao conteúdo das alterações feitas nesse caso, elas foram feitas pelo senhor Brill com caráter provisório, por sugestão minha. Vi-me obrigado a incumbi-lo disso porque, de outro modo, o ensaio de Benjamin, contra a sua e a minha vontade, não poderia sair neste número. Uma vez que as alterações desse tipo não são normalmente atribuição do senhor Brill, dei-lhe, para esse caso, algumas orientações, esclarecendo sobretudo que a primeira seção não poderia ser mantida tal como estava. Tanto quanto me posso recordar, comuniquei também isso ao senhor Benjamin e ao tradutor. A redação decidira fazer uma revisão posterior das alterações introduzidas pelo senhor Brill e constatou, entretanto, que poderia aceitar, no essencial, as modificações feitas por ele. Fico contente em saber que tem uma opinião tão elevada da qualidade do escritor Benjamin.

As suas relações com o Instituto já vêm de longe, e a relação que tenho mantido com ele desde o início da emigração dispensa qualquer prova de que também eu assim penso. Estou convencido de que o senhor, após nova análise desse caso, achará as alterações sugeridas talvez lamentáveis, mas de modo nenhum ridículas, se pensar que a nossa revista não se destina apenas a leitores franceses, e por isso há outros aspectos a serem levados em conta, além dos que seriam decisivos numa revista exclusivamente francesa. Espero também que, depois dessas minhas considerações, compreenda melhor o comportamento do senhor Brill. E peço-lhe que não o culpe por ele, com a intenção subjetivamente honesta de corresponder às minhas orientações, ter cometido, do seu ponto de vista, um erro objetivo. A definição clara das competências, que figura na minha última carta e que será mais bem particularizada pelo senhor Pollock, evitará equívocos futuros. De resto, penso que o senhor, tal como nós aqui, estará satisfeito com o modo cuidadoso como o senhor Brill tem resolvido os problemas locais, no quadro das suas atribuições. Não precisará se preocupar com os contatos com a editora Alcan quanto aos aspectos técnicos do artigo de Benjamin. No exemplar por nós corrigido, destinado à tipografia e que sairá daqui provavelmente na próxima semana, figuram os números das seções, que agora são dezenove. Mas será necessário que o trabalho, antes de ser entregue na Alcan, seja atentamente revisto para correção da ortografia francesa. Confio em que este assunto terá agora uma solução satisfatória e agradeço-lhe a abertura de espírito com que me escreveu" (Horkheimer a Aron, 19 de março de 1936). Poucos dias depois recebia Horkheimer uma carta de Brill anunciando a melhoria da atmosfera na filial de Paris. E respondeu: "As suas cartas de 16 de março chegaram. Cumpriu-se assim o meu desejo de que elas contribuíssem para minorar as tensões, e ainda antes de aí chegar a minha carta. Agradeço-lhe a sua intervenção. Penso que a carta que dirigi ao senhor Aron melhorará ainda mais a situação. Se assim não for, peço-lhe novamente que me informe. Fica ainda por resolver o lado de Benjamin. Recebi hoje uma carta dele num tom que lembra muito o de um muçulmano crente imediatamente a seguir a uma profanação deliberada da Hagia Sophia. Espero que a minha última carta a Benjamin, bastante enérgica, tenha entretanto produzido os seus efeitos. Mas recomendo-lhe ainda uma conversa pessoal, em que o senhor faça uso das suas capacidades diplomáticas, provadas com a resolução do conflito com Aron. A queixa de Benjamin tem razão num único ponto: deixando agora de parte o problema das alterações, o manuscrito foi enviado à tipografia num estado tecnicamente muito ruim, entre outras coisas, com falhas na numeração dos capítulos. Numa nota que lhe enviei hoje, reconheci que se trata de uma negligência que lamentamos. Agora, a pretexto da necessidade de pôr todo o cuidado na revisão, terá oportunidade de retomar também com Benjamin uma relação normal. Dê-lhe também a ler as provas corrigidas, para que ele não receie novas surpresas quanto a erros técnicos na versão impressa" (Horkheimer a Brill, 26 de março de 1936.) Ao salientar a Brill que a sua carta a Benjamin era "bastante enérgica" (uma carta que continha já uma injustiça para com Benjamin, certamente porque Horkheimer ficou irritado, se não mesmo ofendido com o comportamento de Aron, pelo que Benjamin teve de pagar também, sem qualquer culpa), Horkheimer o faz também para instigar o zelo diplomático de Brill: os seus esforços eram, sem dúvida, indispensáveis, tanto para normalizar a situação na filial de Paris como para reconciliar Benjamin com o Instituto, já que ele, na difícil situação de um autor que tem de se entender apenas com representantes do *spiritus rector,* e não com ele próprio, devia sentir-se entregue à incompreensão de intermediários. A carta de Horkheimer a Benjamin diz o seguinte: "A sua carta de 14 chegou hoje. Já lhe dei a minha opinião sobre o corte do texto, na minha carta de 19 de março. Quanto à numeração dos capítulos e outras falhas técnicas, concordo que se tratou de uma negligência que não se repetirá no futuro. Já tinha escrito sobre isso ao senhor Brill, antes de a sua carta chegar. Pode estar tranquilo, todos esses erros foram corrigidos aqui na revisão. Além disso, verá também as provas corrigidas, para que não haja surpresas na impressão. Enfim, pode ter a certeza de que tudo será feito para que o seu trabalho surja numa forma digna" (Horkheimer a Benjamin, 27 de março de 1936). Ainda antes de ter recebido essa carta, já Benjamin, em resposta a outra de Horkheimer, anexando as sugestões de alteração feitas pela redação de Nova Iorque, havia enviado um telegrama para aquela cidade: *De acordo com as alterações – Benjamin* (28 de março de 1936: GB V, 262). E no dia seguinte escrevia a Horkheimer: *Caro senhor Horkheimer: deve já ter recebido o meu telegrama. Esta carta é para lhe agradecer as suas amáveis linhas de 18 de março. As suas instruções são, naturalmente, determinantes para mim. Tenho plena consciência de que a situação, tal como a apresenta, é bastante complexa. E sabe que nunca deixei de ter compreensão para com as condições particulares do trabalho na revista. Assim, concordo com todas as suas alterações, que, tecnicamente, não serão difíceis de serem feitas. Mais complicado poderá ser o restabelecimento dos capítulos e da sua numeração. Não se pode em caso algum prescindir desta, porque isso afetaria a compreensão do trabalho. Calculo que alguém terá de falar imediatamente com um dos responsáveis da Alcan, para que tenhamos sucesso com as correções. Gostaria, se possível, de receber 150 separatas, o que favoreceria muito a divulgação do trabalho aqui. Entendo as suas reservas quanto a uma nota sobre a tradução, e estou disposto a prescindir dela. [...] Lamento que o mal-entendido da minha parte – que espero seja desculpável – lhe tenha dado mais trabalho e estou-lhe muito agradecido pelo esclarecimento no espírito da nossa colaboração e amizade. Retribuo os seus cumprimentos e de sua esposa. Walter Benjamin* (carta de 29 de março de 1936: GB V, 263-264). Um dia depois recebia a carta complementar de Horkheimer, de 19 de março, a que respondeu logo: *Acabo de receber, quatro dias depois da sua carta de 18 de março, a sua carta de 19. Por essa pode-se ver – o que, espero, já ficou claro no meu telegrama – que farei tudo o que esteja ao meu alcance para restabelecer a antiga confiança do Instituto em mim. Lamento especialmente que Aron tenha complicado a situação com a carta que lhe enviou. Logo depois de receber a sua primeira carta e de saber que as sugestões de Brill tinham, no essencial, o seu acordo, lhe comuniquei a minha aceitação das alterações propostas. Se alguma coisa contribui para me tornar mais suportável a situação atual, que, como deve calcular, me atinge profundamente, é certamente o saber que o senhor não tem dúvidas de que eu sou completamente alheio à intervenção de Aron. Quando recebi as provas, fiquei logo preocupado com a supressão da numeração dos capítulos pela Alcan, tanto mais que Brill tinha me assegurado que a tipografia não aceitava alterações de fundo na composição. Assim, achei por bem contatar o escritório aqui, e foi nessa altura que Aron tomou conhecimento das alterações introduzidas por Brill. Lamento muito toda essa confusão. Depois de falar com Aron, estou certo de que também ele a lamenta. E quando digo que estou disposto a desfazer esse mal-entendido, espero que o senhor também acredite que se trata verdadeiramente de um mal-entendido e nada mais. Nesse sentido, e como me sugeria, conver-*

sei hoje mesmo com Brill, e posso garantir-lhe que a conversa nos proporcionou a ambos todas as garantias de bom relacionamento futuro. Permita-me que termine exprimindo a esperança de que a imagem de lealdade que tinha até agora, quer da minha relação consigo, quer da ligação ao Instituto, seja restituída em toda a sua limpidez depois desses acontecimentos (30 de março de 1936: GB V, 267-268). Nesse mesmo dia, Brill escrevia a Horkheimer: "Obrigado pelas suas duas cartas pessoais de 19 do corrente, cujos anexos destruí depois de ler, como era seu desejo. Depois de, ontem, também Benjamin ter se desculpado (e a mim quase me custou mais aceitar essas desculpas do que a acusação imerecida), o caso ficou definitivamente resolvido, como concluirá também da carta de Aron." E no dia seguinte: "Nem calcula como estou aliviado; não apenas por causa das pessoas envolvidas, mas também no interesse de um trabalho profícuo. Por isso, e como epílogo, apenas algumas breves observações: 1) Muito obrigado pela sua intervenção nesse caso, sem a qual, e apesar de ter razão, seria difícil uma resolução; 2) Cumprimento-o empenhadamente pelo modo como, sem que eu lhe tivesse chamado a atenção para isso, percebeu a terrível situação em que me encontrei quando Aron me ditou aquela carta acusatória. Acho que não será demais chamar a isso crueldade sádica. Mas não gostaria de aceitar a sua proposta [em carta de 19 de março de 1936] de contratar uma secretária para a correspondência de Aron. Assumo de boa vontade essa função suplementar, porque só assim posso estar a par do que se passa aqui. E também não desejaria, contra a sua sugestão, falar com o senhor Schröder sobre o caso Benjamin, já que o assunto está encerrado e eu quero evitar toda espécie de mediações – mesmo com as melhores intenções. Schröder recuperou bem, parece estar adaptando-se e vai escrever-lhe em breve. 3) Sobre a sua carta a Benjamin: não tenho qualquer responsabilidade no estado deplorável e inaceitável do original. Benjamin tinha-me prometido que iria aproveitar uma parte do prazo concedido para ordenar o manuscrito de forma impecável, e no último dia surpreendeu-me com um texto na forma que conhece. Também no que diz respeito a erros de ortografia e gramática, estou isento de culpa: os senhores Benjamin, Aron, Honigsheim e Schröder fizeram a revisão e correção do manuscrito (primeiro cada um por si, e depois em conjunto), de modo que eu não me ocupei disso. É óbvio que no futuro providenciarei para que tais coisas se não repitam. Finalmente, uma pequena observação sobre a carta de Aron com data de hoje: estava fora de cogitação pedir a Benjamin autorização para os cortes feitos. Ele nunca teria concordado, recusaria talvez a entrega na tipografia, e isso levaria a discussões e atrasos irresponsáveis. É claro que não posso dizer isso a Aron nem a Benjamin, e na conversa com Aron reconheci (em nome da paz) que talvez se tivesse podido evitar o incidente se eu tivesse avisado Benjamin antes (Brill a Horkheimer, 31 de março de 1936). As passagens da carta de Aron que se referem ao caso Benjamin são as seguintes [texto em francês]: "Recebi a sua carta de 19, que agradeço. Como diz, as suas explicações mudam em muito a situação, e hoje estou em condições de fazer um juízo diferente sobre o caso. Tomei a iniciativa da minha carta de 12 de março na sequência de uma conversa com o senhor Benjamin, que me pareceu muito sentido com as alterações feitas em seu artigo. E acrescento que ele não me solicitou qualquer intervenção no caso. Julguei por bem fazê-lo porque o senhor me sugeriu que me dirigisse diretamente a si se surgisse qualquer incidente. A minha irritação deveu-se a um fato e a vários mal-entendidos. O fato: o senhor Brill tinha recebido instruções suas e não me pôs a par delas. Concordamos os dois que, nesses casos, será preferível informarmo-nos mutuamente, mesmo que não haja lugar a deliberações. Mal-entendidos: entendi, como o senhor Benjamin, que as suas instruções tinham um caráter vago e geral e que o senhor Brill as havia ultrapassado, ou pelo menos interpretado de forma redutora. Nesse caso, de fato, teria sido melhor discutir em comum, já que não havia acordo com o autor. Pela sua carta, julgo entender que a supressão do primeiro capítulo foi expressamente indicado pelo senhor. É evidente que, se o tivesse sabido, eu não me teria manifestado. E o mesmo se passa com o resto: eu estava convencido de que as alterações tinham sido feitas para levar em conta as suscetibilidades do público francês. E por isso exprimi a opinião de que tais alterações não eram indispensáveis. Não conheço as condições americanas e mesmo as estrangeiras em geral, para poder emitir um juízo universalmente válido. Não quis pôr em questão o direito de uma redação a rever um manuscrito. O meu protesto visava a forma (a decisão tinha sido tomada depois da partida do senhor Benjamin) e, por outro lado, a pessoa que tinha sido encarregada dessa tarefa delicada.

E nesse ponto eu estava errado, porque o senhor Brill tinha sido apenas encarregado de fazer uma revisão provisória. Penso, pois, que está resolvido esse lamentável incidente; a minha carta de 16 do corrente já tinha lhe mostrado que ele não era tão grave como o senhor poderia ter receado pelos termos excessivos da minha primeira carta. [...] No que concerne ao trabalho do Instituto, não há dificuldades. Vou reler o artigo de Benjamin antes de partir, e poderemos levar, mesmo para o sul, os livros para resenhas" (Aron a Horkheimer, 31 de março de 1936). Com isso, e com a resposta de Horkheimer ao telegrama de Benjamin, o incidente parecia estar sanado. Horkheimer escrevera: "O seu telegrama deu-me uma grande alegria. Espero que entretanto se tenha entendido também com o senhor Brill, e posso garantir-lhe que farei tudo o que puder para evitar que tais mal-entendidos se repitam" (2 de abril de 1936). Todo o resto pareceu solucionar-se por si: "O caso dos cortes está finalmente resolvido, como já lhe tinha escrito. As provas paginadas chegaram esta manhã, e Benjamin já foi avisado; espero que possamos ler as suas correções especiais segunda-feira de manhã (agora é sábado à noite), e Aron fará à tarde a revisão do francês, de modo a que as provas possam ser devolvidas na terça-feira" (Brill a Horkheimer, 4 de abril de 1936).

No entanto, na terça-feira a situação já era outra. Brill envia um telegrama a Horkheimer: "Benjamin exige inúmeras alterações, por exemplo itálicos em vez de palavras com a letra expandida. Deseja mais notas, no total 66 linhas, em parte de conteúdo questionável. Nota programada para a p. 46: exposição por sugestão de Horkheimer" (telegrama de Brill a Horkheimer, 7 de abril de 1936). Dias depois, resposta telegráfica de Horkheimer: "Benjamin: itálicos em vez de espaçamento, de acordo, porque poupa espaço. Aceitem as outras alterações, desde que o ensaio acabe na p. 69. Recorram à censura de Pollock quanto a passagens discutíveis. Enviem imediatamente para aqui lista de todas as alterações" (8 de abril de 1936.) Foi convocada uma reunião que, com a presença de Friedrich Pollock (nesse meio-tempo chegado de Nova Iorque), Benjamin, Schröder e Brill, teve lugar em 11 de abril. O resultado dessa reunião, que terá decorrido de forma objetiva e satisfatória para todos os participantes, incluindo Benjamin, foi o acordo quanto à forma definitiva da versão francesa do ensaio sobre "A obra de arte...", publicada no primeiro número de

1936 da *Revista de Investigação Social*. O acordo foi fixado numa ata da reunião, que Brill remeteu no mesmo dia para Horkheimer. Na sequência disso, o ensaio foi enviado a Alcan para composição definitiva, com o título "L'œuvre d'art à l'époque de sa reproduction mécanisée". Poucos dias depois Benjamin escrevia a Kitty Marx-Steinschneider: *Não se espante se espero por horas mais tranquilas para lhe dar notícias minhas. Não há muitas dessas horas, e também não é preciso. Nesse ínterim chegou a primavera; mas a pequena árvore da vida não liga nada às estações do ano, nega-se terminantemente a dar flor e produz, quando muito, pequenos frutos. Alguns, poucos, amigos da natureza esperam pelo último deles [i.e., o ensaio sobre "A obra de arte..."], já anunciado há algum tempo, e que lhe chegará dentro de um mês em embalagem francesa. Quanto aos amigos da natureza, trata-se de um grupinho heterogêneo – constituído por alguns emigrantes, um ou dois amadores franceses, um russo que abana a cabeça, duvidando da coisa, e pessoas de origem e sexo diversos, que mostram mais curiosidade em relação à árvore do que ao fruto. Essas metáforas dão-lhe uma noção bastante exata das minhas atuais condições de trabalho. De fato, a supervisão do trabalho de tradução, extremamente difícil, e depois a resolução de complicações redatoriais e técnicas exigiram todas as minhas forças (se bem que não todo o meu tempo) nesses últimos dois meses. Os muitos aborrecimentos quase sempre causados por tais intervenções são compensados pelo estímulo associado a um trabalho desse teor com a observação das primeiras reações que suscitou, muitas vezes mais marcantes do que as mais tardias e oficiais. A avaliar por essas reações, quase teria razões para concluir que o trabalho terá a menor repercussão no lugar que deveria ser naturalmente o seu, na Rússia. Já aqui alguma coisa está acontecendo no sentido de apresentar, de forma condigna, o ensaio a Gide, Paul Valéry e outros dos mais importantes escritores franceses. Vou acrescentar-lhe um texto programático que estou precisamente redigindo* [vd., a seguir, *Paralipomena e Varia*] (Br., 709-710; GB V, 273-274). Benjamin leu as últimas provas entre meados e fins de abril. E exprime numa carta de agradecimento a Horkheimer a sua satisfação, não apenas com a forma final do ensaio, mas sobretudo com o entendimento estabelecido com Pollock quanto à sua situação pessoal: *Tenho de agradecer-lhe ainda a sua carta de 2 de abril, e fico satisfeito por saber que, desde a recepção do meu telegrama, está a par da resolução de todos os problemas surgidos aqui. Entretanto, as cartas posteriores estarão também em seu poder. Recebi há pouco tempo as últimas provas e acho que agora estão na forma ideal, precisamente aquela que desde o início imaginei para este trabalho. Foi bom que todos os nossos cuidados – e nesta última fase foi importante a contribuição do senhor Pollock – permitissem levar a esse resultado que, espero, também a si fará esquecer o esforço dispendido. Durante a segunda visita do senhor Pollock tive oportunidade de discutir detalhadamente com ele não apenas os meus trabalhos, mas também a minha situação pessoal. Tenho todos os motivos para agradecer a ele – e também a si, que certamente deu o seu acordo – pela forma como as coisas se passaram. Combinamos que eu lhe daria conhecimento desta nossa conversa, e que o senhor Pollock lhe exporá o conteúdo dela* (GB V, 279).

Querer ver nessa gratidão a máscara de um servilismo que teria acabado por dar frutos só pode ocorrer a quem, deliberada ou inconscientemente, queira ignorar as dificuldades de princípio, mas também históricas e geográficas com que se debatia a cooperação científica e redatorial em "novas estruturas organizativas" como eram as do Instituto de Investigação Social. Formas que, além de todas as diferenças e sensibilidades individuais, mantinham a "solidariedade fundamental" de um coletivo empenhado numa teoria crítica da sociedade. Essa solidariedade, sempre proclamada por Horkheimer e por Benjamin, não é também posta em causa pelas divergências surgidas no processo de encontrar uma forma publicável para esse ensaio, por mais que as circunstâncias as tenham agudizado nesse caso. Se a colaboração editorial com Benjamin enquanto membro do Instituto se complicou (a redação da revista era constituída, além de Horkheimer, por Erich Fromm, Leo Löwenthal, Herbert Marcuse, Friedrich Pollock e outros – Adorno só entra em 1938), isso deveu-se ao fato de a intervenção de dois colaboradores da filial de Paris, não especificamente competentes, ter irritado, com razão, Benjamin como autor e colaborador do grupo mais restrito do Instituto – pelo menos enquanto essas intervenções não foram dadas como autorizadas por Horkheimer e pela restante redação: a de Brill como aparentemente "desleal", e a "apologética" de Aron como deslocada. A situação acabaria por ir se resolvendo, e as intervenções resumiram-se a algumas correções discutidas e aceitas. Provavelmente muitas delas teriam sido já debatidas oralmente antes: as "passagens politicamente questionáveis", que, na situação de então eram mais palavras de impacto político forte do que conceitos teóricos (termos como "fascismo", "comunismo" e até mesmo "socialismo" – e este último acabou por ficar); as "frases políticas mais agressivas" e toda a primeira seção do ensaio, que se receava que fosse entendida como profissão de fé política num "órgão científico", pondo eventualmente em causa o trabalho do Instituto na ajuda a perseguidos e emigrados; e outros aspectos considerados de risco.

Recepção do ensaio, segunda versão alemã, tentativas de publicação na Rússia e de outras traduções

Benjamin respondeu ainda em março à grande carta de Adorno de 18 do mesmo mês, que intervinha na discussão de conteúdo sobre a teoria da reprodução: *Os meus agradecimentos pela sua longa e elucidativa carta do dia 18, que abre uma quantidade de perspectivas que pedem um aprofundamento conjunto, em diálogo, mas se mostram mais refratárias a uma troca de ideias epistolar. Por isso, no momento formulo apenas um pedido: se não poderia organizar a sua viagem de regresso via Paris. Acho que um encontro seria agora mais desejável e fecundo do que nunca. Além disso, e por razões pessoais, dar-me-ia uma grande satisfação. Ainda que tivéssemos apenas dois dias à nossa disposição, isso poderia ser um grande estímulo para o trabalho de meses. Aguardo uma palavra sua sobre isso e reitero os meus agradecimentos provisórios pelas suas linhas* (GB V, 261-262). O encontro entre Benjamin e Adorno não chegou a realizar-se dessa vez, porque este escreve, em 28 de maio, de Londres: "Passou bastante tempo desde a última vez que nos escrevemos. A minha cota-parte nesse silêncio deve-se sobretudo à terrível sobrecarga de trabalho que continuo a ter. Interessa-me muito conhecer as suas opiniões sobre os meus comentários ao seu trabalho sobre o cinema. E há outro documento em debate, o meu trabalho sobre o jazz, cujas ligações estreitas com o seu são evidentes – tão estreitas que considero importante a minha convicção de que toda a concepção do trabalho, em especial a parte sobre o *excentric* e a crítica da inutilidade do trabalho coletivo no jazz, é anterior ao meu conhecimento do seu ensaio. Entretanto, ficou a conhecer o resumo e deu a sua contribuição para a versão francesa dele, pelo que lhe agradeço muito. Mas gostaria que pudesse em breve ler o texto, de que o resumo, naturalmente, não dá uma ideia cabal. Está agora na tipografia em Paris, provavelmente já impresso" [O ensaio saiu, com o pseudônimo Hektor Rottweiler, na *Revista de Investigação Social* 5 (1936), p. 235-259]. "Pode servir-se do meu nome para pedir uma cópia, ou, se isso não for possível, o datiloscrito original." Essa primeira parte da carta apresenta, à margem, as seguintes anotações de Benjamin: *Combinar a resposta à carta sobre o cinema com a minha posição sobre o ensaio sobre o jazz. Retomar a carta sobre o cinema (entre os papéis de trabalho?); assinalar as lacunas do meu próprio trabalho; crítica insuficiente da base capitalista da produção cinematográfica e texto sobre o jazz.* Na parte final da longa carta de Adorno lê-se: "Recebi ontem a Revista; só gostaria de me pronunciar sobre a versão francesa do seu trabalho depois de leitura atenta. À primeira vista, a tradução causa uma excelente impressão." À margem, uma anotação de Benjamin – *paralipômenos* –, que se refere provavelmente às notas, não elaboradas, para a segunda e terceira versões do seu ensaio. Adorno escreve ainda, no último parágrafo da carta: "Vi ontem o filme de Reinhardt sobre o *Sonho de uma noite de verão*. Uma história de horror, que fornece uma prova em contrário da sua teoria e em particular sobre o que diz a propósito de Werfel. Uma prova muito dialética, aliás – porque a ambição do filme de ser uma obra aurática leva permanentemente à destruição da aura. Um pouco à semelhança do Manet filmado na *Anna Karênina*. É preciso ter nervos de aço para suportar esse tipo de liquidação". Benjamin responde no início de junho: essa *resposta à sua carta de 28 de maio, que lhe agradeço, não tem caráter definitivo. Verá que os problemas mais importantes do ponto de vista da substância ficam mais por tratar do que outros. Por várias razões. Em primeiro lugar, a perspectiva que me abre de um encontro no fim do mês. [...] Quando se aliviou mais a pressão que sobre mim recaía devido à minha situação econômica, aconteceu o que, em casos desses, não é de estranhar: os nervos cederam no momento da distensão. Sentia que as minhas reservas tinham chegado ao fim. [...] Mas sei que não precisa de garantia para acreditar que se mantém inalterável a solidariedade tão profunda que me concedeu, precisamente nos últimos tempos. Pensei que lhe poderia confiar hoje uma pequena adenda sob a forma de vários paralipômenos ao ensaio sobre o cinema, mas ainda não tenho cópias. Eles se inserem no contexto maior dos nossos últimos trabalhos, sobre o qual não quero me pronunciar antes de ler o seu ensaio sobre o jazz, cujo resumo me deixou cheio de curiosidade. Infelizmente, a filial de Paris não dispõe, neste momento, nem do manuscrito nem de provas. Mas terei o texto à minha disposição no começo da próxima semana. Até lá, vão ter de esperar também os meus comentários à sua longa carta em que se refere ao meu trabalho sobre a obra de arte — por mim, podem esperar ainda mais, até ao nosso encontro, que desejo para breve. De qualquer modo, essa carta é já parte integrante dos meus papéis de trabalho. As suas posições são para mim perfeitamente claras, também nos casos em que se opõem às minhas. Os pormenores terão de ser pensados com tempo. Sem dúvida pertinente é a sua referência a Mallarmé, cuja obra, mais do que qualquer outra, permite verificar um aspecto livre de ritualização e puramente dialético da arte. [...] Escrevi nos últimos tempos um ensaio sobre Nikolai Leskov* ["O contador de histórias", em próximo volume desta edição] *que, sem pretender ter o alcance teórico deste sobre a obra de arte, sugere alguns paralelos com a "decadência da aura" no que se refere à tese de que a arte de contar histórias chegou ao fim* (GB V, 304-307). Em carta de 30 de junho, Benjamin comenta finalmente a relação do ensaio de Adorno sobre o jazz com "A obra de arte...": *Li o seu trabalho sobre o jazz em provas. Será que o surpreendo se lhe disser que fiquei imensamente contente por encontrar uma comunicação tão profunda e espontânea entre os nossos pensamentos? E não precisa me assegurar que ela já existia antes de ler o meu trabalho sobre o cinema. Os seus pontos de vista têm uma força e uma originalidade só possíveis a partir de uma total liberdade no processo criativo — uma liberdade cuja prática, em si como em mim, transforma em provas irrefutáveis as profundas afinidades das nossas posições. Não entrarei em pormenores, porque continuo à espera do nosso próximo encontro. De qualquer modo, não vou esperar, nem muito nem pouco, para lhe dizer como de repente se tornou mais claro todo o complexo do "efeito de choque" no cinema através da sua exposição sobre a síncope no jazz. Em termos gerais, parece-me que os nossos dois trabalhos são como dois holofotes que, de pontos diferentes, lançam luz sobre um objeto para deixar reconhecer, de uma forma até agora não conseguida, nova e cheia de consequências, os contornos e as dimensões da arte contemporânea. Todo o resto — que é muito — ficará para a nossa conversa* (GB V, 323-324).

Uma outra reação a esse ensaio chegou em carta de Alfred Cohn. Na sua resposta de fim de junho, especialmente importante pelo relato que faz das reações dos escritores da esquerda partidariamente organizada, Benjamin escreve: *O que mais me alegrou em tudo o que escreves sobre esse meu trabalho foi o fato de, apesar da sua tendência nova e mesmo surpreendente, teres reconhecido a sua continuidade em relação a reflexões anteriores — uma continuidade que, para mim, assenta sobretudo no fato de, ao longo de todos estes anos, eu ter procurado chegar a um conceito cada vez mais exato e livre daquilo que pode ser uma obra de arte. A minha tentativa de colocar o trabalho à discussão entre os escritores emigrados aqui foi cuidadosamente preparada, e por isso deu resultados esclarecedores. Mas foi quase a única reação. A mais interessante foi a dos esforços dos escritores filiados no partido para impedir, se não a difusão, pelo menos a discussão desse trabalho. Não o conseguiram, e por isso se limitam a seguir as coisas em silêncio, nos casos em que não se distanciaram dela. É o instinto de sobrevivência, que em tais casos compensa as falhas da capacidade de apreensão: essa gente acha que eu ameaço o seu espaço literário tão bem organizado, mas evitam, para já, uma discussão comigo, ou não a arriscam a longo prazo. Enfim, terão as suas razões para se deixarem embalar nessa segurança, já que para Moscou o fundamental da política literária é o apoio concedido a esses literatos de esquerda, como receio pela recente fundação da revista* Das Wort.[8] *Em breve saberei mais sobre essa revista através de Brecht, que pertence à comissão de redação, com* [Lion] *Feuchtwanger e* [Willi] *Bredel. Penso ir para a Dinamarca no decorrer do mês de julho.* Também Horkheimer manifestou interesse nas primeiras repercussões do ensaio. Numa carta de 13 de julho de 1937, pergunta a Benjamin: "Houve reações "extremas" ao seu ensaio? Estou ansioso por saber como foi recebido pelos franceses". Benjamin responde a 10 de agosto: *Já tinha pensado em lhe escrever brevemente para dar conta das repercussões do meu ensaio no último número da revista, ainda antes de ter recebido a primeira das suas duas cartas. A mais interessante ainda não a li. Trata-se de um comentário de André Malraux no Congresso de Escritores em Londres, no mês passado, onde ele pronunciou a principal conferência. [...] Malraux mencionou, antes do Congresso, as minhas reflexões, e confirmou-me isso num encontro em Paris. Foi mesmo a ponto de considerar a hipótese de discutir mais de perto o ensaio no seu próximo livro, que, ao que tudo indica, será de natureza teórica. Seria uma grande alegria para mim,*

---

[8] A revista *Das Wort* (A Palavra) circulou entre julho de 1936 e março de 1939, em Moscou, e era (juntamente com a *Internationale Literatur*) o principal órgão literário da emigração alemã na capital soviética. Nela se desenrolam as principais polêmicas entre a intelectualidade de esquerda, mais dogmática ou mais aberta, das quais o chamado "Debate sobre o Expressionismo" seria a mais paradigmática. Sobre a revista e os debates dos anos 1930, ver: João Barrento (org.), Realismo, materialismo, utopia. Uma polêmica (1935-1940), Lisboa, Moraes Editores, 1978. (N.T.)

naturalmente. Mas não podemos esquecer que Malraux é muito temperamental, e nem todos os seus propósitos, muitas vezes impulsivos, se concretizam depois. O ensaio foi também o ensejo para uma discussão entre Jean Wahl e Pierre Jean Jouve, um poeta importante; não estive presente, mas falaram-me do caso. O livreiro Ostertag, do Pont de l'Europe, disse-me que o número da revista foi muito comprado, pelas referências feitas ao meu ensaio. Sei ainda que Jean Paulhan, redator da Nouvelle Revue Française, *foi insistentemente alertado para esse meu texto, tendo-lhe sido sugerido que se referisse a ele com uma nota na revista. Não sei se o fará ou não. O círculo da NFR apresenta-se com aquela impermeabilidade desde sempre própria de tais cenáculos e que triplica se forem literários* (Br., 716-717; GB V, 352-353). Em 11 de agosto Benjamin escrevia a Werner Kraft uma carta que, entre outras coisas, informa sobre as suas tentativas, infrutíferas desde janeiro de 1936, para conseguir a publicação do ensaio em Moscou, agora por mediação de Brecht: *Ontem recebemos aqui o segundo número de* Das Wort *[...]. Brecht ficou muito irritado, como pode imaginar, com o Editorial não assinado, e portanto da responsabilidade da redação, a que também ele pertence, e que contém palavras completamente descabidas e ofensivas sobre Kraus* [a pretexto da morte de Karl Kraus, em 12 de julho de 1936] *[...] Com situações dessas, não sei quanto tempo se manterá a atual redação da revista. Por mim, teria interesse que ela se mantivesse como está até que Brecht, o único que o pode fazer, tentasse assegurar a publicação do meu ensaio "A obra de arte na época da possibilidade de sua reprodução técnica"* (Br. 720-721; GB V, 358). Benjamin não teria manifestado tais esperanças se pudesse ter lido o que Brecht anotou na época. Sobre esse seu ensaio no *Diário de trabalho,* publicado postumamente: "b[enjamin] descobriu aquilo a que chama aura, algo que estará em decadência nos últimos tempos, na análise que faz do cinema, uma arte que mostra como a aura desaparece pela reprodução das obras de arte. tudo misticismo, embora a postura seja antimística. e assim se adapta a concepção materialista da história! é de matar!" (B. Brecht, *Arbeitsjournal I [1938-1942],* ed. Werner Hecht. Frankfurt/M., Suhrkamp, 1973, p. 16). O próprio Benjamin tinha já feito uma primeira tentativa, aproveitando a viagem de Grete Steffin a Moscou. Na ocasião escreveu à colaboradora de Brecht: *Permita-me que lembre a sua disponibilidade para apurar o que se passa com o meu trabalho, cujo manuscrito enviei a* [Bernhard] *Reich* [o datiloscrito da terceira versão alemã, que deve ter servido de base à versão francesa]. *O texto francês desse trabalho, cuja versão alemã se encontra em poder de Reich, está no prelo e deverá sair na* Revista de Investigação Social. *Stuart Gilbert, o tradutor de Joyce, está tentando encontrar um tradutor em Londres* [esse tradutor acabou por ser Pierre Leyris, mas a tradução nunca chegou a sair]. *Naturalmente seria muito importante para mim se o trabalho fosse publicado na Rússia. Perceberá isso melhor quando o ler, e peço-lhe encarecidamente que o faça. Depois, poderá, mais do que eu, aperceber-se das possibilidades de publicação desse trabalho na Rússia. Sem quaisquer pretensões normativas, penso que o problema de que parto deveria despertar grande interesse na Rússia hoje. Não descortino reservas ao meu método do ponto de vista da dialética materialista. Já não estou muito seguro sobre se aceitarão as minhas conclusões. Há uma carta que Reich me escreveu em 19 de fevereiro, mas que não me parece conclusiva quanto a essa última questão. Acho que é melhor fazer que não sabe nada dessa carta, ou que a conhece apenas superficialmente. É uma recusa, mas que não leva a nada. Reich não coloca quaisquer problemas quanto ao método, e da carta só se depreende que, para ele, eu vou "longe demais", que as coisas "não devem ser bem assim", etc. A carta dele não serve de base de discussão, e não sei muito bem o que lhe responder. Mas também não há pressa. Tanto mais que Reich, ainda que o desejasse, provavelmente pouco pode fazer pela publicação do trabalho. Gostaria, isso sim, que* [Sergei] *Tretiakov o lesse. Foi esse, desde o princípio, o conselho de* [Slatan] *Dudow, que aprecia muito o trabalho e me disse logo que Reich não o aceitaria. Suponho que conhece bem Tretiakov e lhe poderá dar o manuscrito (gostaria, é claro, que esse não se perdesse). Talvez a publicação na Rússia seja apenas uma questão de tempo. Quanto à versão alemã, preferiria que ela aparecesse na* Internationale Literatur. *Para esse efeito, vou lê-la a alguns camaradas, com quem tenciono discuti-la. Com base nessa discussão poderá depois organizar-se uma sessão pública na Associação para a Defesa dos Escritores, aqui em Paris* (GB V, 254-255). A *versão alemã* de que Benjamin fala é certamente a terceira, ou uma versão preliminar dela, de que se ocupava já durante o trabalho de tradução da segunda (ou melhor, daquela que daí resultou, que serviu de base à tradução francesa), certamente com vista a uma publicação na Rússia. Essa versão alemã ainda não tinha chegado às mãos de Reich e era anunciada numa carta a Grete Steffin que nunca deve ter chegado à destinatária em Moscou. Numa carta posterior, Benjamin escreve à colaboradora de Brecht: *Muito*

226   **FILÔ**BENJAMIN

rapidamente, quero apenas saudá-la pela feliz chegada a Londres [...] Pelo visto, quase nenhuma das muitas cartas que lhe enviei para a União Soviética chegou ao destino. Na última, que também não lhe deve ter sido entregue, pedia-lhe que, em vez de fazer chegar o manuscrito do meu trabalho a Tretiakov, o trouxesse para o entregar a Brecht. O pior é que no momento não tenho nenhum exemplar do texto alemão, e o francês, que foi publicado agora, não serve de nada a Brecht. Assim que tiver um exemplar em alemão, o enviarei. As duas últimas frases podem querer significar que o trabalho na "terceira versão" ainda não estava concluído, ou pelo menos que não existia ainda um datiloscrito dele; só em 1938 a existência de tal datiloscrito está confirmada numa carta (a Gretel Adorno, com data de 16 de abril). Entretanto, Benjamin já tinha desistido da ideia de uma publicação na revista *Internationale Literatur.* Agora escrevia: *Não preciso lhe dizer como seria importante para mim a publicação do texto alemão na revista* Das Wort [nessa altura não tinha ainda saído o primeiro número]. *Mas primeiro teria de saber se a revista tem capacidade para um artigo com 50-60 páginas datilografadas.* Benjamin continua: *Deveria ser possível esclarecer isso já. Por favor, escreva-me umas linhas neste sentido* (GB V, 293). Como mostra esse pedido, renovado em novembro, se alguma coisa foi feita, isso aconteceu de forma dilatória, apesar da esperança depositada por Benjamin em Brecht – ou precisamente porque essa esperança era vã, como bem mostra a entrada do Diário de Brecht sobre este ensaio. Benjamin escreve em 4 de novembro a Grete Steffin: *Dê-me, por favor, na medida em que lhe for possível, notícias quanto às perspectivas de publicação de "A obra de arte na época da possibilidade de sua reprodução técnica" na revista* Das Wort. *Entretanto, Bredel já deve poder dar uma resposta. Fale, por favor, novamente com Brecht sobre isso* (GB V, 414). Cinco semanas mais tarde, ainda sem resposta, Benjamin já mostrava ter menos esperanças. A propósito do anúncio da "Segunda carta de Paris" [incluída neste volume], escreve à mesma destinatária: *De resto, as pessoas* [da revista Das Wort] *não deram ainda notícias sobre o meu trabalho. O melhor é deixar ficar as coisas como estão até que Brecht lá vá. Ou acha que vale a pena escrever sobre isso a Maria Osten,*[9] *que acaba*

---

[9] Maria Osten, aliás Maria Greßhöner (1909-1942): jornalista, responsável pela coordenação em Moscou da revista *Das Wort* e pela filial de Paris em 1938, onde Benjamin a conhece. Foi expulsa do PCUS em 1939, presa em 1941,

de regressar? Eu tenho dúvidas (Carta de 12 de dezembro de 1936: GB V, 439). Finalmente, na primavera de 1937, chegam notícias através de um dos redatores, e Benjamin comenta: *Bredel mandou comunicar-me a impossibilidade de publicação do trabalho, devido à sua extensão.* Essa explicação mais não fazia do que esconder as verdadeiras razões, e Benjamin sabia-o bem pela experiência que tinha das discussões com os escritores de esquerda. Mas não mostrou que sabia de algo, pelo menos em relação a Grete Steffin. Não deixou, como mostra a sequência dessa carta, de fazer outras tentativas de publicação de trabalhos seus na *Das Wort: Não desarmei, e, como pode ver pela carta anexa, fiz logo outras propostas a Bredel. E cantei-lhe uma cantiga que poderia ser um canto de sereias, se quisessem convencer Ulisses a dar-lhes dinheiro. Seria bom, e talvez se conseguisse alguma coisa, se se dignasse acompanhá-lo com uns acordes suaves* (carta de 26 de abril de 1937, a Grete Steffin: GB V, 521). Com acompanhamento ou sem ele, o certo é que a revista *Das Wort* só publicou, de Benjamin, a "Primeira carta de Paris" (em que se ocupa das reações dos intelectuais franceses, nomeadamente de Gide, ao que se está passando na Europa e na União Soviética: cf. GS III, 483-495). Também na Inglaterra não chegou a ser publicada qualquer tradução de "A obra de arte..."

Últimos testemunhos

Os testemunhos sobre esse ensaio tornam-se mais esparsos a partir do fim de 1936. Aqueles que nos chegaram, referem-se ao papel desse texto e do entrosamento dos seus motivos com a produção posterior de Benjamin e Adorno, na correspondência e, mais ainda, nas discussões orais, mais intensas, entre ambos. Pode-se deduzir a importância desses encontros – quase sempre fomentados e financiados por Horkheimer – para Benjamin com base em duas cartas que envia a Horkheimer em finais de 1936, a propósito de uma visita de Adorno a Paris. Na primeira lê-se: *Antes de iniciar o meu relato* [das atividades como colaborador do Instituto em Paris] *gostaria de lhe expressar o meu agradecimento por ter tornado possível a estada de Wiesengrund aqui. O diálogo que mantivemos, e que*

---

acusada de espionagem a favor da Alemanha e da França, e executada em 8 de agosto de 1942. (N.T.)

estava à espera há anos, permitiu-nos reconhecer uma afinidade dos mais importantes pontos de vista teóricos, que foi muito gratificante e teve mesmo um efeito revigorante. Essa coincidência foi mesmo, em certos aspectos, quase surpreendente, dado o nosso afastamento tão longo. O material que serviu de base ao diálogo – o ensaio sobre o jazz, o meu sobre "A obra de arte...", o projeto do meu livro [i.e., a sinopse d'O livro das passagens] e uma série de reflexões metodológicas avançadas por Wiesengrund – foi suficiente para identificar e desenvolver as questões fundamentais (Br., 722-723; GB V, 389-390). E na segunda dessas cartas, de meados de dezembro, Benjamin escreve: *Certamente a vinda de Wiesengrund a Paris se deu por razões que se prendem ao Instituto. Mas isso não impede que me tenha dado também a mim um presente muito pessoal, e por isso começo por lhe agradecer. Quanto mais frequentemente Wiesengrund e eu discutirmos pessoalmente os campos de trabalho em que nos movíamos antes do nosso encontro em outubro, tanto mais se afirmará a afinidade dos nossos projetos. E ela é tão profunda que pode prescindir da proximidade das matérias, sem que por isso seja menos evidente e detectável. Assim, os últimos diálogos, que se ocuparam da análise de Husserl, de reflexões complementares sobre o meu ensaio ou das ideias de Sohn-Rethel, foram de uma importância indesmentível para ambos* (carta de 17 de dezembro de 1936: GB V, 440-441). Na resposta, Horkheimer menciona o interesse – que pessoalmente não lhe agradava muito – manifestado em Nova Iorque pelo ensaio sobre "A obra de arte...". Receando complicações, que sempre deveriam ser consideradas, dada a situação precária do Instituto na América, aconselhou a Benjamin que fosse cauteloso: "O senhor Leyda, do Museum of Modern Art, Film Library Corp., telefonou hoje pedindo o manuscrito do seu trabalho publicado no primeiro número de 1936. Supunha que se trataria de um texto traduzido do alemão para francês e pretendia ter acesso ao texto alemão para o mandar traduzir para inglês e incluir na biblioteca. Respondi que não tinha nenhuma versão alemã, o que é verdade no que se refere ao nosso escritório aqui. Se ele, por acaso, lhe escrever, agradecia que não lhe facultasse nenhum manuscrito alemão, porque queremos evitar que, devido a eventuais diferenças entre o texto alemão e o francês publicado, possam surgir discussões, o que não é de todo impossível" (carta de 30 de dezembro de 1936). Benjamin responde: *O senhor Leyda, da Film Library, não me escreveu até agora. Se me pedir um texto, enviarei o francês* (GB V, 458). A resposta de Horkheimer deixa entender que este recuou nas suas reservas quanto a possíveis complicações, em favor de novas perspectivas que se abriam para Benjamin: "A finalidade desta carta é apenas a de lhe comunicar que o senhor Leyda, e um outro, voltaram a nos contatar por causa do seu ensaio. Remetemo-los para si e esclarecemos que o senhor tem a liberdade de escrever outros artigos sobre o mesmo assunto para outras revistas. Pode ser que haja possibilidade de colaboração com instituições americanas. Se lhe escreverem a esse propósito, aconselho-o a aceitar. Parece que o seu artigo interessou a alguns círculos da indústria do cinema, e seria insensato não aproveitar as oportunidades que se podem oferecer aqui. Eventualmente, pode até dizer que está disposto a escrever outros artigos em inglês. Nós poderíamos nos encarregar aqui de mandar fazer a tradução por alguém competente. Mas também pode acontecer que tudo tenha caído no esquecimento, o que não é raro acontecer aqui" (carta de 25 de fevereiro de 1937). De fato, parece ter sido isso o que se passou. Adorno, entretanto nos Estados Unidos, tinha voltado ao assunto em maio de 1938 e aconselhado a Benjamin: "Quanto ao Museum of Modern Art, acho que devia retomar o contato com Shapiro, grande conhecedor da sua obra e homem de muitas ideias, se bem que de menos tato, na medida em que, por exemplo, nos disse uma vez que acha o seu trabalho sobre 'A obra de arte...' perfeitamente compatível com o método do positivismo lógico. Digo-lhe isso apenas para o informar de que a vanguarda local não tem menos limitações que a de Paris. Tem, porém, mais recursos materiais, e não me parece utópica a ideia de o trazer para cá através de uma combinação de esforços entre o Instituto e Shapiro. [...] Nesse contexto, preocupa-me ainda o fato de, devido aos últimos acontecimentos, a segurança em Paris não ter aumentado. E se a nossa teoria é a de que não vai haver guerra, isso não torna uma guerra menos perigosa no caso de a teoria não se confirmar" (carta de Adorno, 4 de maio de 1938). O certo é que Benjamin, enquanto ainda tinha possibilidades de sair de França, não escreveu a Meyer Shapiro, embora possa ter-se encontrado com ele em Paris no verão de 1939.

Da situação econômica de Benjamin no fim de 1937 dá conta uma carta de Horkheimer, na qual também se abordam aspectos das ligações do ensaio de Benjamin sobre Carl Gustav Jochmann[10] com motivos do trabalho sobre "A obra de arte...": "Espero que as decisões sobre os aspectos financeiros, que o senhor Pollock lhe comunicou, contribuam para resolver a sua situação. Tivemos de reduzir ou cortar a maior parte dos projetos de investigação e das bolsas devido à queda da bolsa. As remunerações dos colaboradores foram em grande parte suspensas. O fato de termos aumentado e estabilizado a sua mostra como consideramos a sua colaboração como um dos lugares efetivos do Instituto". E mais adiante: "Estamos considerando a possibilidade de inserir o seu trabalho sobre Jochmann no próximo número da revista. Por um lado, concordamos consigo em que há aí ideias importantes, por outro, e até agora, nunca publicamos textos antigos. Não poderia escrever uma introdução, não tanto do ponto de vista do historiador, mas do de uma teoria filosófica? Penso que poderá estabelecer ligações entre os pontos de vista de Jochmann e as nossas posições, especialmente com as do seu ensaio sobre "A obra de arte..." Deste modo poderíamos esclarecer as razões por que publicamos esse documento esquecido, enquanto outros, que têm tanto ou mais a ver com as nossas posições, ficam para trás. O texto apareceria então numa relação mais clara com o campo de trabalho teórico que os seus ensaios representam na revista" (carta de 5 de novembro de 1937). Benjamin responde, em 6 de dezembro: *No meu trabalho sobre "A obra de arte na época da possibilidade de sua reprodução técnica" vejo pelo menos um motivo que poderia ser visto como reformulação do ensaio de Jochmann: o da decadência da aura. Nos últimos tempos tenho tentado encontrar novas ramificações desse motivo, e penso que o consegui. Mas elas não me permitem abarcar a perspectiva secular de Jochmann, que vai das epopeias homéricas até Goethe. Receio bem que seja precisamente essa amplitude que confere a Jochmann a sua originalidade incomparável, com a qual não se pode entrar em concorrência direta sem que se torne claro para o leitor como, sob os nossos céus claros e mais gelados, estão limitadas as nossas possibilidades de sonhar. Por vezes é recomendável mostrar ao leitor, sem rodeios, as dificuldades com*

---

[10] Desse autor alemão do começo do século XIX, quase desconhecido, saiu na *Revista de Investigação Social* (n. 8, 1939) o ensaio "Os retrocessos da poesia", acompanhado de uma introdução de Benjamin, escrita em 1937. Os dois textos podem ler-se em GS II/2, p. 572 e segs. (N.T.)

que o autor depara, o que me leva à pergunta: não deveria eu tentar introduzir essas reflexões num pequeno parágrafo da introdução que tem aí? A intenção seria a de esclarecer o leitor sobre a force majeure *devido à qual precisamente o interesse filosófico atual desse estudo tem de ser remetido para o comentário histórico. Deste modo poderia estabelecer a ligação com o ensaio sobre "A obra de arte...", furtando-o à aparência de mero documento histórico.* (GB V, 623-624)

Entre os testemunhos do ano de 1938 encontra-se a primeira referência definitiva a uma "segunda versão" concluída (certamente já antes). Numa seção da carta de Benjamin a Adorno, com data de 16 de abril de 1938, destinada a Gretel Adorno, lê-se: *A tua oferta de fazer uma cópia do ensaio sobre "A obra de arte..." não tem preço. Aceito-a com a maior alegria, e vou te enviar o manuscrito depois de revê-lo. Tudo parece indicar que, com a tua intervenção, uma boa estrela brilhará sobre o meu opúsculo* (GB VI, 60). Na verdade, o *manuscrito* (de fato, datiloscrito) foi copiado por Gretel Adorno na América, pelo menos em parte e apenas um ano depois. Foi essa cópia que serviu de base à primeira publicação da versão alemã do ensaio (a segunda e única publicada até ao aparecimento da edição crítica), na edição dos *Schriften* organizada por Adorno em 1955. O manuscrito a rever foi provavelmente levado por Benjamin para Svendborg no verão de 1938, e Brecht deve ter lido o trabalho pela primeira vez nessa forma, o que explicaria a entrada relativamente tardia no *Diário de trabalho*. Essa anotação – de certo modo não competente e estranhamente cínica – é um sinal de que, pelo menos a partir da sua data, não seria de esperar qualquer apoio de Brecht à publicação do ensaio. Podemos supor que Benjamin reformulou essa terceira versão, com as suas muitas variantes, complementos e modificações em relação à versão francesa, tendo em vista uma eventual publicação na Rússia ou mesmo apenas a leitura por Brecht. Essa suposição, que assenta na real esperança de Benjamin, encontra a sua confirmação no fracasso dessa esperança – primeiro, pelas manobras dilatórias, depois pela recusa de Bredel e finalmente na inequívoca anotação do diário de Brecht.[11]

Na fase em que Benjamin trabalhava no livro sobre Baudelaire, que foi acompanhada por uma intensa discussão teórica na correspondência

---

[11] Essa confirmação é reforçada pela informação de Adorno segundo a qual Benjamin teria escrito o ensaio para "superar Brecht em radicalismo". Certamente a intenção já era essa nas primeiras versões, e torna-se evidente na última. (N.T.)

com Adorno, algumas questões importantes foram tratadas nessas cartas. Em dezembro de 1938 lemos numa (longa) carta de Benjamin a Adorno: *Passo agora ao seu novo trabalho* [i.e., "Sobre o caráter fetichista na música e a regressão do ouvir"], *e com isso à parte mais solar desta carta. Interessam-me objetivamente dois momentos nele, ambos aludidos por si. Por um lado, naquelas partes que apontam determinadas características das atuais formas de percepção acústica do jazz, na sua relação com as visuais que eu comento para o cinema. Não posso dizer agora, de improviso, se a diferente distribuição das zonas de luz e sombra nos nossos dois ensaios resulta de divergências teóricas. Provavelmente, trata-se de diferenças aparentes de ponto de vista, que de fato, e de forma igualmente adequada, se aplicam a objetos diversos. Nada nos diz que a percepção acústica e visual abra desde logo caminho a uma transformação revolucionária. A isso se liga a perspectiva final do seu ensaio, de formas de ouvir instáveis, que não é imediatamente evidente para quem não tenha tido uma experiência plena de Mahler. No meu trabalho procurei articular os momentos positivos de forma tão clara como você faz para os negativos. Por isso vejo como lado forte do seu trabalho o que era uma fraqueza do meu. A sua análise dos tipos psicológicos produzidos pela indústria e a explicitação dos seus modos de produção é muito convincente. Se eu tivesse dado mais atenção a esse lado da questão, o meu trabalho teria ganhado uma maior plasticidade histórica. Cada vez mais me torna evidente que o aparecimento do cinema sonoro tem de ser visto como uma ação da indústria destinada a quebrar o primado revolucionário do cinema mudo, que favorecia reações dificilmente controláveis e politicamente perigosas. De uma análise do cinema sonoro poderia resultar uma crítica da arte atual que serviria de mediação dialética entre os seus pontos de vista e os meus* (Br., 798; GB VI, 189). Um olhar aos paralipômenos do ensaio sobre "A obra de arte..." mostra que há algumas ideias do próprio Benjamin para uma tal análise, a começar pelo papel do jazz. Adorno respondeu, no início de 1939, numa carta igualmente extensa e sobretudo dedicada aos problemas levantados pelo ensaio sobre Baudelaire, às questões postas por Benjamin: "Apenas algumas palavras sobre o que diz a propósito do meu ensaio sobre o fetichismo. Estou de acordo consigo em que a diferença de ênfase no cinema e no jazz resulta essencialmente dos materiais, embora não se possa esquecer que o cinema representa um material em princípio novo, mas que o mesmo se não passa com o jazz. Tenho plena consciência das fraquezas do meu ensaio. *Grosso modo,* elas estão na tendência para a lamentação e o impropério. Lamentar a situação atual, nisso tem razão, não nos leva muito longe; por outro lado, eu diria que o ponto de vista da filosofia da história impede a sua "salvação" hoje. Atualmente, a única interrogação possível é a de uma experiência: que será dos homens e da sua percepção estética se os sujeitarmos às condições do capitalismo monopolista? Mas quando escrevi o ensaio os meus nervos ainda não estavam à altura de um tal questionamento demoníaco-behaviorista. É apenas a expressão daquelas experiências americanas que um dia talvez me levem pensar aquilo que nós dois, e com razão, achamos que falta nos nossos trabalhos sobre a arte de massas no capitalismo monopolista. Concordo com o que diz sobre o cinema sonoro, algo de análogo se pode observar no jazz; mas acho que se trata menos de intrigas da indústria do que de tendências que se afirmam de forma objetiva. Sobre a música que se torna cômica: de fato, vejo nisso, como na "decadência da harmonia sacra", algo de basicamente positivo, e com certeza que o meu trabalho não se encontra com o seu em nenhum outro aspecto de forma tão evidente. Se o texto deixou isso pouco explícito, será uma grave falha minha" (carta de Adorno a Benjamin, 1º de fevereiro de 1939).

Benjamin tinha escrito a Gretel Adorno em 16 de abril de 1938 que lhe enviaria um manuscrito do trabalho, mas de fato isso só aconteceu na primavera de 1939. É o que se depreende de uma carta a Gretel Adorno sem data precisa, mas de fins de março ou princípio de abril: *Li com preocupação a tua breve carta de 26 de março. Por muito que me alegre a perspectiva de te ocupares do meu trabalho sobre "A obra de arte...", fico pensando se não será por tédio ou mesmo* spleen. *[...] Vou mandar hoje o manuscrito, registrado. É uma versão limpa, que não te dará muito trabalho. Esse texto é bastante diferente daquele que conheces* [certamente o da versão francesa], *e sobretudo muito mais desenvolvido. E depois de redigido já anotei uma série de outras reflexões sobre o assunto.* [Essas reflexões, tal como a maior extensão do texto, não deixam dúvidas de que se tratava da última versão, que, assim, só nesta altura estaria concluída, apesar de não ser considerada ainda definitiva, como mostra o prosseguimento da carta.] *Um dos maiores serviços que me prestará a tua cópia é o de situar essas reflexões num contexto mais global. Por isso te peço que deixes uma margem suficientemente grande, que permita uma reformulação posterior* (GB VI, 246-247). Há alguma ironia no fato de essa versão do ensaio ter tido, na história da sua recepção, um peso canônico, apesar de Benjamin o ter considerado até ao fim um *work in progress*. Um dos últimos testemunhos de Benjamin sobre esse trabalho encontra-se numa carta a Gretel Adorno, de fim de junho de 1939, e acentua o lugar constitutivo desse ensaio na nova versão do livro sobre Baudelaire: *O capítulo sobre o flâneur integrará, na nova versão, motivos decisivos dos ensaios sobre "A obra de arte..." e "O contador de histórias", aliados a outros d'O* livro das passagens (GB VI, 308). Este testemunho é a confirmação da força atuante de um dos mais originais núcleos da sua obra.

Paralipômenos e fragmentos

A segunda e terceira versões do ensaio foram acompanhadas de uma série de anotações não integradas nas versões finais. Transcrevem-se a seguir essas anotações, ordenadas em dois núcleos. Trata-se, em geral, de reflexões, mais breves ou mais extensas, sem rasuras, contendo pensamentos acabados, em dois rolos com 27 e 29 folhas de bloco de dimensões diferentes; o primeiro contém notas já a partir do outono de 1935, o segundo de 1936. O segundo rolo contém, entre outras, as anotações que constituiriam o planejado texto programático que acompanharia o ensaio. Esses apontamentos são particularmente significativos, tal como as variantes que remetem para as diferenças entre as intenções de Benjamin e a literatura marxista ortodoxa sobre a arte.

A nova edição crítica das Obras e do espólio de Benjamin inclui mais paralipômenos do que a primeira (a do primeiro volume dos *Gesammelte Schriften*, que serviu de base à minha edição portuguesa de 2006). Trata-se, no entanto, de grande parte de transcrições de obras lidas por Benjamin, quase sempre cortadas no manuscrito por um traço transversal. Algumas notas e fragmentos incluídos no aparato crítico da nova edição estão também já no volume VII dos *GS*, dois tomos que complementam os anteriores desta edição, e que só foram publicados em 1989 (a primeira edição do ensaio sobre "A obra de arte..." no primeiro volume dos *GS* é de 1974). Uma boa parte dos fragmentos que agora se podem ler no vol. 16 da nova edição crítica provêm dos manuscritos de Benjamin deixados com Georges Bataille em 1940 e encontrados na Biblioteca Nacional de Paris por Giorgio Agamben em 1982.

Mais importantes na nova edição crítica são os fragmentos que acompanham, entre 1936 e 1940, os textos incluídos nesse volume;

não apenas o grande ensaio sobre "A obra de arte...", mas também outros, em que o objeto é a relação entre a pintura e a gravura ou, num longo manuscrito de nove páginas, aparentemente incompleto, entre a pintura e a arquitetura, a fotografia e o cinema. Esses dois fragmentos maiores, que se inserem aqui porque Benjamin os situa expressamente no contexto do trabalho preparatório de uma versão definitiva do ensaio sobre "A obra de arte..." (que nunca chegou a ser concluída), são reproduzidos pela primeira vez em tradução nesta edição brasileira (no final das "Adendas" a este comentário), e devem considerar-se também em relação direta com alguns dos "Fragmentos estéticos" incluídos neste volume.

I. Paralipômenos e varia para a primeira versão de

"A obra de arte na época da sua possibilidade de reprodução técnica"

Teses provisórias

1) *A possibilidade de reprodução técnica da obra de arte leva à sua remontagem.*

2) *A possibilidade de reprodução técnica da obra de arte leva à sua atualização.*

3) *A possibilidade de reprodução técnica da obra de arte leva à sua literarização* [a última palavra foi rasurada, e em vez dela aparece: *politização*].

4) *A possibilidade de reprodução técnica da obra de arte leva ao seu desgaste.*

5) *A possibilidade de reprodução técnica da obra de arte consegue otimizar no cinema as suas possibilidades de trabalho.*

6) *A possibilidade de reprodução técnica da obra de arte torna-a objeto de distração.*

7) *A possibilidade de reprodução técnica da obra de arte potencia a luta pela sobrevivência entre as obras de arte de épocas passadas.*

8) *A possibilidade de reprodução técnica da obra de arte transforma a relação das massas com a arte, que de retrógrada, por exemplo face à pintura, se torna progressista, por exemplo face à comédia cinematográfica. O comportamento progressista torna-se radical.* [A tese 8 foi cortada.]

(Fonte: Arquivo Benjamin, manuscrito n.º 997)

Que elemento é esse [o esporte]? *As conclusões extraem-se da seguinte reflexão: a base do esporte é um sistema de normas que, em última instância, conduz à medição de modos de comportamento humanos por meio de padrões físicos elementares, à medição em segundos ou centímetros. São essas medições que estabelecem o recorde esportivo. A velha forma agônica desaparece a olhos vistos da moderna prática esportiva. Essa se afasta das normas de concorrência que medem o homem pelo homem. Não foi por acaso que se disse de Nurmi[12] que ele corria contra o relógio. Isso indica o ponto em que se encontra a atual prática esportiva. Afasta-se do agônico e escolhe a direção dos testes. Nada é mais comum ao teste na sua forma moderna do que medir o homem com um aparelho. Comparada com a aparelhagem dos testes, a do esporte é extremamente primitiva. Mas, diferentemente da atuação esportiva, a do teste mecânico não pode ser exposta, o que reduziu o seu significado social.*

(Fonte: Arquivo Benjamin, manuscritos n.º 1008 e 1009)

[Há uma variante em que, antes da frase sobre Nurmi, se lê a anotação: *As olimpíadas são retrógradas.*]

(Fonte: Arquivo Benjamin, manuscrito n.º 1023)

Também ela [i.e., a atuação nos testes de alta competição, jogar à luz dos holofotes e ao mesmo tempo reagir oralmente às instruções do microfone] *mobiliza o homem inteiro. Mas já não como o ágon, atendendo à sua totalidade harmónica, mas servindo-se da sua capacidade de adaptação politécnica.*

(Fonte: Arquivo Benjamin, manuscrito n.º 1009)

A fórmula na qual se exprime a estrutura dialética do cinema no que se refere ao seu lado técnico é a seguinte: imagens descontínuas sucedem-se umas às outras de forma contínua. A teoria do cinema deveria atender aos dois dados dessa fórmula. Para começar com a continuidade: não podemos ignorar que a fita que corre e que desempenha um papel tão decisivo no processo de produção é, de certo modo, representada no processo de consumo pela fita do filme pronto. Ambas devem ter aparecido mais ou menos ao mesmo tempo. O significado social de uma não pode ser entendido sem o da outra. Em ambos os casos essa

---

[12] *Paavo Nurmi* (1897-1973), corredor finlandês, um dos maiores atletas olímpicos de todos os tempos. (N.T.)

compreensão ainda está dando os primeiros passos. Já com o outro elemento, o da descontinuidade, as coisas não se passam do mesmo modo. Possuímos pelo menos um indício importante para compreender o seu significado, que consiste no fato de os filmes de Chaplin terem até agora um sucesso maior do que quaisquer outros. E a razão está evidente. O gesto de Chaplin não é propriamente o de um ator. Ele não conseguiria manter-se por muito tempo em palco. O seu significado tão especial consiste em ele, com o seu gesto — ou seja, com a sua atitude física e mental —, integrar o ser humano no filme. É isso o que há de novo no gesto de Chaplin: desmembra o movimento expressivo do ser humano numa série de pequenas reações nervosas. Cada um dos seus movimentos é constituído por uma série de partículas de movimento fragmentadas. Quer atentemos no seu modo de andar, na maneira como manipula a bengala ou tira o chapéu — trata-se sempre da mesma série de pequenos movimentos bruscos, que eleva o princípio da sequência de imagens no cinema à condição de princípio da motricidade humana. E em que consiste afinal o cômico dessa forma de comportamento?

(Fonte: Arquivo Benjamin, manuscrito n.º 1011)

O Dadaísmo procura criar com os seus conteúdos o choque que um filme provoca com a sua estrutura técnica.

O seu [i.e., das obras dadaístas] *elevado efeito de distração deve-se ao fato de elas provocarem sempre tomadas de posição. Com isso, o Dadaísmo — já nas práticas desajeitadas e exageradas dos seus precursores — afirmou um importante elemento da distração: um elemento que distingue o público, que é distraído, da comunidade artística, que se distingue pela concentração. Na distração, a obra de arte é estímulo, e por vezes mesmo apenas pretexto, para comportamentos ativos dos sujeitos. Naturalmente esses comportamentos ativos não se limitam aos excessos das cenas de escândalo das sessões dadaístas. Mas uma coisa é significativa em todos eles: a rapidez com que surgem as suas reações* [rasurado de "Na distração" até ao fim].

(Fonte: Arquivo Benjamin, manuscritos n.º 1013, 1014)

Uma vez que se fala muito da difusão em massa das obras de arte, determinada pelo estado atual da técnica, é natural que se diga uma palavra sobre a difusão em massa do saber, para a qual se verificam também todos os pressupostos técnicos. Acontece no entanto que, pelo menos na Europa Ocidental, ainda não surgiram práticas que possam concorrer com o nível atingido pelo cinema. Isso se deve, entre outros fatores, ao fato de as classes dominantes estarem ainda mais desconfiadas quanto à difusão em massa do saber do que em relação ao mesmo fenômeno no domínio da arte. Foram elas que desacreditaram a divulgação da ciência entre o povo, e foram elas que, com as formas de popularização da ciência que praticaram e estimularam, contribuíram largamente para esse descrédito. Não é por acaso que a divulgação popularizada da ciência desceu muito abaixo do nível que em tempos teve, durante o período das Luzes. Mas também não é por acaso que no nosso tempo se assiste de novo ao aparecimento de grandes divulgadores. Basta pensar em Lenin, em Eddington e em Freud.

(Fonte: Arquivo Benjamin, manuscrito n.º 1016)

Varia

A vida das massas foi desde sempre decisiva para dar rosto à história. Mas que essas massas, de forma consciente e como que no papel de músculos desse rosto, deem expressão à sua mímica – isso é que é um fenômeno completamente novo. Esse fenômeno manifesta-se de várias formas e mais drasticamente no domínio da arte.

Entre todas as artes, o teatro é a menos permeável à reprodução mecânica, ou seja à estandardização: é por isso que as massas se afastam dele. Talvez o mais importante na obra de Brecht, de uma perspectiva histórica, seja o fato de a sua produção dramática permitir ao teatro assumir a sua forma mais sóbria e modesta, e a mais reduzida, para desse modo poder, por assim dizer, hibernar. [segundo parágrafo rasurado]

(Fonte: Arquivo Benjamin, manuscrito n.º 1017)

O aparecimento em massa de bens cujo valor se devia antes ao fato de serem únicos não se limita à arte. É quase desnecessário apontar a produção de mercadorias, campo no qual este fenômeno, naturalmente, primeiramente se fez notar. Mais importante é acentuar que ele não se limita ao âmbito dos bens naturais ou estéticos, mas se afirma igualmente no âmbito moral. Nietzsche anunciou um padrão de valor moral para cada indivíduo. Esse ponto de vista deixou de estar em voga, é improdutivo nas condições sociais atuais. Nestas, o nível moral é decisivo para o julgamento do indivíduo. Não se discute que o indivíduo é julgado de acordo com a sua função na sociedade. Mas o conceito de nível moral vai para além desse ponto de vista, e essa é a sua vantagem. Se antes se exigia um caráter moral exemplar, o presente exige a sua reprodutibi-lidade. Este só reconhece como corretos e úteis aqueles modos de pensar e agir que, juntamente com o seu caráter exemplar, possam provar a sua possibilidade *de aprendizagem. E o que se pede é mais do que a sua aprendizagem por um número ilimitado de indivíduos. Exige-se antes deles que possam ser aprendidos pelas massas e por cada indivíduo adentro dessas massas. A reprodução em massa das obras de arte não está, assim, apenas ligada à produção em massa de produtos industriais, mas também à reprodução em massa de atitudes e funções humanas. Ignorar essas ligações significa privar-se de todos os meios que permitem determinar a função atual da arte.*

(Fonte: Arquivo Benjamin, manuscrito n.º 1019)

Alegoria: o cinema invade o reino da arte.

Sociedades por ações chegam a bordo de tanques e passam a ferro os mecenas.

Os produtores estão sentados no cimo de montes, como os eremitas.

Os reprodutores invadem os vales em hordas luminosas.

A obra de arte suprema está, inacessível e escondida, no santo dos santos da cela. Mas aqueles artistas insistem incansavelmente na necessidade de novas possibilidades de exposição (reclame).

Numa competição leal, os antigos artistas medem-se na relação com os outros: o [palavra indecifrável] agônico. Aqueles – o fotógrafo, o diretor, o maestro – estão em frente de uma aparelhagem. Qual deles saberá manobrá-la melhor?

[Antes de cada uma das quatro partes dessa *Alegoria,* Benjamin escreveu depois uma palavra na margem muito estreita da folha. Elas são, na sequência das quatro partes: *missão final; reprodutor; valor de exposição; valor de teste*]

(Fonte: Arquivo Benjamin, manuscrito n.º 1023)

II. Paralipômenos e varia para a terceira versão de

"A obra de arte na época da possibilidade de sua reprodução técnica"

Notas

[Os números de página referem-se provavelmente ao datiloscrito que serviu de base, quer à tradução francesa, quer à terceira versão propriamente dita]

p. 12 Mutabilidade da tradição: sobrevivência dos deuses antigos no humanismo medieval

p. 17 Conceito da segunda natureza: essa segunda natureza sempre existiu, mas antes não se distinguia da primeira, e só se tornou segunda na medida em que a primeira se formou no seu seio. Sobre as tentativas de reabsorver a segunda natureza na primeira, que em tempos nasceu dela: doutrinas do sangue e da terra. Contra isso, necessidade de reafirmar a forma lúdica da segunda natureza: contrapor à animalidade do fascismo a serenidade do comunismo. A imagem de Ramuz.

p. 44 A possibilidade de apropriação do método-Disney pelo fascismo.

[Verso:] [...] A discussão sobre a máquina. A posição da grande burguesia em Marinetti, a da pequena burguesia em Duhamel, a revolucionária em Maiakovski. A posição de Marinetti corresponde à da grande indústria, a de Duhamel à da pequena indústria. Ambas são posições estéticas.

(Fonte: Arquivo Benjamin, manuscrito n.º 383)

O desejo "apaixonado" das massas atuais de "aproximar de si" as coisas só pode ser o reverso do sentimento de crescente alienação que a vida de hoje tem para os indivíduos, não apenas em relação a si mesmos, mas também em relação às coisas.

(Fonte: Arquivo Benjamin, manuscrito n.º 386)

500 E mais: [Os números 500 e, no verso, 501, poderão ser indicações de página de um livro, mas as notas não permitem confirmá-lo, nem saber de que livro se trata] *Esses fatos trazem uma assinatura muito particular, derivada da dupla possibilidade de utilização e função do teste. O que é testado é não apenas um determinado comportamento da pessoa sob observação (do ator) na imagem, mas também a capacidade do observador para compreender esse comportamento. Podemos supor sem grandes dúvidas que as muitas exigências que o cinema coloca à compreensão das pessoas têm a sua cota-parte na procura dos filmes. Se tivermos isso presente, aceitaremos também a concorrência entre a fotografia (o cinema) e a pintura como princípio explicativo inclusive para certas experiências aparentemente estranhas da pintura mais moderna. Pensamos em Marcel Duchamp. Duchamp é um dos mais interessantes fenômenos da vanguarda francesa. A sua produção é muito pequena, mas a sua influência é grande. Duchamp não pode ser identificado com nenhuma escola. Esteve perto do Surrealismo, é amigo de Picasso, mas*

COMENTÁRIO

foi sempre um individualista. A sua teoria da obra de arte, que exemplificou (mas não explicou) há pouco com uma série intitulada "La mariée mise à nu par ses célibataires", é mais ou menos a seguinte: a partir do momento em que um objeto é olhado por nós como uma obra de arte, não pode de modo nenhum se assumir como tal. Por isso, o homem de hoje pode reconhecer melhor o efeito específico de uma obra de arte em configurações casuais do lixo ou do entulho, em objetos retirados dos seus contextos funcionais (uma palmeira de salão com teclas de piano, um chapéu alto esburacado), do que em obras de arte reconhecidas. A produção de objetos surrealistas, na qual se atribui grande espaço ao acaso, tornou-se para muitos pintores desse círculo uma ocupação apaixonante. Cada um é livre de ver nisso manifestações de arte degenerada. Mas essas manifestações também podem ter valor de diagnóstico. Podíamos recordar uma célebre passagem de Leonardo da Vinci em que ele conta como por vezes os seus alunos ficavam constrangidos com os modelos, e ele lhes apresentava uma parede molhada com as seguintes palavras: Tomem essa parede como modelo; se tiverem olhos, podem ver lá tudo aquilo de que precisam: batalhas, corpos de mulheres e animais.

(Fonte: Arquivo Benjamin, manuscrito n.º 394)

A história da arte é uma história de profecias. Só pode ser escrita a partir do ponto de vista de um presente sem mediação, pois cada época tem a sua possibilidade própria, nova, mas não transmissível, de interpretar as profecias que lhe dizem respeito e estão contidas nas obras do passado.

A mais importante tarefa da história da arte é a de decifrar as profecias contidas nas grandes obras do passado e que se referem à época em que essa história é escrita.

É sempre do futuro que se trata, de fato, e nem sempre de um futuro próximo, nem de um futuro claramente definível. Pelo contrário, não há nada de mais instável numa obra de arte do que esse espaço obscuro e fervilhante do futuro, do qual saem, ou daquelas profecias que distinguem as obras possuídas de alma das de fancaria; e nunca se trata de uma única profecia, mas de uma série, ainda que intermitente, no decorrer dos séculos. Mas, para que essa profecia seja apreensível, há circunstâncias que têm de amadurecer, em relação às quais a obra de arte se antecipou, por vezes de séculos, outras apenas de anos. Trata-se, por um lado, de determinadas transformações históricas que alteram a função da arte, e por outro de certas invenções mecânicas.

(Fonte: Arquivo Benjamin, manuscrito n.º 397)

A propósito de "A obra de arte..."

"Dans l'espace d'une seconde [...] Percevoir signifie immobiliser" (Henri Bergson, Matière et Mémoire, *Paris, 1896, p. 229/232). Bergson apresenta, como se vê, a percepção humana como o primeiro acelerador. Pode mesmo dizer-se que a capacidade de acelerar o tempo é para ele uma condição fundamental da nossa percepção.*

(Fonte: Arquivo Benjamin, manuscrito n.º 400)

É preciso acentuar com convicção que o cinema, ao fazer da possibilidade de exposição o objeto mais importante da prova que passa pelo teste, mede todo o domínio dos modos de comportamento humanos por meio de uma aparelhagem, exatamente como acontece com o trabalho desenvolvido pelo operário na fábrica. E com isso a arte mostra que os objetos que ela agrupa em volta do polo do valor de exposição são, em princípio, tão ilimitados como aqueles que se agrupam em torno do polo do valor de culto.

(Fonte: Arquivo Benjamin, manuscrito n.º 406)

[...]
A primeira técnica excluía a experiência autônoma do indivíduo. Toda a experiência mágica da natureza era coletiva. A primeira manifestação de uma experiência individual dá-se no jogo. A partir dela se desenvolve depois a experiência científica. As primeiras experiências científicas acontecem à sombra de um jogo sem compromissos. É essa experiência que, num processo de milênios, faz desaparecer a ideia e talvez também a realidade daquela natureza a que correspondeu a primeira técnica.

Elementos lúdicos da nova arte: futurismo, música atonal, poésie pure, *romance policial, cinema.*

Se a aura existe nas primeiras fotografias, por que razão não existe no cinema? [...]

(Fonte: Arquivo Benjamin, manuscritos n.º 407, 408)

Também o distraído pode cair no hábito − precisamente ele. A recepção tátil [tática?] e a distração não se excluem mutuamente. O condutor de automóvel que, em pensamento, "anda nas nuvens", talvez pensando numa falha do motor, habituar-se-á melhor à moderna forma da garagem do que o historiador da arte, que perante ela faz um grande esforço apenas para investigar o seu estilo. A recepção na distração, que se torna evidente em quase todos os domínios da arte, é sintoma de uma mudança funcional decisiva no aparelho perceptivo do homem, que se vê colocado perante tarefas que só podem ser resolvidas coletivamente. Ao mesmo tempo, é sintoma da importância crescente da percepção tátil [tática?] que, partindo da arquitetura, seu domínio natural, se estende às outras artes. Isso é muito claro na música, em que um dos elementos essenciais do seu novo desenvolvimento, o jazz, teve o seu agente principal na música de dança. De uma forma menos evidente, mas não menos significativa, essa tendência manifesta-se também no cinema, que, pelo efeito de choque das suas sequências de imagens, transpõe para o próprio plano visual um elemento tátil [tático?].

(Fonte: Arquivo Benjamin, manuscrito n.º 1024)

Adendas

Teses recomendáveis para o debate: crítica da expressão como princípio da produção poética

Caracterização da estrutura particular do trabalho: não aplica o método da dialética materialista a um qualquer objeto historicamente dado, mas a desenvolve a propósito daquele objeto que – no âmbito das artes – lhe é contemporâneo. Essa é a minha diferença em relação a Plekhanov e Mehring

Nota sobre o princípio da expressão e as suas funções reacionárias

Panofsky: perspectivas (produção em massa de ícones em Bizâncio)

Tentativa de emancipar a observação do cinema de toda a especialização

Gênese do trabalho

Conclusões da primeira parte

Sobre a epígrafe

(Fonte: Arquivo Benjamin, manuscrito n.º 1025)

[As seguintes cinco anotações são fragmentos recortados de páginas datilografadas, não emendadas, num dos casos com notas intercaladas por Benjamin e que se encontravam grampeadas nas páginas 411 e 412 dos manuscritos do segundo rolo]

O trabalho de modo nenhum tem a finalidade de fornecer prolegômenos à história da arte. Procura antes, e sobretudo, limpar o terreno da crítica do conceito de arte que nos veio do século XIX. Procura-se mostrar como esse conceito traz a marca da ideologia. O seu caráter ideológico pode ser visto na abstração por meio da qual define a arte em geral, e sem levar em conta a sua construção histórica, a partir de concepções mágicas. O caráter ideológico, ou seja ilusório, dessa concepção mágica e abstrata da arte é demonstrado de duas maneiras: em primeiro lugar, através do seu confronto com a arte contemporânea, representada pelo cinema; em segundo lugar, através do confronto com a arte, de orientação verdadeiramente mágica, das épocas primitivas. O resultado desse segundo confronto poderia ser resumido na ideia de que a concepção da arte se torna tanto mais mística quanto mais a arte se afasta de uma autêntica utilidade mágica; por outro lado, quanto maior for essa utilidade mágica (e ela é maior nas épocas primitivas), tanto menos mística é a concepção da arte.

Talvez se possa dizer que a possibilidade de reprodução técnica do objeto artístico trouxe consigo uma crise da beleza; para ilustrar a tese poderíamos servir-nos de uma observação de Huxley, arriscando alargar o seu âmbito de aplicação ao das artes decorativas, que Huxley tem em mente. Huxley escreve: "Ao ser reproduzido aos milhões, até o mais belo objeto se torna feio" (*Aldous Huxley,* Croisière d'hiver. Voyage en Amérique Centrale, *Paris, p. 278*).

A produção cinematográfica tem uma enorme importância para a liquidação da diferença entre trabalho manual e intelectual. As leis da representação no cinema exigem do ator uma total sensualização dos reflexos e das reações mentais; e exigem também dos operadores um trabalho altamente intelectualizado. "A divisão do trabalho surge na vida a partir do momento em que se manifesta uma diferença entre trabalho manual e intelectual." Se essa afirmação de A ideologia alemã *faz sentido, então nada servirá melhor a liquidação da divisão do trabalho e o desenvolvimento de uma formação politécnica do homem do que o apagamento das diferenças entre trabalho manual e intelectual. Hoje podemos segui-lo de uma forma particularmente evidente na produção cinematográfica, ainda que não exclusivamente nela.*

Aquilo que aparecia no cinema mudo como "música de acompanhamento" era, de um ponto de vista histórico, a música que estava à espera nas portas do cinema, que aí "estava na fila". Depois, a música encontrou a porta de entrada no cinema. Com isso, ou seja, com o cinema sonoro, muitos dos problemas da "música de acompanhamento" foram resolvidos de uma vez. O seu caráter aparentemente só formal revelou ser função de um estágio inicial da evolução técnica, rapidamente superado. O cinema sonoro possibilita à música mostrar não apenas de onde vem – da taberna ou de uma banda militar, de

COMENTÁRIO

um pianista ou de um gramofone –, mas também o que é. Porque na ação do filme podem ser montadas quer uma canção em moda, quer uma sonata de Beethoven. Esse caso particular permite-nos extrair conclusões de ordem geral sobre a desconfiança salutar que convém ter em relação ao alcance das problematizações de natureza "formal".

"Os progressos técnicos [...] Matéria auditiva para praticar" (A. Huxley, op. cit., p. 273-275[13]). Nunca é demais chamar a atenção para a necessidade de salvar a arte do processo de decadência em que claramente se encontra, libertando-a da sua dependência dos chamados talentos, para fomentar a sua ligação estreita a elementos didáticos, informativos, políticos.

(Fonte: Arquivo Benjamin, datiloscritos n.º 2799-2803)

Sobre "A obra de arte na época..."

Pintura e gravura

Seria importante fazer o inventário de todos os processos que – manifestando-se não no centro, mas na periferia – atuaram como sinais que anunciavam o fim da pintura mural. Trata-se, em outras palavras, de processos relacionados com a técnica de exposição, e não com a técnica de produção.

O denominador comum a que se poderiam reduzir todos eles seria: a progressiva redução do suporte arquitetônico de que depende a pintura mural. Seria um erro pensar que estamos nos referindo apenas aos afrescos. A dependência funcional da arquitetura é comum ao afresco e à pintura sobre madeira. As diferenças são apenas de grau. O afresco está dependente de uma determinada parede que o acolhe; a pintura em madeira apenas precisa da parede. A relação de solidariedade entre afresco e pintura sobre madeira torna-se mais evidente quando os comparamos com a gravura. A gravura emancipou-se pura e simplesmente da parede. Um dos resultados disso é o fato de a posição vertical já não ser decisiva para a gravura. É essa, e apenas essa, a condição de liberdade da gravura. É claro que, se a quisermos preservar, ela precisa de um teto, tanto quanto qualquer pintura mural. Mas, se prescindir da sua preservação, não tem de se preocupar com a vertical, e pode ter o seu lugar numa superfície de areia ou no asfalto.

---

[13] A obra de Aldous Huxley, já mencionada antes (*Croisière d'hiver. Voyage en Amérique Centrale*) foi publicada em inglês em 1933. A tradução francesa utilizada por Benjamin é: Paris, Plon, 1935. (N.T.)

O céu que a pintura mural oferece ao espectador encontra-se sempre na direção em que ele naturalmente procurará o verdadeiro céu, mas a gravura não está presa a essa realidade. A pintura projeta o espaço na superfície vertical; a gravura projeta-o também, mas na horizontal. E essa é uma diferença essencial. A projeção vertical do espaço apela apenas para a imaginação do espectador; a sua projeção horizontal faz também apelo às suas faculdades motoras. A gravura representa o mundo de tal modo que o espectador o pode percorrer. Os olhos do espectador antecipam-se aos pés. Não há relação nem ligação entre o quadro na parede e um mapa. Já em todo o desenho está virtualmente implícito o princípio da projeção de Mercator.[14]

Podemos evocar nesse contexto os desenhos, de longa tradição, que as crianças fazem no asfalto com giz – inferno, céu, terra e outros. O céu desses jogos encontra-se no lugar da sua representação gráfica. E a gravura não rejeita a sua semelhança com esses esboços.

A diferença fundamental entre a gravura e a pintura, de que estas reflexões se ocupam, não é explicável com recurso à categoria do valor de exposição. No que se refere ao valor de exposição, existem apenas diferenças quantitativas entre o afresco, a pintura sobre madeira e a gravura, sendo que o máximo, naturalmente, está do lado da gravura. Por outro lado, o que há de fundamental na diferença entre a gravura e a pintura pode determinar-se com maior exatidão recorrendo ao conceito de valor de culto. A questão é a das correspondências da gravura e da pintura com a magia, a questão dos fenômenos mágicos primitivos contidos, quer na gravura, quer na pintura. É preciso dar atenção a duas coisas: em primeiro lugar, que o importante é apreender nas suas formas mais elementares as diferenças sensíveis entre a gravura e a pintura; depois, de que modo elas são representadas no corpo humano, já que o corpo é a instância central do elemento mágico.

Para a gravura, a solução do problema não está muito longe. A linha cuja força mágica desde sempre esteve na horizontal é a do círculo mágico. Essa linha, que representa o limite para lá do qual não se pode ir, tem uma relação primordial com a gravura, que delimita um campo virtualmente percorrível.

---

[14] A "projeção de Mercator" refere-se ao método de representação do globo terrestre em planisfério, ou projeção cilíndrica, apresentada pelo cartógrafo flamengo Gerard de Kremer (1512-1594, Gerardus Mercator, em latim) em 1569, com o *mapa mundi* que designou de *Nova et Aucta Orbis Terrae Descriptio ad Usum Navigantium Emendate Accommodata*. (N.T.)

No círculo mágico, o valor de culto da linha alcança o seu máximo. E onde se encontra o valor correspondente no caso da pintura? É evidente que neste caso só se pode tratar de um qualquer fenômeno no qual a cor tem o primado sobre a linha. Por isso, somos levados a pensar que se tratará de um fenômeno de natureza transitória, por contraste com o preto e branco da gravura, com a sua figura de contornos bem delimitados. Teremos de evocar, neste contexto, fenômenos como os produzidos pela laterna magica. *E perguntar se há fenômenos de uma tradição considerada mágica que se possam substituir ao jogo da lanterna mágica. Poderia pensar-se nos versos de Chamisso:*

Vindo dos bordos da taça, o Sol, vede,

Pinta trêmulas roscas na parede.[15]

*Ou então no papel da parede no conto de Poe "O gato preto", para não falar da parede no palácio de Nabucodonosor, onde a escrita se torna visível como mancha (*Mal[16]*). Em suma, seria preciso interrogarmo-nos sobre a questão de saber se aquilo que distingue essencialmente o fenômeno da pintura enquanto valor de culto, por relação com a gravura, não será um fenômeno que talvez se possa designar de "mancha", no sentido exato da palavra: uma configuração de cor que surge na parede (dela se destaca ou sobre ela é lançada) — uma configuração que, do ponto de vista mágico, se poderia designar de transitória, e do ponto de vista profano de transportável. A atual crise da pintura, deslocada para essa perspectiva histórico-filosófica, remeteria para transformações que indicam uma redução do lugar do meio de comunicação da pintura (*Malerei*), aquele em que precisamente a mancha (*das Mal*) é o traço distintivo.*

(Fonte: Manuscritos da Biblioteca Nacional de Paris,

fls. 14 segs., 18 segs.)

---

[15] As linhas provêm do poema do romântico alemão Adelbert von Chamisso intitulado "Die Sonne bringt es an den Tag" (O Sol o revelará). (N.T.)

[16] Sobre a polissemia da palavra *Mal* em alemão e as suas relações com a pintura (*Malerei*), ver a nota na página de abertura do texto "Sobre a pintura, ou sinal e mancha". O episódio bíblico de Nabucodonosor – mais exatamente, do seu filho Belsazar – é narrado em Daniel 5.5. Durante uma orgia no palácio do pai, Belsazar dá ordens para que se usem como taças para o vinho os vasos sagrados do templo de Jerusalém. No mesmo instante aparece uma mão que escreve na parede do palácio as palavras "mene tekel u-pharsin": o aviso de Deus que diz que Belsazar tem os dias contados como senhor de Babilônia. O poeta Heinrich Heine tratou o tema numa balada do seu primeiro livro de poemas: vd. nota ao texto "Sobre a pintura, ou sinal e mancha". (N.T.)

A crise da pintura

Se se confirma que a função da pintura mural depende do papel funcional da parede, deparamos então com uma situação marcadamente dialética. De fato, as exposições que, pela primeira vez, transformaram em coisa para as massas a recepção dos quadros, expuseram pela primeira vez esses quadros em paredes completamente desprovidas de qualquer função arquitetônica. A partir do momento em que as exposições elevaram à condição de suporte do quadro as paredes falsas, anteciparam um desenvolvimento do espaço habitado que iria agravar de forma decisiva a crise da pintura.

A exposição de quadros no cavalete, que se encontra frequentemente nos interiores estilo Makart,[17] antecipa também a sua instalação atual em paredes que perderam a sua função original.

Diante de um quadro pendurado numa parede estrutural, o espectador sente que a função do quadro é sobretudo a de ornamentar a parede. Diante de um quadro aplicado numa parede falsa, o espectador sente sobretudo a função da parede falsa: a de servir de suporte ao quadro.

(Fonte: Manuscritos da Biblioteca Nacional de Paris, fl. 13)

Pintura e arquitetura, fotografia e cinema

[...] Nem nas suas épocas mais altas a pintura teve uma recepção imediata pelas grandes massas. Sempre a sua recepção foi mediada e perturbada pelos aparelhos de mediação. Le Corbusier diz: "Lancemos um olhar à história. O homem simples — falo sobretudo do camponês, cujas obrigações de tempos a tempos o traziam à cidade ou ao palácio — não reunia os pressupostos, não tinha a sutileza, o desenvolvimento intelectual que lhe permitissem compreender as divinas proporções das obras de arte. Mas por outro lado ele encontrava nelas uma harmonia que lhe agradava, e bastava-lhe, para além disso, apreender nelas alguns elementos superficiais. Com esses elementos fazia o que as suas próprias capacidades lhe ditavam, tratava-as de forma arbitrária, ignorava as suas proporções, desfigurava-as ao desprezar as suas mais importantes características e regressava a casa levando consigo esse novo carregamento de mel. Depois desse massacre, decidia-se a construir as suas

---

[17] *Hans Makart* (1840-1884): pintor e decorador vienense que criou um estilo de decoração interior marcado pela pompa, com veludos, pesados cortinados, muitos quadros e grandes lustres. (N.T.)

criações à luz das suas próprias harmonias. E assim nasceram maravilhosas obras de arte popular".[18]

Com esse olhar retrospectivo que nos leva a uma situação do passado, Le Corbusier rejeita a pretensão a uma vaga possibilidade de "compreensão da pintura por todos", que serviu de argumento para desvalorizar a pintura dos anos 1920. Le Corbusier lembra as formas pelas quais se processou sempre a recepção precisamente da pintura: formas marcadas pela hierarquia. A melhor maneira de nos apercebermos dos modos dessa recepção é traçando um paralelo com a moda, que, com cada recepção por camadas mais vastas, sofre transformações: quanto mais vastas essas camadas, tanto maiores as transformações. Le Corbusier constata, com razão, que o fundamento de uma tal concepção hierárquica se perdeu no caso da pintura. Mas não vai mais longe. Não se interroga sobre o que significa para a pintura o ela se ver (como o cinema) confrontada com o desafio de entrar em contato direto com as grandes massas. Ora, é precisamente esse o desafio a que ela está sujeita, e isso tem relação com o problema das modernas técnicas de reprodução. Uma tentativa anterior de corresponder a esse desafio foram as exposições de arte. E hoje dificilmente alguém negará que essa tentativa fracassou, que a pintura se afasta do confronto direto com as massas também por essa via.[19]

A recepção da pintura merece ainda uma atenção mais pormenorizada de outro ponto de vista.

---

[18] Le Corbusier, in: *Entretiens IV: L'art et la réalité. L'art et l'État.* Ed. do Institut Internationale de Coopération Intellectuelle. Paris, Société des Nations, 1935, p. 74. (N.T.)

[19] *Com a recepção generalizada das imagens, as massas sentiram a necessidade de se olharem a si próprias de frente. E satisfazem essa necessidade com as revistas ilustradas e o cinema. Os pintores, que certamente intuíram a força de divulgação inerente a esse novo sujeito, as massas, não podem concorrer com essas instituições. Mas um dos aspectos mais significativos da história da pintura nos últimos cem anos é o que tem a ver com as tentativas que, apesar de tudo, ela fez nesse sentido. "As massas como sujeito na nova pintura", aí está um tema para um trabalho muito instrutivo. Aragon vai também neste sentido, ao escrever: "Há muito tempo já que as massas não são objeto da pintura. Mas hoje essas mesmas massas voltam a entrar no reino da arte através da câmara fotográfica e de filmar."* [As afirmações de Aragon encontram-se numa publicação da época que ainda voltará a ser referida por mais de uma vez neste texto: Jean Lurçat *et al., La querelle du réalisme.* Deux débats organisés par l'Association des peintres et sculpteurs de la Maison de la Culture. Paris, Éditions Sociales Internationales, 1936, p. 63. (N.T.)]

Há uma outra circunstância que se acrescenta às já referidas: a recepção muda. Falar de recepção da pintura implica em primeiro lugar levar em conta a sua relação com a arquitetura. Por razões de ordem legal, não encontramos pinturas na rua. E mesmo a sua exposição em salões públicos representa uma exceção, que não deixa de ter os seus problemas, em relação à sua forma natural de preservação no espaço habitacional. Há cem anos, Balzac[20] foi um dos primeiros a chamar a atenção para a situação de as habitações irem se tornando cada vez mais pequenas. As implicações desse fato para a pintura podem entender-se melhor se lançarmos um olhar ao que se passou no Renascimento. Não será excessivo com certeza afirmar que a importância da perspectiva para essa pintura não se pode separar da importância que para ela teve a arquitetura. Os pintores do Renascimento trouxeram pela primeira vez para o quadro espaços interiores em que as figuras pintadas dispõem de muito espaço à sua volta: espaços nos quais se pensaria que aqueles que os habitavam intervinham de forma adequada. A pintura que pôs as suas criações a serviço da ornamentação do espaço habitacional ajudou-os de forma decisiva nessa tarefa, solidarizando-se com as zonas distantes da casa ao representar incansavelmente nos quadros perspectivas dos interiores (que, obviamente, não tinham ainda o caráter íntimo que ganharam depois). Pensando nisso, compreende-se que Le Corbusier possa ter dito em Veneza: "Essa incomensurável produção pictórica, que passa completamente ao lado da arquitetura dos nossos dias, causa-me medo".[21] "Na maior parte das pequenas habitações de hoje, e muito mais nos bairros de miséria, as pessoas já não têm espaço para tomar como possível modelo, e aplicá-lo, o repertório gestual da pintura (para não falar do lado majestoso desse repertório, que o Renascimento e o Barroco conheceram bem). Essa possibilidade é, no entanto, apenas um dos elementos entre os muitos que determinam a recepção

---

[20] Na história, rica em episódios curiosos, da recepção da fotografia pelos contemporâneos de Daguerre, a de Balzac é a mais estranha. No romance Le cousin Pons, Balzac desenvolve uma teoria da vidência que apoia pari passu na "analogia" com a fotografia. É preciso lembrar que Balzac inventou uma teoria para explicar o processo da fotografia que se assemelha bastante à de Epicuro sobre os eidola (que ele certamente não conhecia). Segundo essa teoria, as miniaturas das coisas (imagens reduzidas), fiéis ao original, libertam-se continuamente delas. E é um privilégio do vidente notar essas imagens em miniatura, tal como a sua reprodução será um privilégio da câmara fotográfica. Seria interessante verificar quando é que Balzac expôs pela primeira vez essas ideias. Mas é possível que tenha inventado a sua teoria da fotografia exclusivamente para aplicá-la à passagem referida do romance, para depois continuar a defendê-la.

[21] Le Corbusier, in: La querelle..., p. 88. (N.T.)

da pintura. Apesar disso, ele não pode faltar em todo esse processo por tempo indeterminado, sem afetar a recepção da pintura. O decisivo não é uma relação mais ou menos mecânica da arquitetura com a pintura, o maior ou menor espaço que a parede oferece, a maior ou menor distância no espaço em relação ao quadro, mas sim a relação entre o habitante e o seu espaço habitacional. É dele que depende, em primeiro lugar, se o quadro tem ou não lugar nesse espaço. Por isso, há um prognóstico sobre a recepção da pintura na afirmação de Le Corbusier segundo a qual as habitações nas cidades de todo o mundo não têm dignidade humana, e que essa foi sacrificada ao lucro.[22]

Podemos hesitar sobre qual das situações tem maior peso: a da grande maioria das habitações de hoje, ou a que corresponde às exceções. De fato, não podemos esquecer que nas casas construídas para os mais ricos segundo os últimos paradigmas da arquitetura, o lugar da pintura de parede não é menos problemático do que nas outras. As construções dos novos arquitetos, da escola holandesa de..., da escola alemã de Hannes Meyer[23], da escola francesa de..., substituem as paredes estáticas [planas] e opacas do espaço habitacional por paredes deslocáveis, curvas, transparentes. É nisso que pensa o antigo diretor-geral da administração das artes da Bélgica, Lambotte, quando constata com melancolia. "O novo estilo não sente já necessidade da pintura de parede. E vamos congratular-nos por isso?"[24] Se se tratasse apenas de uma questão de estilo, a coisa não seria grave. Mas, na verdade, trata-se de uma transformação do sentido humano do espaço, de que a nova habitação, a "máquina de habitar",[25] é apenas um sintoma. Um outro pode encontrar-se nos seres humanos sem abrigo, à deriva ou a pairar num limbo.

Durante milênios a vertical foi o eixo a partir do qual o ser humano contemplou o mundo. Também os quadros vinham ao seu encontro na vertical.[26] Desde que o avião entrou em cena, o monopólio da vertical foi posto

---

[22] Le Corbusier, in: *Entretiens IV...*, p. 82. (N.T.)

[23] *Hannes Meyer* (1889-1954): arquiteto suíço, diretor da Bauhaus em Dessau entre 1928 e 1930. (N.T.)

[24] Pierre Lambotte, in: *Entretiens IV...*, p. 24. (N.T.)

[25] A expressão de Le Corbusier surge na sua intervenção em *Entretiens IV...*, p. 83. (N.T.)

[26] *É importante tomar consciência de que isso não se aplica à gravura, ou não apenas a ela.*

em causa, e aconteceu um corte inegavelmente decisivo. Henri Wallon,[27] um representante do materialismo dialético, foi um dos primeiros a reconhecer esse fenômeno. Wallon diz: "O uso do avião levou a uma necessária mudança do nosso ponto de vista. Desde então conhecemos a vista aérea, vistas parciais e os mais diversos ângulos de visão pouco vulgares. Com o uso do avião, a vertical perde a sua imutável fixação. Tudo o que se move na superfície terrestre não conhece outra mudança de lugar que não seja para diante e para trás, para a esquerda e para a direita e suas combinações. O avião vem acrescentar a esses movimentos uma terceira dimensão, combina com ele deslocamentos na vertical, ou seja, na direção da força de gravidade." Wallon destaca a particular intensidade que essas novas experiências do corpo e da sua posição no espaço ganham através da velocidade do movimento a elas associado, e acrescenta: "Torna-se, assim, evidente que as novas invenções da técnica têm como consequência novas reações do nosso aparelho sensitivo... Não há dúvida de que estes novos automatismos terão de produzir efeitos sobre o nosso sistema muscular, a nossa sensibilidade e por fim a nossa inteligência" (p. 145-147). Não precisamos lembrar que as observações de Wallon se aplicam também a quem nunca entrou num avião, pois esse fato não o impede de abrir caminho àqueles automatismos de forma intuitiva. De fato, ele é constantemente levado a uma identificação com o aparelho, nomeadamente através do cinema e das revistas ilustradas. A câmera está mais preparada do que o olho humano para se adaptar a essas novas condições do ver. Nas suas evoluções, o piloto concentra toda a sua atenção visual exclusivamente na máquina. O passageiro do avião raramente fica indiferente, na sua capacidade de percepção, a fortes deslocamentos na vertical. Precisamente as vistas mais animadas e emocionantes do território sobrevoado oferecem-se, assim, em primeiro lugar à câmera, que depois as comunica ao olho humano (e é isso que dá originalidade a estas vistas).

A experiência que assim se manifesta pode sintetizar-se nos seguintes termos: há determinadas tarefas que se furtam à pintura, e é nelas que se afirma a capacidade de intervenção específica da aparelhagem fotográfica. Essa frase tem implicações não apenas técnicas, mas também econômicas, o que lhe

---

[27] *Henri Paul Hyacinthe Wallon* (1879-1962): médico, filósofo e psicólogo francês, marxista convicto e importante pensador da problemática educativa e da inserção social, sendo o movimento um dos campos funcionais decisivos nesse contexto. As citações seguintes provêm do capítulo "Psychologie et technique", da obra *À la lumière du marxisme.* Paris, Éditions Sociales Internationales, 1935, p. 145 e segs. (N.T.)

confere um alcance particularmente amplo. E não deixa de ser muito adequada para fornecer uma perspectiva abrangente da crise da pintura, um tema muito debatido nos nossos congressos.

O caráter econômico da fotografia não se esgota no fato de ela própria ser mercadoria. Ela partilha essa característica com todos os produtos da nossa sociedade (também um quadro é para ela mercadoria). O triunfo ascensional da fotografia assenta numa outra circunstância: a fotografia não é apenas, ela mesma, mercadoria, como também presta alguns serviços à economia mercantil em geral. Isso se torna pela primeira vez evidente com Disdéri,[28] que, na sua qualidade de fotógrafo retratista, desenhou uma estratégia de venda e distribuição dos seus produtos como mercadoria. Mas foi mais longe: foi também ele o primeiro que, por meio da fotografia, reintegrou outros produtos no processo de circulação de que estavam mais ou menos excluídos. A começar pelas obras de arte. Disdéri teve a inteligente ideia de se fazer atribuir o monopólio estatal para a reprodução das obras de arte das coleções do Louvre. Desde então, a fotografia tornou vendáveis segmentos cada vez maiores do domínio da percepção óptica. Essa evolução haveria, no entanto, de se tornar útil, de forma indireta mas decisiva, para a fotografia de amador. Com ela, a moda começou a intervir, pela virada do século, na disposição da fotografia. E assim a fotografia chegou a ponto de poder ir introduzindo nas revistas ilustradas temas atuais que ganhavam as boas graças do público, dando-lhes alguns toques discretos das modas. Conquistou para a circulação de mercadorias objetos que antes praticamente não tinham lugar nela.

O rápido desgaste da fotografia não se pode, naturalmente, separar dessa sua função. Um tal desgaste é impensável na pintura: o seu tempo de gestação relativamente longo torná-lo-ia insuportável. Mas se quisermos ter uma ideia da forma de existência da pintura sujeita a tais condições, não precisamos ir muito longe. O cotidiano fornece muitas vezes tais exemplos na história universal. A única instância que hoje pode atribuir uma função massificada à pintura é o cinema. Em especial os pequenos cinemas, que evitam os dispendiosos anúncios luminosos, dão uma ideia dos seus programas em quadros pintados. Esses cartazes são como uma execução histórica da pintura tradicional. São trazidos para a rua, suas molduras são arrancadas, o seu tempo de vida é de oito dias, o seu tema deixa de ter valor para os que saem do cinema.

---

[28] *André Adolphe-Eugène Disdéri* (1819-1889): fotógrafo francês, inventor da fotografia para cartões de visita. (N.T.)

Se a contemplação da fotografia nos ensina alguma coisa é que as imagens, além da utilidade que possam ter tido em épocas passadas, podem preencher determinadas finalidades antes inexistentes, porque correspondem a necessidades de uma sociedade da produção mercantil. A fotografia vai muito mais facilmente ao encontro dessas novas necessidades do que a pintura, e foi isso que levou a publicidade, mais do que qualquer outra técnica, a aproveitar-se dela. Não se pode dizer que essa moderna técnica da publicidade tenha desprezado o lado estético dos seus produtos. Há um grande número de imagens publicitárias que têm um enorme poder de atração. Esta não lhes vem dos seus elementos artísticos livres e autônomos, mas do modo como eles se articulam com a informação; isso transforma a qualidade desse poder de atração, mas não o reduz. Esses elementos de informação são quase sempre a própria imagem do produto. E cada vez mais se entrega à fotografia a reprodução imagética da mercadoria.[29] As marcas de automóveis, de cigarros, de têxteis foram habituando o público a reconhecer na imagem determinadas qualidades dos seus produtos. Colocaram a fotografia no lugar da amostra do produto, coisa que a pintura nunca poderia fazer. A evolução das técnicas de produção levou a que se considerasse cada vez mais importante poder também dispor de amostras daqueles produtos que representam a força de trabalho dos homens. Desde a invenção do cinema, isso se tornou possível. Hoje temos imagens filmadas de uma série de testes vocacionais em áreas técnicas, dispomos de uma constelação de tais testes em milhares de formas. Quanto mais dura se torna a luta pela existência, tanto mais se tornam economicamente relevantes situações e modos de comportamento que antes víamos como privados. O teste vocacional pode até parecer tão pouco objetivo como nos Estados fascistas: não se pode negar que se trata de uma prática totalitária, que se estende a toda a vida (muitas vezes também aos antepassados) do examinando. Mas também pode ter um grande raio de ação sem deixar de ser objetiva (a União Soviética é uma prova disso). De fato, o âmbito dos fatos da existência humana que se podem submeter a esses testes (devido à luta de interesses mais acesa e aos métodos de trabalho mais sofisticados) é hoje muito maior do que alguma vez já foi. Estamos perante uma importante função social do cinema, que assenta em grande parte

---

[29] *Nada de extraordinário, se pensarmos que a fotografia já começou a se apoderar da ilustração de obras literárias, até de poesia. Nos últimos tempos, na França, editaram-se não apenas os romances policiais de Georges Simenon, mas também obras de Jean Giono e Paul Valéry com ilustrações fotográficas.*

na sua capacidade de fixar reações humanas em qualquer tipo de constelação – situações que se apresentam ao público cinematográfico como se fossem testes vocacionais, quase sempre de ordem moral, raramente técnico-profissional.[30] É fácil concluir que esse público dificilmente poderia ser o da pintura. Essa só pode pretender ter um público amplo se o indivíduo concreto puder ser representado por ela nas situações e nos contextos em que os seus contemporâneos por eles manifestam o seu interesse particular. Não queremos dizer com isso que isso se refira apenas à sua função no processo de trabalho. Mas não deixa de ser característico o fato de o processo de trabalho ter sido reproduzido pela pintura ao longo de séculos. O progresso técnico do último século reduziu bastante essa possibilidade. Menzel e Liebermann[31] ainda puderam pintar cenas do trabalho na fábrica, mas mais tarde isso se tornou cada vez mais difícil. Por um lado, porque a pintura dispõe de recursos muito limitados para representar um acontecimento no seu processo de evolução.[32] Ademais, a pintura não consegue fixar processos nos quais a exatidão de execução é decisiva.

Não dispomos de exemplo melhor do que o do cinema para mostrar como as duas coisas estão intimamente relacionadas: a utilidade de uma nova técnica para necessidades econômicas que se transformaram, e a utilidade de um novo modo de ver para necessidades estéticas que evoluíram. O realismo socialista não tem razões para menosprezar essas ligações. Se elas tiveram uma presença diminuta nas discussões de Paris – ou se, como disse Aragon,[33] foram

---

[30] *O próprio público, aliás, é submetido a testes no cinema. É testada a sua capacidade de compreender o filme. Podemos perfeitamente imaginar que as novas e diversas exigências colocadas pelo cinema aos seus espectadores são em grande parte responsáveis pelo interesse que ele suscita.*

[31] *Adolph Menzel* (1815-1905): um dos grandes pintores do realismo alemão, cujos temas de interesse eram tanto os da fábrica como os do salão (vd. o quadro "Voltaire na corte de Frederico II"). *Max Liebermann* (1847-1935): pintor que oscila entre temáticas do mundo do trabalho e do cotidiano, com uma técnica já impressionista na sua fase tardia. (N.T.)

[32] *Apesar de o seu esforço para o fazer ser uma coisa muito do nosso tempo. A pintora Valentine Hugo escreve na revista Commune: "Gostaria que uma mulher ousasse fazer o que nenhuma arriscou até hoje: fixar numa longa série de pinturas a sua própria vida." Ou seja: ousar fazer um filme com os meios da pintura.* [Artigo publicado em *La Commune*. Revue de l'association des écrivains et des artistes révolutionnaires, vol. 2, n. 22, p. 1119, Paris, 1935. O texto foi também incluído em *La querelle...*, p. 182 e segs. (N.T.)]

[33] Na intervenção de Aragon em *La querelle...* não é possível encontrar a afirmação referida. (N.T.)

sabotadas por uma série de participantes –, isso se deve à natureza (pública) de um debate como esse. As consequências negativas de uma tal omissão resultaram na crença, por parte da generalidade dos oradores, de que a salvação está apenas nos novos assuntos. Era de esperar a reação a tais equívocos, e Gaillard deu-lhe expressão ao afirmar: "Se as lutas sociais têm de ser o tema dos meus quadros, então eu terei de ser visualmente impressionado por elas. Por outro lado, estou convencido de que as lutas sociais têm influência na minha vida, e por isso ganham alguma expressão na minha obra".[34] Essas considerações permitem reconhecer que não é correto discutir o realismo socialista na pintura apenas do ponto de vista dos assuntos. De fato, o realismo socialista não é apenas uma questão de assuntos escolhidos, ele significa também para a pintura uma tomada de consciência realista das suas potencialidades sociais. Muita coisa depende de um conhecimento correto das suas áreas de intervenção. Talvez estas não sejam tão facilmente identificáveis num país que ainda dispõe de liberdades democráticas[35] como naqueles em que o fascismo tomou o poder. Aí, a pintura continua viva na medida em que contesta a visão da vida do fascismo. O que não acontece na obra dos antigos futuristas, que entraram solenemente para a Real Academia Italiana; muitos deles devem estar ao lado de Dufy, que declarou que, se fosse alemão e tivesse de celebrar o triunfo de Hitler, o faria como certos pintores da Idade Média ao tratarem temas religiosos sem que para isso tivessem de ser crentes.[36] Na Alemanha há pintores que agem de outro modo, e estão proibidos de expor publicamente as suas obras. A polícia proíbe-os até de pintar, fazendo buscas nas suas casas para apreender quadros novos. Esses artistas, que, sem meios de subsistência, pintam as suas paisagens desertas e secas cravadas de bandeiras, os seus retratos dos poderosos transfigurados em figuras de animais, esses sabem o que é o realismo socialista. E também o sabem aqueles a quem se tentou impedir de trabalhar com base no modo como pintam. Esses estão longe de ver no realismo socialista algo que só se preocupa com os assuntos a tratar. E estão também longe da certeza de que a pintura alcançou

---

[34] Christian Gaillard, in *La querelle...*, p. 190. (N.T.)

[35] *Ainda... Por ocasião da grande exposição de Cézanne, o jornal parisiense Choc propôs-se acabar com o "bluff Cézanne", que um governo de esquerda teria lançado nada mais, nada menos do que para "aviltar o sentimento artístico do seu povo e de todos os povos".* [O artigo do semanário parisiense "Le bluff Cézanne" era assinado por M. Despujols, na edição de 2 de setembro de 1936. (N.T.)]

[36] *De Perugino sabe-se que era ateu.* [O texto de Raoul Dufy está em *La querelle...*, p. 187. (N.T.)]

um nível que corresponde às necessidades do realismo socialista, e que a sua única função política é a de levar as massas a desfrutar dessa pintura. Léger está errado. A pintura está destinada a participar nessa função política. "Entre as mais importantes obras da pintura", escreve René Crevel, recentemente falecido, "sempre tiveram de incluir-se aquelas que, mostrando a decomposição, acusavam com isso aqueles que eram responsáveis por ela. De Grünewald até Dalí, do Cristo em decomposição até ao burro em decomposição…, a pintura sempre conseguiu encontrar novas verdades que não eram apenas verdades da pintura."[37] Nessa via, por onde seguiram também as obras de um Goya e de um Daumier, encontram-se hoje aqueles pintores alemães malditos. A esses, o fascismo mostrou o que hoje é útil num quadro: todo e qualquer sinal, público ou secreto, que mostre que teve origem no seu inimigo.

(Fonte: Arquivo Benjamin, manuscritos n.º 372-380)

Pequena história da fotografia
(p. 49-78)

Não é hoje possível reconstituir com exatidão em que altura do ano de 1931 Benjamin terá escrito este *estudo*. Sabe-se apenas que ele apareceu, em três partes, no semanário *Die literarische Welt,* em 18 e 25 de setembro e 2 de outubro desse ano. Conhece-se também uma breve referência formal, de uma carta a Scholem, de fins de outubro de 1931: *Reconheceste que o estudo sobre a fotografia vem dos prolegômenos a* O livro das passagens. *Mas pergunto-me o que haverá sempre, destinado a esse livro, que não sejam prolegômenos e paralipômenos?* (Br., 541; GB IV, 61) O texto conta-se, assim, entre os muitos escritos por Benjamin na última década de vida, utilizando motivos e materiais retirados do conjunto d'*O livro das passagens,* e mais ou menos relacionados com ele: o ensaio sobre "A obra de arte...", o livro fragmentário sobre Baudelaire e as teses sobre a filosofia da história. O artigo cruza-se tematicamente com "A obra de arte...", com a "Segunda carta de

---

[37] O texto de Crevel em: *La querelle*…, p. 154. O quadro de Dalí "L'âne pourri" forneceu, em 1920, o título ao seu manifesto surrealista. *René Crevel* (1900-1935): poeta surrealista francês. Suicidou-se em 1935, depois de, em vão, ter tentado convencer os delegados ao Congresso de Escritores para a Defesa da Cultura a não excluir os surrealistas. (N.T.)

Paris" e com a resenha do livro de Gisèle Freund sobre a fotografia na França no século XIX.

Além de um recorte (incompleto) da publicação no jornal, encontram-se ainda no espólio de Benjamin seis folhas manuscritas, parte das quais contêm anotações que podem considerar-se paralipômenos à "Pequena história da fotografia" e que a seguir se transcrevem:

Jules Verne eternizou Nadar na figura de Michel Ardon em A viagem à lua.

"A uma jovem fotógrafa americana, Berenice Abbot, de Nova Iorque, cabe o mérito de ter reunido as fotografias e os negativos dispersos de Atget."

{Atget, *velho ator que tirou a máscara e depois se dedicou também a desmascarar a realidade.*}

{*"O violinista* [...] *de um Paganini*. [cit. completa, p. 61; ao excerto transcrito segue-se ainda a frase:] *Por isso o piano não é menos apreciado, e nenhum músico, nenhum amante da música, se lembraria de louvar o piano às custas do violino."*}

A época "que viu o fotógrafo de casaco de veludo, chapéu de aba larga e lavallière". Magos da beleza.

{Atget *quase nunca deu atenção às "grandes vistas ou aos chamados símbolos"*} *[cit. p. 63]*

{*Palais des Singes;* foyer *do teatro dos palhaços; casas no horizonte da cidade, que ainda não encontraram, na forma e na altura, o equilíbrio convencional das ruas de uma cidade; louça depois da refeição e lavatórios com todos os sinais da* toilette; *o bordel do n.º 5, mas o cinco aparece em quatro lugares diferentes da fachada, em formato enorme; o outono a espreitar de uma escadaria do parque de Versailles ou de Saint-Cloud; um candelabro que desfigura uma paisagem distante; uma das rainhas do Jardim do Luxemburgo a observar, com as governantas, as crianças que brincam — mas em Atget a cena está vazia, e isso quase sempre, quer se trate de um interior ou de uma fotografia de exterior; a cama para dois; os telhados de Paris; o quarto com a poltrona sob o pequeno armário, n.º 117, rue Domat.*} *[vd. p. 63]*

Boa comparação com fotografias da polícia feitas no lugar do crime.

{*Pátios vazios, escadas de mármore vazias, esplanadas de cafés vazias, alamedas vazias; vazia, como tinha de ser, a* place du Tertre, *vazia a* Porte d'Arcueil *junto às muralhas.*} *[vd. p. 63]*

Cabeças de manequins dispostas na montra de uma loja de confecções.

{A vida anônima dos pátios, de manhã à noite, com os carros de mão da gente pobre alinhados.} [vd. p. 63]

"Diz-se hoje dele que viu Paris como, no seu tempo, François Villon." Pode até estar certo, mas ele vê também a cidade com os olhos de um Barbey d'Aurevilly, de um Zola, colocando a prostituta diante da porta decrépita da rue Aurelie.

"Quando começamos a compreender a natureza, o progresso nunca mais para." (Rodin).

(Fonte: Arquivo Benjamin, manuscrito n.º 493)

O autor como produtor
(p. 79-105)

A data indicada no subtítulo desta conferência – 27 de abril de 1934 – resulta certamente de um engano, uma vez que uma carta do dia seguinte, dirigida a Adorno, comprova que ela ainda não tinha sido pronunciada: *Aproveito o impulso que me é dado pelo ditado, que acabei de fazer, de uma longa conferência, para pôr a máquina em movimento também para si. [...] Se estivesse aqui, essa conferência certamente nos daria muita matéria de debate. Tem por título "O autor como produtor", será pronunciada aqui no Instituto para o Estudo do Fascismo perante um auditório pequeno mas muito qualificado, e é uma tentativa de encontrar no plano da escrita um contraponto da análise que fiz para o teatro no trabalho sobre "O teatro épico"* (GB IV, 403-404). A proximidade entre essa conferência e o ensaio "O que é o teatro épico?" (na sua primeira versão) era importante para Benjamin, como se depreende da carta que envia a Brecht cerca de um mês depois: *Tentei escrever, com o texto "O autor como produtor", uma resposta ao meu antigo trabalho sobre o teatro épico, próxima dele no objeto e na extensão. Vou levá-lo para poder ler* (Br., 609; GB IV, 427-428). Em 6 de maio Benjamin escreve a Scholem: *Por outro lado poupo-nos à enumeração das muitas tentativas, em parte sem valor, de conseguir aqui uma base de subsistência. O que não me impediu de escrever um ensaio longo – "O autor como produtor" – que toma posição quanto a algumas questões atuais da política literária. Ainda não sei se conseguirei publicá-lo* (Br., 666; GB IV, 410). Benjamin tentou, de fato, publicar o ensaio na revista dirigida por Klaus Mann *Die Sammlung*, como se depreende de uma carta a Adorno: *Não sei se já lhe falei do meu último trabalho, "O autor como produtor", uma espécie de contraponto a outro, mais antigo, sobre o teatro épico. Estou negociando a sua publicação na revista* Die Sammlung, *que, aqui entre nós, teria de mostrar uma grande força de decisão para aceitar a publicação* (GB IV, 429). Não houve publicação, nem na *Die Sammlung* nem em qualquer outra revista. Só vinte e seis anos depois da morte de Benjamin o texto foi editado, por iniciativa de Rolf Tiedemann.

Nas suas memórias (*Walter Benjamin. Die Geschichte einer Freundschaft* [W. B.. História de uma Amizade], ed. alemã de 1975), Scholem caracteriza essa conferência como parte de um "rosto de Jano" do amigo: "Enquanto trabalhava no grande ensaio sobre Kafka [...] e nós discutíamos vivamente a matéria por carta, escreveu também aquela conferência "O autor como produtor", pronunciada no "Institut pour l'étude du fascisme", uma organização da frente comunista. A conferência representou, de fato, num evidente *tour de force,* o culminar da sua apropriação da dialética materialista. Nunca li o texto, que ele me referiu em várias cartas e conversas. Quando, em 1938 em Paris, insisti com ele, a resposta foi: *Acho que é melhor não o leres.* Desde que conheço o ensaio, consigo compreender perfeitamente essa resposta. É desse tempo também o seu conhecimento de Arthur Koestler, na altura tesoureiro honorário do INFA (Instituto para o Estudo do Fascismo), e que em 1938 vivia, como também Benjamin, no nº 10 da Rue Dombasle, uma casa quase exclusivamente habitada por emigrantes." Koestler escreveu sobre o INFA: "Durante um ano fui diretor executivo, sem remuneração, do "Instituto para o Estudo do Fascismo" em Paris. Tratava-se de um arquivo e instituto de investigação, gerido por membros do Partido Comunista e controlado, mas não financiado, pelo Komintern. A finalidade e o objetivo dessa instituição eram os de constituir um centro destinado ao estudo sério dos regimes fascistas, independente dos métodos de propaganda de massas do comitê de [Willi] Münzenberg.[38] Nós éramos subvencionados pelos sindicatos locais e por doações de intelectuais e acadêmicos franceses. Trabalhávamos todos, sem remuneração, dez a doze

---

[38] Trata-se do "Comité Mondial contre la Guerre et le Fascisme", fundado em 1932 por Willi Münzenberg por iniciativa do Komintern, e depois dirigido por Henri Barbusse e Romain Rolland. (N.T.)

horas por dia; felizmente nas nossas instalações, na rue Buffon, havia uma cozinha onde alguém preparava todos os dias, para o almoço, um enorme panelão de sopa de ervilhas bem grossa" (*Ein Gott, der keiner war. Arthur Koestler [u. a.] schildern ihren Weg zum Kommunismus und ihre Abkehr* [Um Deus que não era Deus. Arthur Koestler [*et al.*] descrevem o seu caminho para o comunismo e o seu afastamento]. Colônia, 1952, p. 63). Um outro relato, muito mais pormenorizado, do Instituto, é feito por Koestler nas suas memórias (*Die Geheimschrift. Bericht eines Lebens 1932 bis 1940* [A Escrita Secreta. Relato de uma vida entre 1932 e 1940], Viena/Munique/Basileia, 1955, p. 253-272); em nenhuma dessas duas fontes aparece o nome de Benjamin associado ao Instituto, nem se mencionam quaisquer conferências aí pronunciadas. É, por isso, possível que o subtítulo de "O autor como produtor" seja uma mistificação ou indique um propósito que não chegou a se concretizar.

No princípio de julho de 1934, Benjamin discute em Svendborg – onde permaneceu até outubro – a conferência com Brecht e anota no Diário: *Longa conversa no quarto de doente de Brecht em Svendborg, ontem, sobre meu ensaio "O autor como produtor". Brecht acha que a teoria aí desenvolvida – segundo a qual um critério decisivo para uma literatura revolucionária reside no grau de progressos técnicos que visam uma reconversão das formas artísticas e, com isso, dos meios de produção intelectuais – só se aplica a um tipo, o dos escritores oriundos da grande burguesia, entre os quais se conta. "Esses escritores", comentou, "são, de fato, solidários com os interesses do proletariado num ponto: no ponto do desenvolvimento dos seus meios de produção. Mas, ao sê-lo nesse ponto, proletarizam-se enquanto produtores, e de forma total. Mas essa proletarização total num ponto específico torna-os solidários com o proletariado em toda a linha." Brecht achou demasiado abstrata a minha crítica dos escritores proletários da linha de Becher. E tentou melhorá-la por meio de uma análise que fez do poema de Becher publicado num dos últimos números de uma das revistas literárias proletárias oficiais com o título "Ich sage ganz offen..." ["Digo abertamente..."].[39] Brecht comparou-o, por um*

---

[39] *Johannes R. Becher* (1891-1958), que começa como poeta expressionista, ingressa em 1916 na Liga Espartaquista e será, durante os anos 1920, do exílio e da guerra, membro ativo do Partido Comunista. Vive de 1935 a 1945 em Moscou, onde é redator da revista *Internationale Literatur,* e regressa em 1945 a Berlim-Leste, onde

*lado, com o seu poema didático sobre a arte do ator, dedicado a Carola Neher,[40]
e por outro lado com o "Bateau ivre". "Ensinei muita coisa a Carola Neher",
disse. "Não aprendeu apenas a representar; aprendeu também comigo, por
exemplo, como nos devemos lavar. É que ela se lavava para deixar de ficar
suja. E não era isso o que interessava. Ensinei-a a lavar o rosto, e ela levou
esse ato a uma tal perfeição que eu pensei em filmá-la. Mas isso não aconteceu, porque nessa altura eu não queria filmar, e ela não queria representar
para mais ninguém. Esse poema didático foi um modelo. Todo aquele que
aprendia estava destinado a ocupar o lugar do seu "Eu". Quando Becher diz
"Eu", considera-se exemplar – como presidente da Associação de Escritores
Proletários-Revolucionários da Alemanha. O que acontece é que ninguém
está disposto a imitá-lo. Conclui-se simplesmente que ele está satisfeito consigo
próprio." A propósito disto, Brecht diz que há muito tempo tem intenção de
escrever uma série de poemas-modelo para várias profissões – o engenheiro,
o escritor... Por outro lado, compara o poema de Becher com o de Rimbaud.
Neste, diz, teriam também Marx e Lenine descoberto – se o tivessem lido –
o grande movimento da história de que ele é expressão. Teriam com certeza
reconhecido que nele não se descreve o passeio excêntrico de um homem, mas
antes a fuga, a vagabundagem de um homem que não suporta os limites*

---

desempenha cargos político-culturais importantes na primeira fase da República
Democrática Alemã. (N.T.)

[40] Há dois poemas de Brecht dedicados à atriz Carola Neher (que representou os
papéis de Polly em *A Ópera de três vinténs* e de Johanna Dark em Santa Joana
dos matadouros), um de princípios dos anos trinta ("Conselho à atriz C.N."),
outro de finais da década ("A lavagem"), depois da prisão e posterior assassinato
da atriz na União Soviética. Transcrevem-se a seguir os dois poemas:

1. "Refresca-te, irmã / Com a água na bacia de cobre e os seus pedacinhos de
gelo – / Abre os olhos debaixo de água, lava-os – / Enxuga-te com a toalha
áspera e lança / Um olhar a um livro de que gostes. / E começa assim / Um dia
belo e útil."

2. "Quando, há anos, te mostrei / Como te devias lavar de manhã / Com
pedacinhos de gelo na água / Da pequena bacia de cobre / Mergulhando o
rosto, os olhos abertos / Ao te enxugares com a toalha áspera / Lendo da folha
pendurada na parede as difíceis linhas / Inscritas no rolo, disse-te: / Fazes isso
por ti, fá-lo / De forma exemplar. / Agora dizem-me que estás presa. / As
cartas que te escrevi / Ficaram sem resposta. Os amigos a quem pedi notícias
tuas / Calaram-se. Nada posso fazer por ti. Como / Será a tua manhã? Ainda
farás alguma coisa por ti? / Esperançada e responsável / Com os gestos certos,
de forma exemplar?". (N.T.)

da sua classe, uma classe que – com a Guerra da Crimeia, com a aventura mexicana – começa também a explorar para os seus interesses mercantis os recantos exóticos da Terra. É o gesto do irreverente que entrega a sua causa ao acaso, do vagabundo que volta as costas à sociedade; e querer assimilá-lo à representação modelar de um lutador proletário era qualquer coisa de impossível (cf. GS, vol. 6, p. 523 e segs.).

Fragmentos de estética
(p. 107-115)

Os dois fragmentos selecionados são exemplos característicos daquela forma de escrita que, em Benjamin, se situa entre os ensaios e as "pequenas peças", como Adorno as denomina, e revelam afinidades com textos incluídos na edição original entre os "ensaios literários e estéticos" e os "estudos metafísicos e de filosofia da história". Os dois textos sobre a pintura – tal como outros, sobre Balzac, Stifter, Kraus, o jornal – apreendem o objeto estético ou literário por meio de uma caracterização genérica e incisiva, aproximando-se de uma prática de escrita muito comum entre a primeira geração romântica alemã (que a designava de "características e críticas") que, em vez da simples crítica de ocasião, se ocupa de objetos esteticamente tipificáveis, inserindo-os em perspectivas de uma teoria da arte e de uma filosofia da história. Juntamente com os aforismos, ela representa uma forma genuína e livre do gênero do fragmento cuja origem está na primeira geração romântica e cuja natureza tão bem serve ao pensamento de Benjamin, altamente concentrado e ao mesmo tempo capaz de colocar o seu objeto a distância.

Pintura e artes gráficas

Este fragmento, sem título no manuscrito pertencente à coleção de Scholem, pode facilmente identificar-se como correspondendo à *anotação de algumas frases* escritas por Benjamin em S. Moritz em 1917 *sobre a essência da gravura* (Br., 154; GB I, 393). Uma vez que se trata de uma oposição entre artes gráficas e pintura, adotou-se como título aquele que figura no índice do caderno de manuscritos da coleção de Scholem. A data a partir da qual se pode situar a escrita desse fragmento está documentada nas memórias de Scholem. Numa carta publicada pela primeira vez aí, Benjamin escrevia de S. Moritz, em 18 de agosto de 1917: *ocupo-me agora de uma reflexão estética: procuro seguir até ao fundo as diferenças entre pintura e artes gráficas, e isso me leva a aspectos essenciais* (G. Scholem, *op. cit.*, p. 60; GB I, 377-378). O fragmento está intimamente ligado ao seguinte, "Sobre a pintura, ou sinal e mancha", para o qual serviu de impulso: Benjamin *lamenta não ter à mão aquela anotação ao escrever o novo fragmento,* em outubro de 1917 (Br., 154; GB I, 393).

Sobre a pintura, ou sinal e mancha

Depois de ter recebido algumas fotografias, em 22 de outubro de 1917, Benjamin prossegue, na sua carta a Scholem: *A próxima carta levará também a cópia de um ensaio que escrevi, com o título "Sobre a pintura", que deveria servir de resposta à sua carta sobre o Cubismo, apesar de este praticamente não ser mencionado. De fato, não é ainda um ensaio, mas apenas um esboço de ensaio* (Br., 154; GB I, 393). A *cópia*, que se conservou, chegou às mãos de Scholem nas semanas seguintes, não mais tarde do que início de janeiro de 1918, porque as cartas de Benjamin com datas de 13 de janeiro, 31 de janeiro e 1º de fevereiro pedem ao destinatário uma tomada de posição sobre o texto (Br., 167, 171, 175; GB I, 418, 423, 425). A referência é sempre a "Sinal e mancha", mas trata-se do fragmento anunciado com o título "Sobre a pintura", porque o título, pelo menos na versão que se conservou, é sempre duplo. Benjamin associou ao anúncio do envio do texto o seguinte comentário: *Depois de, em S. Moritz, ter já refletido sobre a essência das artes gráficas, chegando mesmo a anotar algumas frases, que infelizmente não tinha à mão ao escrever o novo texto, a sua carta* [sobre o Cubismo] *veio provocar, em ligação com considerações anteriores, estas frases como resultado da minha reflexão. Da forma mais direta, na medida em que despertou em mim o interesse pela unidade da pintura, apesar das disparidades das suas muitas escolas. Uma vez que o que eu queria mostrar (em oposição às suas afirmações) era que um quadro de Rafael e um cubista, enquanto tais, evidenciam marcas essencialmente coincidentes, além daquelas que os separam, a reflexão sobre estas últimas não chegou a ter lugar. Em contrapartida, tentei encontrar aquele fundo do qual poderão ter nascido todas as diferenças. Verá de que maneira fui levado a rebater a sua tricotomia da pintura acromática (linear), cromática e sintética. O problema do Cubismo, visto de um dos seus ângulos, é o da possibilidade de uma pintura não necessariamente acromática, mas radicalmente não cromática [nota: é claro que essa diferenciação teria de ser explicada e clarificada], na qual formações lineares dominam o quadro – sem que o Cubismo deixasse de ser pintura para se tornar uma forma de gravura. Eu não abordei esse problema do Cubismo, nem de um ponto de vista nem do outro, em parte porque até agora ainda não apreendi essa tendência de forma convincente, para além de quadros ou pintores isolados. O único pintor, de entre os novos, que me tocou neste sentido foi Klee; mas os fundamentos da pintura estavam ainda pouco claros em mim para que, a partir dessa afinidade, pudesse passar à teoria. Acho que chegarei lá mais tarde. Dos pintores modernos, Klee, Kandinsky e Chagall, Klee é o único que revela ligações claras com o Cubismo. Mas, pelo que me é dado perceber, ele não é um cubista; esses conceitos são indispensáveis para termos uma perspectiva global da pintura e dos seus fundamentos, mas os grandes mestres não se deixam apreender teoricamente apenas com referência a um desses conceitos. Quem puder ser relativamente compreendido e acessível através dessas categorias de escola não será um grande pintor, porque as ideias da arte (e os conceitos de escola são uma ideia da arte) não podem exprimir-se diretamente na arte sem perderem a sua força. De fato, até agora tive sempre, ao ver quadros de Picasso, essa impressão de falta de força, de insuficiência, que V. também parece partilhar; e isso não acontece certamente por não ter acesso ao conteúdo puramente artístico dessas coisas, mas por ter acesso ao plano da comunicação espiritual que irradia delas. E ambos, conteúdo artístico e comunicação espiritual, são afinal uma e a mesma coisa! Também eu, nas minhas anotações, serei levado a fazer desembocar o problema da pintura no grande domínio da linguagem, cuja amplitude está já aludida no meu trabalho sobre a linguagem* ["Sobre a linguagem em geral e a linguagem humana", a incluir no próximo volume desta edição]. *Mais adiante, na discussão com Scholem, lemos: é provável que a pintura não tenha a ver propriamente com a "essência" de qualquer coisa, porque nesse caso poderia colidir com a filosofia. No momento não posso dizer nada sobre o sentido da relação da pintura com o seu objeto; mas penso que não se trata nem de imitação, nem de apreensão de uma essência. Mas talvez possa inferir das minhas notas que também eu sou capaz de reconhecer uma afinidade profunda entre o Cubismo e a arquitetura sacra [...]. Não me leve a mal se não posso comentar diretamente as suas frases sobre o Cubismo, e se fui levado noutra direção, atraído, em princípio, pelas minhas anotações. É da natureza da coisa: V. tinha à sua frente quadros, e eu as suas palavras* (Br., 154-156; GB I, 393-396).

Numa carta a Ernst Schoen, de fins de 1917 ou começo de 1918, Benjamin caracteriza do seguinte modo o trabalho: *O que me interessava era o seguinte: clarificar na medida do possível os fundamentos conceituais e universais daquilo a que chamamos pintura, para contrariar o detestável fenômeno das inúmeras tentativas atuais de apreensão teórica da pintura moderna, que degeneram logo em teorias do contraste ou do progresso na relação com a grande arte do passado. Acabei por deixar de lado a consideração da pintura moderna, embora inicialmente estas reflexões fossem motivadas por uma falsa absolutização dessa pintura* (Br., 173; GB I, 415). Depois de ter enviado uma cópia do texto a Scholem, Benjamin mandou-lhe ainda, em 13 de janeiro de 1918, essa *importante observação complementar: a superfície do desenhador, do ponto de vista humano, está na posição horizontal, a do pintor na vertical* (Br., 167; GB I, 418). Essa observação resume, para o destinatário, a anotação anterior e desconhecida de Scholem sobre "Pintura e artes gráficas", no sentido de que seria preciso conhecer a primeira para poder avaliar corretamente a segunda.

Carta de Paris (2): Pintura e fotografia
(p. 117-130)

As duas "Cartas de Paris" (a primeira intitulada "André Gide e o seu novo adversário", a incluir em próximo volume desta edição) foram encomendas pela revista de Moscou *Das Wort,* de cuja redação Brecht fazia parte (sobre essa revista ver, antes, a nota da p. 224). As tentativas de Benjamin de colaborar regularmente com a revista acabariam, no entanto, por não ter sucesso, apesar de, por mais de uma vez, ele ter oferecido trabalhos para publicação, em cartas a Brecht e sobretudo através da sua colaboradora Grete Steffin. A primeira dessas Cartas (um "ensaio sobre a teoria fascista da arte") seria o único texto de Benjamin a ser publicado na revista, em 1936. Sobre a segunda Carta, aqui reproduzida, Benjamin escreve a Grete Steffin: *Estou preparando a minha segunda carta de Paris para Bredel, que se apoia em duas obras coletivas, uma editada pelas ESI [Éditions Sociales Internationales], a outra pelo Instituto da Liga dos Povos para a Colaboração Intelectual Internacional; ambas se ocupam da situação atual da pintura no âmbito social* (GB V, 413). Em 20 de dezembro de 1936 Benjamin envia o manuscrito a Brecht, com as seguintes palavras: *Penso que há coisas interessantes aqui, que em nenhum ponto colidem com as palavras de ordem atuais. Esperemos que a Carta seja publicada em breve* (GB V, 444). Benjamin julgou dever a Brecht e Grete Steffin a aceitação dessa segunda Carta por Willi Bredel, que parece ter sido o diretor executivo da revista, e que pouco mais tarde rejeitaria o ensaio "A obra de arte na época da possibilidade de sua reprodução técnica". Benjamin escreve a Grete Steffin: *Bredel comunicou-me, depois de uma estada no sanatório que, pelo visto, lhe roubou muito tempo de trabalho, a aceitação da minha segunda "Carta de Paris". Penso que bato à porta certa se lhe agradecer a si e a Brecht. Infelizmente, a informação de Bredel nada diz sobre data de publicação e honorários, e a partir do momento em que a minha amiga perca de vista as coisas, começo a ver tudo muito turvo* (GB V, 503). A segunda Carta de Paris, tal como o ensaio sobre "A obra de arte...", nunca chegaram a sair; a razão, no caso da Carta de Paris, poderá ter sido o encerramento da revista, que, aliás, só aconteceu em 1939.

Sobre a situação da arte cinematográfica russa e Réplica a Oscar A. H. Schmitz (p. 131-143)

O artigo de Benjamin "Sobre a situação da arte cinematográfica russa" foi publicado no semanário *Die literarische Welt* juntamente com o do crítico Oscar Schmitz sobre a mesma matéria, com o título "O filme do Potemkin e a arte de tendência". Benjamin reage com a "Réplica a Oscar A. H. Schmitz", e os três textos surgem naquele jornal em 11 de março de 1927. A resposta de Benjamin foi, no entanto, já preparada em Moscou em fins de janeiro. Uma entrada no *Diário de Moscou* dá a entender que se tratou de uma encomenda: *Fomos à casa de Panski, que me prometeu para a próxima segunda-feira a exibição de alguns filmes que eu queria ver antes de terminar um artigo contra Schmitz que me foi solicitado pelo* Literarische Welt. No dia 24 de janeiro há uma anotação que dá conta dessa sessão: *Vi Matj [Mãe], Potemkin e uma parte do Processo de três milhões. A brincadeira saiu-me cara, porque, atendendo a [Bernhard] Reich, quis dar alguma coisa à mulher que ele tinha posto à minha disposição, que não indicou qualquer soma, e afinal eu tinha recorrido aos serviços dela durante cinco horas [para tradução]. Foi uma sessão extremamente cansativa, tantas horas vendo passar filmes, sem acompanhamento musical, num compartimento pequeno em que nós dois fomos quase sempre os únicos espectadores.* Em 26 de janeiro lemos ainda no Diário: *Trabalhei à noite na resposta ao artigo de Schmitz sobre o* Potemkin. O artigo de Oscar Schmitz (que toma como pretexto a proibição do filme de Eisenstein na Alemanha para o submeter a uma crítica destrutiva) e a réplica de Benjamin apareceram no jornal sob um título comum: "Uma discussão sobre o cinema russo e a arte coletivista em geral".

Teatro e rádio
(p. 145-150)

Paralelamente aos muitos trabalhos que escreveu para o rádio entre 1929 e 1932, há alguns outros em que Benjamin, em forma de relato ou de reflexão, se pronuncia sobre esse novo meio de comunicação. Entre outros, uma "Conversa com Ernst Schoen", de 1929, o texto "Modelos radiofônicos", de 1931, e "Duas formas de populismo", um comentário à sua peça radiofônica *O que os alemães liam enquanto os seus clássicos escreviam,* publicado em setembro de 1932. O mais importante desses trabalhos é, no entanto, o artigo "Teatro e rádio", publicado em finais de 1932 no n. 16 da revista *Blätter des hessischen Landestheaters* (Darmstadt, 1931-32, p. 184-190). O valor particular que o próprio Benjamin lhe atribuía pode deduzir-se do fato de que, no começo do exílio, pensou em mandá-lo traduzir para francês. Numa carta sem data, provavelmente de maio de 1934, enviada de Paris a Gretel Adorno, que se encontrava em Berlim, lê-se: *Preocupei-me sobretudo em encontrar uma solução aceitável para a tradução, que no caso dos meus escritos é mais complicada do que eu próprio a princípio pensava; talvez entre brevemente em contato com um verdadeiro conhecedor do alemão, que tem a vantagem de não ser tradutor profissional. É [Jacques] Benoist-Méchin, mas o nome não te dirá nada. [...] Os vários projetos de tradução que tenho levam-me a perguntar-te se seria muito pedir que me mandasses os meus ensaios que apareceram em revistas e ainda estão em teu poder. Mas hesito em te pedir outra vez o trabalho do envio de um pacote como valor declarado — como entre esses artigos há alguns insubstituíveis, não arrisco pedir-te que os mandes simplesmente registrados. Seja como for, já te pedi o artigo "Teatro e rádio", que saiu nas* Blätter des hessischen Landestheaters. *Espero que não o tenhas mandado já, porque assim lhe enviavas também o "Julien Green" da* Neue Schweizer Rundschau. *Há um interesse particular por esse artigo aqui. Neste caso basta, naturalmente, o correio registrado. [...] P.S.: Só mais uma folha, para te agradecer o ensaio que acabo de receber. Poderias mandar-me também o texto sobre Green? Também registrado?* (GB IV, 415-416). O artigo nunca chegou a ser traduzido para francês.

O texto sobre "Teatro e rádio", em particular no que ao novo meio radiofônico diz respeito, poderá ser complementado por outros documentos, nomeadamente a troca de correspondência com Ernst Schoen, colaborador da Rádio do Sudoeste Alemão, e dois outros textos de Benjamin sobre o rádio, ambos fragmentários, mas que permitem falar de uma teoria do rádio comparável à que Brecht foi desenvolvendo entre 1927 e 1932 (vd. *Gesammelte Werke,* Frankfurt/M., 1967, vol. 18, p. 117-134).

1. A seguinte troca de correspondência entre Walter Benjamin e Ernst Schoen, de abril de 1930, ocorre na sequência de um plano de Benjamin para publicar no jornal *Frankfurter Zeitung* um ensaio – correspondendo ao desejo de Schoen, ou seguindo uma sugestão sua – sobre questões políticas atuais do rádio. Embora o ensaio não tenha sido escrito, as cartas de Benjamin e Schoen são muito elucidativas quanto às condições a que estava sujeita a colaboração do primeiro com o rádio.

Berlim, 4 de abril de 1930

Caro Ernst,

Hoje de manhã chegou a tua carta. Agradeço-te e respondo na volta do correio, para que tu possas fazer o mesmo.

Em primeiro lugar, os dados para o artigo. Acrescento ao que escreves uma espécie de questionário, para podermos pormenorizar mais o assunto, e enumero novamente os vários motivos.

1. Trivialização do rádio; fracasso da imprensa liberal, que contribui para isso – de acordo. Neste ponto, eu próprio tenho matéria para continuar.

2. Ocupação dos lugares ministeriais decisivos por paus-mandados do regime guilhermino – de acordo. Aqui, faltam-me informações. Avançar com nomes está fora de cogitação num artigo de jornal e sobre uma matéria tão marcadamente política. Mas já os lugares em questão deveriam ser nomeados exatamente, ou pelo menos aludidos. Papel do comissário para o rádio [Hans] Bredow? Papel do conde [Georg] Arco (é apenas técnico)? Que lugar ocupam os opositores de [Carl] Severing? Que decisões deram origem aos Conselhos Culturais? Como e onde funcionam? Nesse ponto não pretendo exemplificar diretamente com a situação em Frankfurt, porque tenciono fazê-lo mais tarde, num contexto mais importante. Falas do representante alemão na "Union Internationale de Radiophonie", mas não dizes o que ele faz e em que medida se comprometeu.

3. Politização do rádio como postulado – de acordo. Neste ponto, gostaria de ter alguns exemplos do que até agora foi feito na Alemanha, ou seja, aspectos positivos.

4. Demagogia da imprensa, que apresenta ao público a sua estupidez como point d'honneur – de acordo. Do resto posso tratar eu.

5. Domínio das associações sobre o rádio. Esse me parece ser um aspecto particularmente importante. Mas tu só falas da Associação de Canto de Mainz, e isso me parece pouco; precisamente nesse ponto seria bom ter mais material.

6. Censura de obras literárias. Tens de compreender que não posso relatar um caso de que [Friedrich T.] Gubler diz não saber nada, e sobre o qual declara ter informações autênticas. O caso de Leonhard Frank também não pode ser usado como exemplo. Acho melhor eliminar o ponto 6 e apresentar o assunto de modo diferente: ninguém leva a literatura a sério, e por isso nesse campo as coisas não são tão graves!

7. Imprensa radiofônica – de acordo. Muito importante. Eu próprio posso arranjar material.

8. Corrupção nas relações entre imprensa e rádio – também correto [importante?]. Mas não gostaria de depender de [Edlef] Köppen para os pormenores, como tu sugeres. Não acho certo deixar que os de Berlim saibam que estou escrevendo este artigo.

9. Cooperação nas emissões entre Frankfurt e Stuttgart – de acordo.

10. O caso [Ernst] Hardt: para poder aludir à situação de Colônia, preciso que me forneças um quadro mais detalhado. Numa intervenção desse tipo, não posso utilizar apenas um juízo depreciativo simplista, como sugeres. Se não fundamentar o que digo nesse ponto, ponho em risco a própria publicação do artigo.

11. Frankfurt, Berlim, Königsberg como modelos brilhantes – de acordo. Precisaria de alguns dados sobre Königsberg.

12. Não acho correto ocupar-me do caso [Ernst?] Glaeser, porque a atividade dele não tem ainda grande perfil. Ou então te peço que me dês motivos para argumentar.

COMENTÁRIO

13. Sabotagem interna do teu trabalho – de acordo. Aqui é que pretendo dar grande destaque ao caso de Frankfurt.

Trata-se, como vês, de treze teses, seguindo um modelo já célebre [o dos textos do próprio Benjamin em *Rua de mão única*, com os títulos "A técnica do escritor em treze teses", "Treze teses contra os esnobes" e "A técnica do crítico em treze teses", e ainda "Número 13": vd. edição Autêntica, 2013, p. 27-31]. *Responde-me, por favor, em texto datilografado, para facilitar a pormenorização e o desenvolvimento. Se não puderes ditar às secretárias da estação de rádio, pede pelo amor de Deus à senhora Ruhemann!*

Nos próximos dias devo encontrar-me com [Franz] Hessel. Fiquei muito aborrecido com a forma como ele se comportou, embora entenda que as razões que supões estarem por trás desse comportamento são corretas e não se devem a ele. De qualquer modo, não é nada animador quando penso num caso como o de Proust, em que lhe pedi colaboração para uma obra de muito maior fôlego. É pena que lhe tenham dado a possibilidade de assumir essa posição. Se eu tivesse imaginado que ela era possível, teria dito que lhe fizesses desde logo a proposta de trabalhar comigo. Mas nem tu nem eu podíamos prever essa mudança. Só gostaria de saber quais foram os pretensos argumentos com que ele recusou a tua proposta.

Pedi a [Wilhelm] Speyer que me mandasse por via telegráfica os dados que solicitei.

Peço-te resposta rápida. Um abraço
[Walter Benjamin][41]
(GB III, 515-517)

---

[41] Sobre os nomes e os "casos" mencionados na carta:

Hans Bredow: Comissário, para o rádio, do Ministério dos Correios do Reich, e cofundador da rádio alemã. *Conde Arco:* engenheiro e industrial que desenvolveu o primeiro sistema radiofônico alemão e foi diretor técnico da recém-fundada Telefunken. *Carl Severing:* na época, ministro do Interior, social-democrata. *Friedrich T. Gubler:* diretor do suplemento literário do *Frankfurter Zeitung. O caso Leonhard Frank:* a proibição de leitura, no programa de Berlim "Funk-Stunde" (A Hora do Rádio), do romance de L. Frank *Bruder und Schwester* (Irmão e Irmã), de 1929, pelo diretor da estação, Hans Flesch. *Edlef Köppen:* diretor da seção literária da Funk-Stunde berlinense, com a qual Benjamin colaborou várias vezes. *O caso Hardt:* Ernst Hardt, desde 1926 diretor da Rádio do Oeste Alemão, em Colônia, entrou em conflito com a "Comissão de Controle Político" das estações de rádio. Ernst Schoen chama-lhe, na carta a Benjamin, "o esteta e demagogo do bizantinismo do rádio". *O caso Glaeser:* caso pouco claro, envolvendo o escritor Ernst Glaeser, nomeado em 1928 diretor literário da Rádio do Sudoeste Alemão, por razões políticas. Glaeser era também colaborador do *Frankfurter Zeitung. Franz*

Ernst Schoen responde, em 10 de abril, com listas infindáveis de nomes e informações, às perguntas de Benjamin. Prescinde-se aqui da reprodução dessa longa carta, que se pode ler, no original, no volume II/3 dos *Gesammelte Schriften,* p. 1499-1505.

2. O texto de Benjamin "A situação no rádio" não é certamente o artigo de que se fala na correspondência com Ernst Schoen, mas não deve ter sido escrito muito mais tarde (na carta de Schoen menciona-se também a construção de grandes emissoras). O texto pode também ter relação com as medidas que, na sequência das "Orientações para o reordenamento do rádio", promulgadas em 17 de novembro de 1932 pelo governo de von Pappen, prepararam o controle das estações de rádio estatais pelos nacional-socialistas. Não é provável que a crítica de Benjamin se destinasse à publicação, já que a linguagem desse curto texto tem antes o caráter de uma série de anotações. Poderia tratar-se de teses para discussão, que Benjamin pôs à disposição de Ernst Schoen.

A situação no rádio

Caos dos programas, antieconômico e confuso. Para resolver essa situação, os programas de cada estação deveriam ser transmitidos em várias outras emissoras. Até aqui, tudo bem, isso teria como resultado uma simplificação do trabalho. Mas ao mesmo tempo acontece o seguinte: o estrangeiro tem algumas grandes emissoras que perturbam tanto a recepção das pequenas emissoras alemãs que muitas vezes o seu raio de ação não ultrapassa os 40 ou 50 quilômetros. Preveem-se conferências para acabar com essa situação através de uma definição razoável dos comprimentos de onda. Sem esperar os resultados positivos dessas conferências, decidiu-se agora construir nove ou dez grandes emissoras. Ao que se diz, porque se pretende proteger a recepção de tais perturbações (isso significa, naturalmente, para essas emissoras, mais programas. O que se simplifica de

---

Hessel: amigo de infância de Benjamin, sobre cuja obra este escreve (vd., no volume anterior desta edição, "O regresso do *flâneur*") e com quem traduz Proust. Hessel devia escrever, por recomendação de Benjamin, uma peça radiofônica que Schoen recusou, sugerindo-lhe a escrita de colaboração com Benjamin, proposta que Hessel terá recusado. *W. Speyer:* referência a uma emissão radiofônica, de 9 de maio de 1930, em que Benjamin conversa com esse autor a propósito da sua peça *Es geht. Aber es ist auch danach!* (A coisa vai. Pudera, como as coisas estão!). (N.T.)

COMENTÁRIO

um lado, perde-se do outro. É a vitória da repetição de programas em toda a linha). Mas a verdadeira razão para a construção dessas emissoras é outra, de ordem política. O que se pretende é ter instrumentos de propaganda de longo alcance para o caso de uma guerra.

(Fonte: Arquivo Benjamin, datiloscrito n.º 1808)

3. O texto "Reflexões sobre o rádio" foi escrito em 1930 ou 1931, certamente antes de novembro deste ano.

Reflexões sobre o rádio

O erro fundamental dessa instituição é o de eternizar na sua atividade a separação de princípio entre os intervenientes e o público, que os seus próprios fundamentos técnicos desmentem. Qualquer criança percebe que é do interesse do rádio abrir os microfones a várias pessoas nas mais diversas ocasiões, transformar a opinião pública em testemunha de entrevistas e diálogos em que alternem as vozes e as opiniões. Enquanto na Rússia se trabalha para extrair da aparelhagem essas consequências naturais, entre nós continua a dominar quase sem resistências o estúpido conceito da "apresentação", em que alguém fala sozinho para o público. Esse contrassenso fez com que, hoje ainda, ao fim de anos de experiência, o público seja esquecido, remetido irresponsavelmente para uma posição mais ou menos de sabotagem (exclusão) das suas reações críticas. Nunca, ao longo da história, houve uma instituição cultural que não se sentisse confirmada pela compreensão objetiva que, pelas suas formas e pela sua técnica, despertava no público. Foi o caso da tragédia grega e dos mestres cantores, do teatro francês e da oratória. Só os tempos mais recentes, com a formação sem limites de uma mentalidade de consumo no espectador de operetas, no leitor de romances, no turista e tipos semelhantes, criou as massas brutas e desorganizadas, o público em sentido restrito, que não dispõe de referências para os seus juízos nem de linguagem para os seus sentimentos. Essa barbárie atingiu o seu clímax na atitude das massas para com o rádio, e parece agora disposta a mudar de orientação. Para isso bastava uma coisa: orientar a reflexão do ouvinte para as suas reações reais, para as apurar e justificar. A tarefa seria certamente insolúvel se aquela atitude, como os diretores das emissoras e ainda mais os seus intervenientes gostam de dizer, fosse mais ou menos imprevisível, e sobretudo, no essencial ou exclusivamente, dependente do caráter da matéria oferecida. Basta pensar um pouco para se chegar à conclusão oposta. Nunca um leitor fechou de forma tão decidida um livro que começou a ler como os ouvintes de rádio desligam os aparelhos ao cabo de um minuto e meio de preleção. A explicação não está na matéria estranha, que em muitos casos seria antes um pretexto para escutar durante mais tempo sem compromisso. A questão está na voz, na dicção, na linguagem – numa palavra, no lado formal e técnico, que em tantos casos torna intragável para o ouvinte as exposições mais meritórias, tal como, em alguns outros, mais raros, o prende aos mais rebuscados temas. (Há locutores que as pessoas escutam com gosto até nos boletins meteorológicos.) É por esse lado formal e técnico que se poderá formar a compreensão objetiva dos ouvintes e fugir à atual barbárie. A questão está à vista de todos. Basta pensarmos nas razões que levam o ouvinte de rádio, por contraste com qualquer outro público, a escutar o que lhe oferecem em casa, a receber, por assim dizer, a voz como seu hóspede. Isso leva a que geralmente ela seja avaliada rápida e criticamente logo que entra, como acontece com o hóspede. E, apesar disso, ninguém lhe diz o que se espera dela, o que se lhe agradece e o que não se lhe perdoa, etc. Tudo isso só se explica pela indolência das massas e pelas vistas curtas dos dirigentes. É claro que não seria fácil definir o comportamento da voz na relação com as palavras – mas é dessas duas coisas que se trata. E se o rádio se guiasse pelo arsenal de coisas impossíveis que dia a dia lhe chega, se partisse apenas dos aspectos negativos, por exemplo de uma teoria cômica dos tipos de oradores, não só melhoraria o nível dos seus programas como teria do seu lado um público entendedor. E isso é que é importante.

(Fonte: Arquivo Benjamin, manuscrito n.º 674, p. 15 e segs.)

O lugar social do escritor francês na atualidade
(p. 151-180)

O ensaio sobre "O lugar social do escritor francês na atualidade" foi o primeiro que Benjamin publicou na *Revista de Investigação Social,* dirigida por Max Horkheimer. Benjamin e Horkheimer tinham se conhecido em meados dos anos 1920, quando aquele viu a sua *Habilitation* (dissertação de pós-doutoramento), o livro sobre a *Origem do drama trágico alemão,* ser recusada por Hans Cornelius na Universidade de Frankfurt (vd. vol. I desta edição, p. 272 e segs.). Horkheimer era então assistente de Cornelius e tentou evitar a decisão dos professores. Nos anos seguintes, sobretudo a partir de 1929, os dois encontraram-se com frequência, em parte devido às muitas viagens que Benjamin fazia a Frankfurt para participar em emissões de rádio. Em 1935, este lembrava a Adorno a primeira fase do trabalho n'*O livro das passagens*: *Era o tempo das conversas consigo em Frankfurt, em especial aquela, "histórica", no restaurante Schweizerhäuschen, depois outra, também histórica [em Kronberg], consigo, Asja [Lacis], Felizitas [Gretel Adorno], Horkheimer, que significaram o fim dessa época* (Br., 663; GB V, 97). Já antes de Horkheimer, em janeiro de 1931, assumir a direção do Instituto de Investigação Social, havia a intenção de convidar Benjamin para uma conferência no Instituto. Numa carta de 10 de novembro de 1930 a Adorno (que nessa época não era ainda membro do Instituto, estando, porém, muito ligado a ele através da amizade com Horkheimer), lê-se: *As observações que faz a propósito do tema que eu propus para Frankfurt encontram-se com algumas reservas da minha parte, o que me leva a aceitar de bom grado a sua formulação: "Para uma filosofia da crítica literária". Vou escrever a Horkheimer por estes dias. Mas agradeço que lhe comunique já esta nova formulação do tema e lhe explique também que, devido ao luto de que lhe falei* [a morte da mãe de Benjamin], *preferiria que a minha conferência fosse adiada para depois do Natal, talvez para meados de janeiro* (GB III, 551-552). Mas tudo indica que Benjamin não proferiu nenhuma conferência no Instituto. No outono de 1932 foi publicado o primeiro número, duplo, da *Revista de Investigação Social*, e Benjamin escreve a esse propósito da Itália (Poveromo, na Riviera di Levante) a Adorno: *Espero poder ler brevemente o seu estudo* *["Zur gesellschaftlichen Lage der Musik" / Sobre a situação social da música] na revista de Horkheimer – e, se me é permitida uma variante desse desejo, também todo o primeiro número dessa publicação, que, naturalmente, me interessa sobremaneira* (Br., 557; GB IV, 127). Nesta fase, Benjamin passava por uma grave crise econômica. De Poveromo escreve a Scholem: *Aqui estou eu, sem que tenha resultado nenhuma das tentativas de conseguir um mínimo que me permita ao menos pagar as minhas contas; os acontecimentos na rádio de Berlim privaram-me de todas as receitas com que contava, e fico perdido nos pensamentos mais sombrios...* (GB IV, 126). Scholem anota nas memórias: "Em 25 de outubro [Benjamin] escreveu-me para Jerusalém, dando conta da sua situação e contando-me como os seus trabalhos eram *objeto de um boicote na Alemanha, que não podia ser melhor organizado se eu fosse um pequeno comerciante judeu de roupa em Neu-Stettin. O jornal Frankfurter Zeitung* não respondia às suas cartas há quatro meses, deixando de publicar os seus manuscritos. *A carta que recebi da redação do* Die literarische Welt *para me comunicar que de momento dispensa a minha colaboração vou deixá-la à seção de manuscritos da Biblioteca de Jerusalém; se dependesse das intenções dessa nossa pátria alemã, ela iria rapidamente ficar em poder deles...* Um mês depois [i.e., em janeiro de 1933] o seu pessimismo tinha-se atenuado, ao comunicar-me a sua ligação recente com a *Revista de Investigação Social* de Horkheimer (G. Scholem, *op. cit.*, p. 239 e segs.). Quando regressa da Itália à Alemanha, em novembro de 1932, Benjamin passa por Frankfurt, e escreve antes a Adorno: *Desta vez tenho um interesse muito especial em me encontrar com Horkheimer, e com uma intenção muito precisa. Se o Instituto pode e quer fazer alguma coisa para apoiar o meu trabalho, este é momento certo, porque ele está sendo sabotado de todas as maneiras. (Está entendendo? Certamente sim, e compreenderá também o meu pedido de manter em segredo a notícia da minha chegada.) Gostaria de propor a Horkheimer a publicação de um grande ensaio como o seu na revista. Faça-lhe ver a necessidade urgente de uma conversa* (GB IV, 143). E em 15 de janeiro de 1933 escreve a Scholem: *Tenho tentado, nos últimos tempos, estabelecer novos contatos, e consegui alguma coisa com o jornal* Vossische Zeitung *e a* Revista de Investigação Social, *de Frankfurt. Esta já me encomendou artigos e abre-me a possibilidade de colaboração futura* (Br., 561; GB IV, 157).

É possível que o acordo quanto ao ensaio sobre "O lugar social do escritor francês na atualidade" tenha sido feito em novembro de 1932 com Horkheimer. Benjamin – que teve de se exilar em março de 1933 – dá conta, ainda em Berlim, dessa encomenda a Gretel Adorno; mas não é provável que se tenha encontrado novamente com Horkheimer entre janeiro e março de 1933. Depois de um breve interregno em Paris, Benjamin viaja para Ibiza no princípio de abril, de onde escreve a Gretel Adorno em 15 desse mês: *Recebi, de Genebra, uma carta muito detalhada de Max [Horkheimer], da qual depreendo que a revista continuará a sair e conta com a minha colaboração. Entende-se, naturalmente, que a sociologia da literatura francesa que me pedem não é fácil de escrever aqui. Apesar disso, preparei o trabalho como pude, ainda em Paris* (Br., 569; GB IV, 176-177). Numa carta não datada, mas escrita à mesma destinatária poucos dias mais tarde, lê-se: *O próximo trabalho será sobre a sociologia das letras francesas, de que lhe falei ainda em Berlim. Como compreende, é extremamente difícil escrevê-lo aqui. Estive a ponto de, na minha última carta, pedir a Max que me mandasse para cá – eventualmente para descontar nos futuros honorários – alguns volumes que me são indispensáveis. Naturalmente, livros que não possuo. Infelizmente, chego à conclusão de que também me são indispensáveis alguns dos que possuo. Vão indicados numa folha anexa. Sei muito bem – mas não sei como sair desta – que é quase impossível pedir-lhe que separe esses livros (dentre os franceses, brochuras) e nos mande, sei que isso lhe custaria metade de um domingo. A única coisa que ainda arrisco perguntar – e também nisso não sei se me compreenderá – é se Wiesengrund [Adorno] estaria disposto a prestar-me esse grande serviço. Ele teria a vantagem de, num dia de semana de manhã, quando o inquilino estiver no escritório, poder subir e separar os livros* (GB IV, 188) A carta cruzou-se com outra de Gretel Adorno, a que Benjamin responderia em 30 de abril: *Vejo que recebeste a minha mensagem de ontem – do dia 24 – ainda antes da minha última grande carta, que agradecia a encomenda de Páscoa e pedia quatro ou cinco livros da minha biblioteca, de que preciso urgentemente para escrever o ensaio para Max. Acho que já deverias ter recebido a minha carta. Seria pena, se bem que não trágico, se ela se tivesse extraviado, porque nela te descrevia as minhas primeiras impressões depois de aqui chegar. Quanto aos livros pedidos, eles se encontram entre as brochuras, em parte nas prateleiras de baixo da parede da janela, mas a maior parte deve estar na parede em frente, também nas prateleiras de baixo; são sobretudo três livros de E[mmanuel] Berl,* Mort de la morale bourgeoise, Mort de la pensée bourgeoise *e* Le bourgeois et l'amour; *e ainda A[lbert] Thibaudet,* La république des professeurs. *Por fim, entre os livros por cima do sofá, ainda uma ou duas traduções de* [Blaise] *Cendrars que me seriam úteis aqui. E repito também o pedido de desculpas por todo este trabalho, e volto a perguntar-te se não podias pedir a Wiesengrund para me fazer esse favor* (GB IV, 193). Em 16 de maio os livros haviam chegado a Ibiza, e Benjamin voltava a escrever a Gretel Adorno (alternando, nesta fase, o tratamento entre o "você" e o "tu"): *Acho que devo escrever-lhe desta vez num bom momento; talvez a minha última carta parecesse, e era, um tanto sombria. Por vezes acumulam-se mesmo nuvens que lançam sombra sobre o canteiro da minha escrita. Mas agora estou feliz porque recebi um pequeno pacote com livros que Max me enviou de Genebra, e com os quais, mais os que V. me enviou, posso finalmente começar o trabalho e vesti-lo, a custo, de roupas pobres. Uma tentativa dessas tem de sair pobre, mesmo dispondo de muitos meios técnicos, porque não há praticamente trabalhos preliminares. As primeiras ideias para um tema como esse me vieram durante a leitura do livro de Céline* Voyage au bout de la nuit, *de que com certeza ouviu falar. Como, porém, estou ainda longe do fim desse longo livro, guardo por enquanto essas ideias só para mim. Tenho ainda quinze dias até à data acordada para entrega do manuscrito, e quero aproveitá-los da manhã à noite* (GB IV, 205). Outra carta, provavelmente escrita na segunda metade de junho, anuncia a conclusão do estudo: *Trabalhei bem e escrevi um trabalho de quarenta páginas datilografadas sobre "o lugar social do escritor francês na atualidade". Aproveitei a hospitalidade que me foi concedida na cidade de Ibiza* [Benjamin vivia nesta altura em San Antonio, do outro lado da ilha] (Br., 581; GB IV, 230). No entanto, a parte sobre *A condição humana,* de Malraux, só foi entregue mais tarde, como se depreende de uma carta de janeiro de 1934 a Gretel Adorno: *Ocupei-me na última semana do último romance de Malraux, e gostaria de acrescentar algumas considerações sobre ele ao meu ensaio para a revista de Max. Acho o livro altamente interessante – até fascinante, mas de modo nenhum útil à nossa situação. Penso que não tardará a aparecer uma tradução. De qualquer modo, lê-o, se tiveres oportunidade para isso. Por mim, gostaria de falar do livro de um modo digno, mas não sei onde* (GB IV, 341).

Benjamin escreve também a Scholem sobre a gênese desse ensaio, em 19 de abril de 1934, ainda de Ibiza: *Apesar de termos reunido aqui uma pequena biblioteca caseira de 30 a 40 livros, em parte de Noeggerath, em parte dos que me chegaram no ano passado, é uma base de trabalho muito reduzida. A ironia do destino quis que precisamente agora eu tenha de escrever, para aquela* Revista de Investigação Social *que conseguiu levar para Genebra a sua organização e o seu dinheiro, um ensaio sobre a sociologia da literatura francesa atual – ensaio que tenho de escrever, porque pelo menos conto com os honorários que me virão dessa fonte* (Br., 572; GB IV, 181). Logo em 16 de junho lê-se noutra carta: *Talvez já te tenha dito que terminei um ensaio grande sobre "o lugar social do escritor francês na atualidade" e, com grande honra minha, publicarei naquela revista de Frankfurt que se refugiou em Genebra. Recebi já uma nova encomenda, que será mais difícil e certamente menos agradável* (Br, 578; GB IV, 237). O próprio Scholem se refere a esse trabalho nas memórias dedicadas a Benjamin: "O seu trabalho principal centrava-se naquele estudo sobre o lugar social do escritor francês, encomendado pelo Instituto de Investigação Social, e que o ocupou durante a primeira metade do ano. Por mais que se tenha aproximado do trabalho do Instituto nos anos seguintes, aceitando as tensões a ele associadas, logo a primeira confissão que me fez a esse respeito já denunciava algumas reservas. Na primeira carta que me enviou de Ibiza escrevia: *O ensaio, que, aliás, é fruto de uma autêntica impostura, ganha certa aura mágica pelo simples fato de eu ter de o escrever quase sem apoio bibliográfico, uma aura que ele exibirá ousadamente em Genebra, mas que esconderá do teu olhar.* Como aconteceu várias vezes com as encomendas literárias do Instituto, cujos temas não lhe diziam muito, ele acabava por não ficar assim tão desiludido com o resultado final do trabalho, a julgar pelas lamentações iniciais. O ensaio a que me referi foi arrancado nas mais difíceis condições: *Nas condições de que disponho aqui não podia ter escrito um texto à prova de crítica. Mas penso que, apesar disso, ele fornece perspectivas globais da matéria que até agora não foram dadas de forma tão clara.* Quando o ensaio apareceu, um ano mais tarde, provocou uma discussão epistolar entre nós, moderada no tom, mas bastante agressiva quanto à matéria objetiva, e isso de ambos os lados" (Scholem, *op. cit.*, p. 244 e segs.). A carta de Benjamin a Scholem, datada de 6 de maio de 1934, parece constituir o fim dessa discussão: *Esta, meu caro Gerhard, não é a última tentativa de resposta à tua última carta. Mas se a nossa insistência na discussão aponta para uma dificuldade, ela não está no conteúdo daquilo que tu exiges, mas na forma dessa exigência, que tu revestes com uma pergunta, talvez teórica: "Será isso um credo comunista?".*

Tais perguntas, acho eu, arrastam consigo sal através do oceano, e têm depois um gosto levemente amargo para quem as recebe. Não nego que é essa a minha disposição de espírito. Não consigo imaginar o que é que um ensaio tão vulnerável como esse pode acrescentar à imagem que tens de mim. E o veres nele uma súmula – ou um credo, como dizes – deixa-me verdadeiramente espantado.

Ambos sabemos, por experiência, como a importante troca de correspondência que a distância de anos nos obriga a ter exige alguns cuidados. Mas esses cuidados não impedem que toquemos em questões difíceis, coisa que elas só serão a um nível puramente pessoal. Na medida em que isso foi ocorrendo, as missivas em questão, podes ter a certeza disso, ficaram bem guardadas nos meus "arquivos interiores". Mas não prometo o mesmo para a tua última pergunta, porque ela parece nascer mais de uma controvérsia do que da nossa correspondência. E é óbvio que essa correspondência não pode ter por base a controvérsia. E se no decorrer do tempo surgem aqui e ali alguns casos que pedem uma atitude dessas, as duas partes, ao que julgo, não podem assumir outro comportamento que não seja o de tomarem como referência a imagem viva que têm do outro. Penso que a imagem que tens de mim não é a de um homem que, levianamente e sem razão, se deixa prender a um "credo". Sabes que sempre escrevi de acordo com as minhas convicções, e que raramente, e apenas em conversas, tentei dar expressão ao reservatório de muitas contradições de onde essas convicções derivam nas suas manifestações isoladas.

E seria então um simples panorama da literatura francesa que constituiria a pedra de toque? O toque foi-me dado, ao que consigo recordar, uma vez, e poderia ser visto como tal, já que se situou no âmbito de uma controvérsia. Foi numa carta que recebi há anos de Max Rychner, e não me admiraria se na altura tu tivesses recebido uma cópia da minha resposta [a carta de Benjamin a Rychner, de 7 de março de 1931, foi, de fato, enviada a Scholem: vd. Br. 522-524; GB IV, 17-20]. *Se não, não posso agora fazê-lo, porque essa carta está com outros papéis em Berlim. Mas o que é que essa carta te diria de novo? Que o meu comunismo de modo nenhum assume a forma de um credo, entre todas as que ele possa assumir, que esse comunismo, contra toda a ortodoxia, mais não é do que a expressão de determinadas experiências que fiz, no meu pensamento e na minha existência. Mas será que preciso de te dizer que ele é a expressão drástica, e não infrutífera, da situação impossível da vida científica atual para oferecer um espaço próprio ao meu pensamento, às atuais condições econômicas, à minha existência; que ele representa, para aqueles que foram totalmente, ou quase, espoliados dos meios de produção, a tentativa natural e sensata de proclamar os seus direitos a esses meios no seu pensamento e na sua vida; que ele é tudo isso e muito mais, mas não mais do que o mal menor (lembro-te a carta de Kraus àquela proprietária de terras que manifestou a sua opinião sobre Rosa Luxemburg)?*

Acontece que ficaria muito espantado se visses nessas palavras qualquer coisa que se possa aproximar de uma retratação. O mal – por comparação com aqueles que nos rodeiam – é tão menor que temos de o aceitar em todas as suas formas práticas e produtivas, mas não na forma não prática e improdutiva de um credo. E essa práxis – que, no caso do ensaio que criticas, é uma prática científica – deixa à teoria, ao credo, se quiseres, muito mais liberdade do que os marxistas imaginam. Infelizmente, nesse caso tu pareces aprovar essa sua incapacidade de o imaginar.

Obrigas-me a dizer claramente que aquelas alternativas que, pelo visto, constituem a razão de ser das tuas preocupações, não têm para mim nem a sombra de uma força vital. Essas alternativas podem estar em moda – e não nego a um partido o direito de se manifestar –, mas nada me poderá levar a aceitá-las.

Se, por outro lado, alguma coisa pode definir a importância que a obra de Brecht – a que tu aludes indiretamente, mas que nunca, que eu me lembre, comentaste – tem para mim, ela é a seguinte: essa obra não representa uma daquelas alternativas que a mim não me interessam. E se não tenho dúvidas de que a obra de Kafka tem uma importância em nada menor, isso se deve sobretudo ao fato de nenhuma das posições que o comunismo, com razão, combate, é assumida por ele (Br., 603-605; GB IV, 407-410).

O ensaio de Benjamin seria publicado no primeiro número de 1934 da *Revista de Investigação Social*. O texto impresso não coincide exatamente com o manuscrito original, como se pode ver por uma carta de 29 de fevereiro de 1936, em que Benjamin protesta junto de Horkheimer contra algumas intervenções da redação no ensaio sobre "A obra de arte...": *Alguns dos problemas que agora se colocam com esse meu ensaio já tinham surgido com o estudo sobre "O lugar social do escritor francês na atualidade", e na altura resolvemo-los de forma tão fácil como agora, a propósito de várias passagens desse novo trabalho, quando da sua passagem por Paris* (GB V, 251). Não é possível saber que "problemas" surgiram com o primeiro ensaio, porque não ficou nenhum manuscrito, e a correspondência entre Benjamin e Horkheimer se inicia apenas em 1934. Benjamin tenta ainda publicar o ensaio na França, numa revista comunista, como se vê por esta passagem de uma carta de janeiro de 1934, a Brecht: *Nestes dias, a Hauptmann* [a colaboradora de Brecht, Elisabeth Hauptmann] *leu o ensaio sobre "O lugar social do escritor francês na atualidade", e acha que o texto poderia ter grande interesse para a* Littérature et Révolution [o nome correto da revista era *Littérature Internationale*], *a revista oficial que também é publicada em língua francesa. Ela insistiu para que eu lhe perguntasse se não quer falar desse trabalho a* [Michael E.] *Kolzoff, para ele o apresentar à redação* (GB IV, 336). Por uma carta de Benjamin a Horkheimer, de janeiro de 1935, é ainda possível saber que aquele planejava uma espécie de continuação desse ensaio, que nunca chegou a fazer: *Posso garantir-lhe que lhe enviarei a tempo o texto sobre a sociologia da linguagem* ["Problemas da sociologia da linguagem", a incluir no próximo volume desta edição]. *Gostaria muito que aparecesse no próximo número. Por um lado, prepararia o caminho para a resenha crítica que prolongaria o texto sobre "O lugar social do escritor francês"; por outro lado, espero que esse novo trabalho tenha, da sua parte, a aceitação que teve o último* (GB V, 9).

Este livro foi composto com tipografia Bembo e impresso em papel Off-White 70 g/m² na Formato Artes Gráficas